성공 창업과 경영

김종도

학현사 HAKHYUNSA

저자 서문

본 교재는 대학생이나 예비 창업자들에게 필요한 기업가 정신과 창업에 대한 기본적인 지식인 창업의 이해와 선정, 창업 아이템 선정과 타당성 분석, 사업계획서 작성 방법, 다양한 창업 형태, 창업 준비 과정에서 알아야 할 창업이론 등을 최근의 사례에 맞춰 집필하였다.

이를 통해 취업 준비생들에게 도움이 될 수 있는 최근 뉴스와 각종 언론에서 쏟아지는 최근 3년 이내의 시사·경제·상식 용어에 대한 정보를 한눈으로 볼 수 있게끔 정리를 하였고 특히, 각종 취업 준비생들이 짧은 시간 안에 쉽게 이해할 수 있게 핵심 경제 용어를 간추려서 정리 및 구성하였다.

본서에서는 창업을 준비하는 내용인 창업에 대한 전반적인 이해와 사업계획서 작성, 창업 자금계획과 창업 형태 등 청년 기업가 정신의 내용을 사례 중심으로 작성하였다.

부록에서는 일상 경제지식을 얻고자 하는 대학생, 취업준비생, 일반인들이 쉽고 가볍게 이해할 수 있도록 교재 내용과 관련된 경제 용어 및 한국경제신문, 매일경제신문, 그 외 각종 언론에서 쏟아지는 핵심 용어의 의미를 간략하고 쉽게 정리하였다.

그리고 자금력이 부족한 예비 창업자와 대학생들이 자신만의 아이템을 상품화할 수 있고 사업화해 나가는 데 필요한 방법과 절차에 관해서 서술하였고, 또한, 취업 준비생들이 단시간에 경제 상식 문제를 접할 수 있는 용어들을 선별하여 세심하게 구성하였다. 이 책을 통해 창업 초년생과 경제 입문자, 취업 준비생들에게 미흡하나마 많은 도움이 되기를 바란다.

본 교재는 대학생과 현장 실무자들이 창업에 도전할 때 조금이나마 기업가 정신과 창업 프로세스 성공 창업에 필요한 요건 등을 소개하였고, 이를 바탕으로 일자리 창출과 지역경제 발전에 이바지하고자 한다.

마지막으로 이 교재가 완성되어 출판되기까지 많은 도움을 주신 도서출판 학현사와 그 외 편집과 출간에 도움을 주신 관계자 여러분에게도 깊은 감사를 드린다.

저자 김종도 씀

차례

Chapter 01

기업가 정신

기업가 정신 01

1. 기업가 정신의 의의와 특성 및 중요성

기업가 정신이란 새로운 사업 기회를 포착하고, 이를 실현하기 위해 노력하는 창의적이고 혁신적인 정신을 의미한다. 단순히 사업을 시작하는 것을 넘어, 새로운 가치를 창출하고 사회에 기여하는 것을 목표로 한다.

1) 기업가 정신의 의의

① **경제 성장의 원동력:** 새로운 제품, 서비스, 시장을 창출하여 경제 성장을 이끌고 일자리를 창출한다.

② **혁신의 촉진:** 기존의 방식에 안주하지 않고 끊임없이 새로운 아이디어를 발굴하고 실현하여 혁신을 이끌어 낸다.

③ **사회 발전 기여:** 사회문제 해결을 위한 새로운 사업 모델을 개발하고, 사회적 가치를 창출한다.

④ **개인의 성장:** 도전과 실패를 통해 스스로 성장하고 발전할 수 있는 기회를 제공한다.

2) 기업가 정신의 특성

① **창의성:** 새로운 아이디어를 떠올리고 독창적인 해결책을 제시하는 능력

② **혁신성:** 기존의 방식을 넘어 새로운 가치를 창출하는 능력

③ **도전 정신:** 불확실한 미래에도 불구하고 목표를 향해 끊임없이 도전하는 자세
④ **책임감:** 자신의 선택과 결과에 대한 책임을 지는 자세
⑤ **리더십:** 사람들을 이끌고 함께 목표를 달성하는 능력
⑥ **적응력:** 변화하는 환경에 빠르게 적응하고 새로운 기회를 포착하는 능력
⑦ **위험 감수:** 불확실성 속에서도 과감하게 결정하고 실행하는 능력
⑧ **열정:** 자신의 일에 대한 강한 열정과 몰입도

3) 기업가 정신의 중요성

현대사회는 빠르게 변화하고 있으며, 새로운 기술과 트렌드가 끊임없이 등장하고 있다. 이러한 환경에서 기업가 정신은 개인과 기업, 그리고 사회 전체의 발전을 위한 필수적인 요소이다. 기업가 정신을 갖춘 사람들은 새로운 시대를 이끌어 가는 주역이 될 것이다.

2. 성공한 기업가의 특징

성공한 기업가는 단순히 사업에 성공한 사람을 넘어, 끊임없는 혁신과 성장을 통해 사회에 기여하는 인물이다. 이들은 일반적으로 다음과 같은 특징을 가지고 있다.

① 뛰어난 문제 해결 능력

- 창의적 사고: 기존의 틀을 벗어나 새로운 문제 해결 방식을 모색한다.
- 분석적 사고: 복잡한 문제를 간단하게 분해하고 핵심을 파악하는 능력이 뛰어나다.
- 실행력: 아이디어를 구체적인 행동으로 옮기고 결과를 만들어 내는 능력이 탁월하다.

② **강한 리더십**

- 비전 제시: 명확하고 뚜렷한 비전을 가지고 구성원들을 하나로 모은다.
- 소통 능력: 다양한 사람들과 원활하게 소통하고 협력을 이끌어 낸다.
- 긍정적 태도: 어려움 속에서도 긍정적인 마음으로 구성원들을 격려하고 동기를 부여한다.

③ **끊임없는 학습 자세**

- 호기심: 새로운 것에 대한 호기심을 가지고 끊임없이 배우고 성장한다.
- 변화에 대한 적응력: 빠르게 변화하는 환경에 유연하게 대처하고 새로운 기회를 포착한다.
- 자기 계발: 자신의 역량을 강화하기 위해 꾸준히 노력한다.

④ **위험 감수와 결단력**

- 불확실성에 대한 수용: 불확실한 미래에도 불구하고 과감하게 결정을 내린다.
- 실패에 대한 두려움이 없음: 실패를 두려워하지 않고 새로운 도전을 계속한다.
- 빠른 의사결정: 시장 변화에 빠르게 대응하기 위해 신속하게 의사를 결정하고 실행한다.

⑤ **네트워킹 능력**

- 다양한 사람들과의 관계 구축: 넓은 인맥을 활용하여 정보를 얻고 협력을 이끌어 낸다.
- 신뢰 구축: 사람들과의 신뢰를 바탕으로 긴밀한 관계를 형성한다.
- 협력을 통한 시너지 창출: 다른 사람들과 협력하여 더 큰 성과를 만들어 낸다.

⑥ **강한 열정과 끈기**

- 목표 의식: 명확한 목표를 설정하고 꾸준히 노력한다.
- 역경 극복: 어려움에 굴하지 않고 목표를 향해 나아간다.
- 자신감: 자신의 능력을 믿고 끊임없이 도전한다.

성공한 기업가의 특징은 이 외에도 다양하지만, 위에서 언급한 핵심 역량들을 갖추고 있다면 성공적인 사업을 이룰 가능성이 높다.

3. 실패한 기업가의 특징

성공한 기업가의 특징에 이어, 실패한 기업가의 특징을 살펴보면 실패에서 배우고 더 나아가기 위한 교훈을 얻을 수 있다. 물론 모든 실패가 동일한 이유로 발생하는 것은 아니지만, 일반적으로 실패한 기업가들에게서 공통적으로 나타나는 특징들을 통해 우리는 더 나은 기업가로 성장할 수 있다.

1) 실패한 기업가의 주요 특징

① **미래에 대한 과도한 낙관주의:** 현실적인 시장 분석 없이 성공을 너무 쉽게 예측하고, 위험 요소를 간과하는 경우가 많다.

② **불충분한 시장 조사:** 시장의 규모, 경쟁 상황, 고객의 니즈 등을 제대로 파악하지 못하고 사업을 시작한다.

③ **자금관리 실패:** 초기 자금 부족으로 인해 사업 운영에 어려움을 겪거나, 무리한 투자로 인해 자금난에 시달린다.

④ **팀 구성의 어려움:** 능력 있는 팀을 구성하지 못하거나, 팀원들과의 소통 부재로 인해 조직 운영에 실패한다.

⑤ **변화에 대한 둔감함:** 시장 환경 변화에 빠르게 대응하지 못하고, 기존의 방식을 고집하는 경우가 많다.

⑥ **독선적인 태도:** 다른 사람의 의견을 경청하지 않고, 자신의 생각만 고집하는 경우가 많다.

⑦ **실패에 대한 두려움:** 실패를 두려워하여 새로운 시도를 꺼리고 안정적인 길만을 추구한다.

⑧ **끈기 부족:** 어려움에 직면했을 때 쉽게 포기하고 다른 일을 찾는 경우가 많다.

2) 실패에서 배우고 성장하기 위한 방법

① **객관적인 시장 분석:** 철저한 시장 조사를 통해 사업의 타당성을 검증하고, 위험 요소를 미리 파악해야 한다.

② **실패를 두려워하지 않는 자세:** 실패는 성공을 위한 과정이며, 실패를 통해 배우고 성장할 수 있다는 마음가짐을 가져야 한다.

③ **꾸준한 학습과 자기계발:** 새로운 지식과 기술을 습득하고, 자신을 발전시키기 위한 노력을 지속해야 한다.

④ **강력한 네트워킹:** 다양한 사람들과 교류하고 협력하며, 필요한 정보와 지원을 얻어야 한다.

⑤ **유연한 사고방식:** 변화하는 시장 환경에 빠르게 적응하고, 새로운 기회를 포착할 수 있는 유연한 사고방식을 가져야 한다.

⑥ **멘토를 찾아 조언 구하기:** 경험 많은 멘토의 조언을 통해 자신의 부족한 부분을 보완하고, 더 나은 기업가로 성장할 수 있다.

4. 기업가 정신의 발전 단계

기업가 정신은 단순히 사업을 시작하는 것을 넘어, 새로운 가치를 창출하고 사회를 변화시키는 혁신적인 활동이다. 시대가 변화함에 따라 기업가 정신 역시 다양한 모습으로 발전해 왔다.

1) 시대 변화에 따른 기업가 정신 발전 단계의 주요 특징

(1) 1세대 기업가 정신 : 산업화 시대

① 특징

- 주로 제조업 중심의 창업
- 시장 개척, 생산성 향상에 집중
- 안정적인 성장과 기업 확장을 목표
- 대표적인 예: 정주영, 이병철 등

② 한계

- 획일적인 제품 생산, 경쟁 심화, 기술 변화에 대한 적응력 부족

(2) 2세대 기업가 정신: 정보화 시대

① 특징

- IT 산업 중심의 창업
- 기술 혁신과 새로운 비즈니스 모델 창출
- 글로벌 시장 진출
- 대표적인 예: 빌 게이츠, 스티브 잡스 등

② 한계

- 과열 경쟁, 단기적인 성과 지향, 사회적 책임에 대한 인식 부족

(3) 3세대 기업가 정신: 지식기반 사회, 4차 산업혁명 시대

① 특징

- 다양한 분야에서의 창업(IT, 바이오, 환경 등)
- 사회문제 해결, 지속 가능한 성장 추구
- 기술과 인문학의 융합, 협업 중심의 문화
- 대표적인 예: 일론 머스크, 마크 저커버그 등

표 1-1 시대 변화에 따른 주요 특징

구분	1세대	2세대	3세대
시대	• 산업화 시대	• 정보화 시대	• 지식기반 사회, 4차 산업 혁명 시대
주요 산업	• 제조업	• IT 산업	• 다양한 분야(IT, 바이오, 환경 등)
목표	• 시장 개척, 생산성 향상	• 기술 혁신, 글로벌 시장 진출	• 사회문제 해결, 지속 가능한 성장
특징	• 안정적인 성장, 기업 확장	• 빠른 성장, 혁신	• 기술과 인문학 융합, 협업 중심

2) 기업가 정신의 미래

① **개인의 역량 강화:** 창의성, 문제 해결 능력, 소통 능력 등 개인의 역량이 더욱 중요해질 것이다.

② **기술과의 융합:** 인공지능, 빅데이터 등 새로운 기술을 활용한 혁신이 가속화될 것이다.

③ **사회적 책임 강화:** 환경 문제, 사회 불평등 등 사회문제 해결에 기여하는 기업가 정신이 더욱 요구될 것이다.

④ **글로벌 네트워킹 확대:** 국경 없는 경쟁 속에서 글로벌 네트워킹을 통한 협력이 중요해질 것이다.

3) 기업가 정신의 혁신 발전 단계

(1) 창조적 혁신

① 새로운 기술과 생산체계로 새로운 시장, 고객과의 연결 창조(예: 포드의 T형 자동차, 혼다의 오토바이, 카네기의 철강공장)

② Abernathy & Clark 연구상 1상한/새로운 시장, 고객 개척, 신산업의 선구 → 기업가형 경영자 특성이 필요

기업가 정신의 특징

- 기회에 초점을 둔 전략적 성향
- 포착한 기회에 대한 신속하고 과감한 행동
- 필요에 따라 임기응변적으로 자원 동원
- 비공식 네트워크를 적극 활용, 수평적 관리방식 선호
- 가치 창조의 보상체계 선호

(2) 통상적 혁신

① 기존의 기술과 생산체계를 발전시켜 기존의 시장과 고객 관계를 강화(예: 종신고용제, QC서클, 하청제, 공동연구 등을 통한 제품 개선 및 공정혁신-대량생산을 통한 규모의 경제 실현, 고품질을 유지하는 생산 판매 프로세스 설계)

② 이미 존재하는 제품을 저렴하게, 양질 제품으로 생산, 판매-기존 시장, 고객과의 연결을 강화하는 성숙과정

기업가 정신의 특징

- 기업의 계속성을 유지, 강화하기 위한 장기 전략: 연구개발, 제조, 판매의 각 단계에서 점진적 소혁신을 누적적으로 수행
- 규모의 경제 실현, 고품질을 유지하는 생산 · 판매 프로세스 설계, 관리/지속적 개선
- 종업원이 기업에 대한 애착, 동기부여로 지속적 혁신을 추진할 수 있는 조직 관리

(3) 틈새시장 창조

① 기존의 기술과 생산체계를 결합 또는 세련화, 새로운 시장 창조 또는 판매조직 강화 또는 기존의 유통채널 결합 등을 통해 새로운 시장 창출(예: 소니의 워크맨)

② 소니의 워크맨(기존의 스테레오카세트와 경량의 이어폰 결합), 혼다의 소형 오토바이(유통망으로 전국에 있는 기존의 자전거 대리점 이용)

기업가 정신의 특징

- 시장, 소비자의 요구를 분석적 또는 직관적으로 파악하여 기존의 기술 · 생산체계에 입각한 새로운 제품을 생산해 내는 능력
- 혁신의 수행과 밀접한 관련이 있는 마케팅팀과 연구개발팀을 통합적으로 조직화하여 관리해 가는 능력

(4) 혁명적 혁신

① 기존의 기술과 생산체계를 전면적으로 파괴, 기존의 시장과 소비자와의 연결을 강화(예: GM에 의한 오토매틱 트랜스미션, 트랜지스터의 출현 반도체, 컴퓨터, 정보통신)

② 기존의 산업을 크게 활성화시키는 혁신(예: GM의 오토매틱 트랜스미션)

③ 혁신이 출현한 산업에 커다란 영향을 주고, 동시에 창조적 혁신 단계로 이르게 함(예: 트랜지스터-진공관 대체에서 시작, 반도체, 컴퓨터, 정보통신의 신산업 창조)

기업가 정신의 특징

- 기술 응용에 머무르지 않고, 기초과학에 대한 이해력을 갖는 과학기술 지향형
- 기술자와 경영자가 협력하여 기업을 운영
- 창조적 혁신으로의 승화를 위해 기업가적 경영 자질이 필요

  * 창조적 혁신에서 통상적 혁신으로, 혁명적 혁신에서 창조적 혁신으로, 통상적 혁신에서 틈새시장 창조로 발전하는 것이 일반적

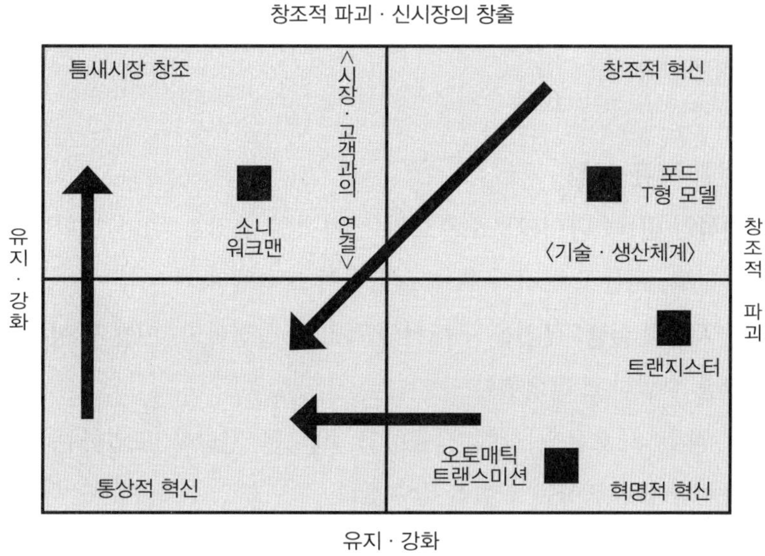

그림 1-1 **혁신의 발전 단계**

5. 기업가 정신 사례

1) 빌 게이츠의 기업가 정신: 혁신과 비전의 아이콘

마이크로소프트를 세계 최대 소프트웨어 기업으로 성장시킨 그의 성공적인 경영은 많은 이들에게 영감을 주었으며, 그의 기업가 정신은 다음과 같은 특징으로 요약될 수 있다.

(1) 혁신과 기술에 대한 열정

① **끊임없는 학습:** 빌 게이츠는 어린 시절부터 컴퓨터에 깊은 관심을 가지고 끊임없이 새로운 기술을 탐구했다.

② **새로운 가능성에 대한 도전:** 개인용 컴퓨터라는 당시에는 생소한 개념을 대중화시키고, 윈도우 운영체제를 통해 컴퓨터 산업의 패러다임을 바꾸었다.

③ **기술의 민주화:** 컴퓨터를 대중화하여 누구나 정보에 접근할 수 있도록 하는 데 기여했다.

(2) 비전과 목표 설정

① **장기적인 안목:** 마이크로소프트의 장기적인 성장을 위한 명확한 비전을 제시하고, 이를 달성하기 위해 끊임없이 노력했다.

② **목표 지향적 실행:** 비전을 구체적인 목표로 설정하고, 이를 달성하기 위한 전략을 수립하고 실행했다.

③ **위험 감수:** 새로운 시장에 진출하고, 새로운 기술을 도입하는 과정에서 불가피하게 발생하는 위험을 감수했다.

(3) 강력한 리더십

① **뛰어난 인재 확보:** 마이크로소프트에 최고의 인재들을 영입하고, 이들을 효과적으로 이끌었다.

② **명확한 의사소통:** 복잡한 기술 문제를 간결하고 명확하게 설명하고, 구성원들과의 소통을 중시했다.

③ **강한 책임감:** 회사의 성장에 대한 책임감을 느끼고, 끊임없이 변화하는 환경에 적응하기 위해 노력했다.

(4) 사회적 책임

① **기부활동:** 빌앤멀린다게이츠 재단을 설립하여 전 세계의 질병 퇴치, 교육, 빈곤 퇴치 등 다양한 사회문제 해결을 위해 노력하고 있다.

② **사회적 기업가 정신:** 기술을 활용하여 사회문제를 해결하고, 더 나은 세상을 만들기 위한 노력을 지속하고 있다.

빌 게이츠의 기업가 정신이 주는 시사점

빌 게이츠의 기업가 정신은 현대사회에서 기업가들이 가져야 할 덕목을 보여준다. 끊임없는 학습, 혁신적인 아이디어, 강력한 리더십, 그리고 사회적 책임감이야말로 성공적인 기업을 이끄는 핵심 요소이다.

빌 게이츠의 기업가 정신은 다음과 같은 질문을 던지게 한다.

- 나는 어떤 분야에서 혁신을 이룰 수 있을까?
- 나의 비전은 무엇이며, 이를 달성하기 위해 어떤 노력을 해야 할까?
- 나는 어떻게 팀을 이끌고 성장시킬 수 있을까?
- 나는 사회에 어떤 기여를 할 수 있을까?

2) 정주영의 기업가 정신: 불가능을 가능으로 만든 도전 정신

정주영 회장은 한국 경제발전의 핵심적인 역할을 수행하였으며, 그의 강력한 기업가 정신은 오늘날에도 많은 사람들에게 영감을 주고 있다. 그의 기업가 정신은 다음과 같은 특징으로 요약될 수 있다.

(1) 불가능을 가능으로 만드는 도전 정신

① **'이봐, 해봤어?' 정신:** 어떠한 어려움에도 굴하지 않고 도전하는 그의 유명한 이 말은 그의 기업가 정신을 가장 잘 나타내는 표현이다.

② **불가능을 가능으로:** 현대건설을 통해 고속도로, 아파트, 조선소 건설 등 불가능하다고 여겨졌던 일들을 성공적으로 해냈다.

③ **국가를 위한 헌신:** 국가 경제발전을 위해 끊임없이 새로운 사업에 도전하고, 국가 인프라 구축에 기여했다.

(2) 강력한 실행력

① **빠른 의사 결정:** 기회가 왔을 때 망설이지 않고 과감하게 결정을 내리고 실행했다.

② **실패를 두려워하지 않는 용기:** 실패를 통해 배우고, 더 큰 성공을 위한 발판으로 삼았다.

③ **강력한 추진력:** 목표를 향해 끊임없이 전진하며, 어떠한 어려움에도 굴하지 않는 강한 추진력을 보여주었다.

(3) 인간 중심의 경영

① **직원과의 소통:** 직원들과의 소통을 중시하고, 그들의 의견을 경청했다.

② **사회적 책임:** 기업의 이윤뿐만 아니라 사회적 책임을 강조하고, 다양한 사회공헌 활동을 펼쳤다.

(4) 글로벌 마인드

① **해외시장 개척:** 국내 시장에 안주하지 않고, 해외시장 개척에 적극적으로 나섰다.

② **국제적인 네트워크 구축:** 세계적인 기업들과 협력하며 글로벌 네트워크를 구축했다.

정주영의 기업가 정신이 주는 시사점

도전 정신의 중요성: 어떠한 어려움에도 굴하지 않고 도전하는 자세가 성공의 열쇠이다.

- 실행력의 중요성: 계획을 세우는 것뿐만 아니라 실행하는 것이 중요하다.
- 인간 중심의 경영: 직원과 사회를 위한 책임감을 가지고 경영해야 한다.
- 글로벌 마인드: 국제적인 감각을 가지고 세계 시장을 개척해야 한다.

3) 이병철의 기업가 정신: 한국 경제의 거목을 키운 힘

이병철 회장은 한국 경제발전의 견인차 역할을 하며 삼성을 세계적인 기업으로 성장시킨 인물이다. 그의 기업가 정신은 단순히 경제적 성공을 넘어, 한국 사회 전체에 큰 영향을 미쳤다. 이병철 회장의 기업가 정신은 다음과 같은 핵심 가치를 중심으로 형성되었다.

(1) 사업보국

① **국가 경제발전에 기여:** 이병철 회장은 기업 활동을 단순한 이윤 추구를 넘어 국가 경제발전에 기여하는 수단으로 생각했다.

② **수입 대체 산업 육성:** 국내 산업 기반을 강화하기 위해 수입 대체 산업 육성에 힘썼다.

③ **국가 경쟁력 강화:** 삼성을 세계적인 기업으로 성장시켜 한국의 국제적인 위상을 높이는 데 기여했다.

(2) 인재 제일

① **인재의 중요성 강조:** 이병철 회장은 기업의 가장 중요한 자산은 사람이라고 강조하며 인재 양성에 힘썼다.

② **끊임없는 교육과 훈련:** 직원들에게 지속적인 교육과 훈련의 기회를 제공하여 역량을 강화했다.

③ **인화 단결:** 직원들 간의 화합과 협동을 강조하여 조직의 시너지를 높였다.

(3) 합리주의

① **데이터기반 의사 결정:** 감에 의존하기보다는 데이터를 분석하여 합리적인 의사 결정을 내렸다.

② **끊임없는 개선:** 시대 변화에 맞춰 기업 시스템을 개선하고, 효율성을 높이기 위해 노력했다.

③ **장기적인 안목:** 단기적인 이익보다는 장기적인 성장을 위해 투자하고, 미래를 준비했다.

(4) 선진 경영 시스템 도입

① **최신 경영 기법 도입:** 해외 선진 기업의 경영 기법을 적극적으로 도입하고, 삼성에 맞게 변형하여 적용했다.

② **시스템 경영:** 개인의 능력보다는 시스템의 중요성을 강조하고, 체계적인 경영 시스템을 구축했다.

(5) 끊임없는 도전 정신

① **새로운 분야 개척:** 안주하지 않고 끊임없이 새로운 분야에 도전하여 사업을 확장했다.

② **위기 극복:** 어려운 경제 환경 속에서도 혁신과 변화를 통해 위기를 극복하고 성장했다.

이병철의 기업가 정신이 주는 시사점

이병철 회장의 기업가 정신은 오늘날에도 많은 기업가들에게 귀감이 되고 있다. 특히, 다음과 같은 시사점을 얻을 수 있다.

- 장기적인 안목을 가지고 미래를 준비해야 한다.
- 인재를 중심으로 기업을 운영해야 한다.
- 끊임없이 배우고 변화해야 한다.
- 사회적 책임을 다해야 한다.
- 글로벌 시대에 맞춰 생각하고 행동해야 한다.

4) 스티브 잡스의 기업가 정신: 혁신과 열정의 아이콘

스티브 잡스는 애플을 세계적인 기업으로 성장시키고 IT 산업의 판도를 바꾼 천재적인 기업가이다. 그의 혁신적인 아이디어와 강력한 리더십은 많은 사람들에게 영감을 주었으며, 그의 기업가 정신은 다음과 같은 특징으로 요약될 수 있다.

(1) 혁신과 창의성

① **새로운 시장 개척:** 개인용 컴퓨터, 스마트폰, 태블릿 PC 등 새로운 시장을 개척하고, 기존 산업의 패러다임을 바꾸었다.

② **단순함과 아름다움 추구:** 복잡한 기술을 사용자 친화적인 디자인으로 구현하여, 기술을 예술 작품처럼 만들었다.

③ **끊임없는 질문과 도전:** 현실에 안주하지 않고, 끊임없이 새로운 질문을 던지고 새로운 가능성을 모색했다.

(2) 완벽주의와 품질 중심

① **세부까지 신경 쓰는 완벽주의:** 제품의 디자인, 기능, 사용자 경험 등 모든 측면에서 완벽을 추구했다.

② **최고의 품질:** 최고의 부품과 기술을 사용하여 최고의 품질을 가진 제품을 만들었다.

③ **사용자 중심의 디자인:** 사용자의 편의성을 최우선으로 생각하고, 직관적인 인터페이스를 구현했다.

(3) 강력한 리더십

① **비전 제시:** 애플의 미래에 대한 명확한 비전을 제시하고, 구성원들을 하나의 목표로 이끌었다.

② **열정적인 리더십:** 자신의 열정을 통해 구성원들에게 영감을 주고, 혁신적인 문화를 만들었다.

③ **강한 의지:** 어려움에 굴하지 않고 목표를 향해 끊임없이 나아갔다.

(4) 인문학과 기술의 조화

① **예술과 기술의 융합:** 기술뿐만 아니라 예술, 디자인 등 다양한 분야에 대한 이해를 바탕으로 혁신적인 제품을 만들었다.

② **감성과 이성의 조화:** 기술적인 측면뿐만 아니라 사용자의 감성을 자극하는 디자인을 중시했다.

스티브 잡스의 기업가 정신이 주는 시사점

- 혁신을 위한 끊임없는 노력: 변화하는 시대에 발맞춰 끊임없이 새로운 것을 추구해야 한다.
- 고객 중심의 사고: 고객의 니즈를 정확하게 파악하고, 이를 충족시키는 제품과 서비스를 제공해야 한다.
- 강력한 리더십: 비전을 제시하고 구성원들을 하나로 만들 수 있는 리더십이 필요한다.
- 인문학적 소양 함양: 기술적인 지식뿐만 아니라 인문학적 소양을 갖추어야 창의적인 아이디어를 낼 수 있다.

5) 워런 버핏의 기업가 정신: 장기적인 안목과 가치 투자의 대가

워런 버핏은 세계에서 가장 성공한 투자자 중 한 명으로, 버크셔 해서웨이를 세계 최고의 투자회사 중 하나로 성장시켰다. 그의 성공 비결은 단순히 돈을 버는 것에만 머무르지 않고, 장기적인 안목과 가치 투자라는 독특한 투자 철학에 기반을 두고 있다.

① **장기 투자:** 단기적인 시장 변동에 흔들리지 않고, 기업의 근본적인 가치에 집중하여 장기적으로 투자하는 것을 중요하게 생각한다.

② **가치 투자:** 과대평가된 주식 대신 저평가된 우량 기업의 주식을 발굴하여 투자한다.

③ **안전 마진:** 예상치 못한 위험에 대비하여 충분한 안전 마진을 확보하며 투자한다.

④ **기업의 내재 가치 분석:** 재무제표 분석뿐만 아니라 기업의 경영진, 산업구조, 경쟁 환경 등 다양한 요소를 종합적으로 분석하여 기업의 가치를 평가한다.

⑤ **소유 지향 투자:** 단순히 주식을 사고파는 것이 아니라, 기업의 주인이라는 마음으로 장기적으로 투자한다.

⑥ **윤리적 투자:** 사회적 책임을 다하는 기업에 투자하며, 단기적인 이익보다는 장기적인 성장을 추구한다.

워런 버핏의 기업가 정신이 주는 시사점

- 인내심: 투자는 단기적인 성과를 내기 어려운 분야이다. 장기적인 안목을 가지고 꾸준히 투자해야 한다.
- 깊이 있는 분석: 단순히 뉴스나 시장의 분위기에 휩쓸리지 않고, 기업의 본질을 꿰뚫어 볼 수 있는 능력이 필요하다.
- 위험 관리: 투자에는 항상 위험이 따르므로, 충분한 안전 마진을 확보하고 분산 투자를 통해 위험을 관리해야 한다.
- 윤리적인 투자: 단순히 돈을 버는 것뿐만 아니라, 사회에 기여하는 기업에 투자함으로써 사회적 책임을 다해야 한다.

워런 버핏의 기업가 정신과 다른 기업가들의 비교

- 빌 게이츠: 소프트웨어 산업을 개척하고, 컴퓨터를 대중화하는 데 기여했다.
- 정주영: 한국 경제발전에 기여하고, 현대그룹을 세계적인 기업으로 성장시켰다.
- 스티브 잡스: 혁신과 창의성을 통해 새로운 시장을 개척하고, 기술을 통해 세상을 변화시키는 데 집중했다.

워런 버핏은 이들과 달리, 안정적인 성장을 추구하며 장기적인 관점에서 투자하는 데 중점을 두었다.

Chapter 02

창업의 이해

창업의 이해 02

1. 창업의 개념

창업(start-up)이란 새로운 사업 아이디어를 발견 또는 개발하고 필요자원의 조달과 조직의 관리를 통해 실제로 사업을 수행하는 것을 의미한다. 즉, 인적 또는 물적 자원을 적절히 결합하여 미리 설정된 기업 목적을 달성하기 위하여 상품이나 서비스를 조달, 생산 판매하거나 그와 부수된 활동을 수행하는 것으로 정의할 수 있으며, 새로운 사업을 시작하는 것이 창업이다. 창업의 개념은 전문가에 따라 다양한 견해가 있으나 근본적으로는 같은 개념으로 설명되고 있다. 즉, 취급하는 상품이나 서비스 유형 또는 자금의 대소와 관계없이 기존의 사업체를 인수하든 새로운 사업을 시작하든 모두 창업이라 할 수 있다.

법률적 기준에 의하면, 「중소기업창업 지원법」 제2조에서는 창업이란 '새로이 중소기업을 설립하는 것'이라고 정의한다. 이는 창업에 따른 정부의 지원이나 이에 따른 악용을 미리 방지하려는 방어적 입장에서 생겨난 것이다. 우리나라의 「중소기업창업 지원법」에 따르면, 창업이란 다음 각 호에 해당하지 아니하여야 한다고 규정하고 있다.

① 타인으로부터 사업을 승계하여 승계 전의 사업과 동종의 사업을 계속하는 경우

사업을 새롭게 시작하지 않고 기존 사업장을 인수하여 같은 업종을 계속 영위하는 경우이다. 따라서 신규 창설 효과가 없으므로 창업의 범주에 넣지 않는다. 다만, 사업을 승계한 경우라도 다른 업종의 사업을 영위하는 경우에는 사업을 신규로 창출하는 효과가 있으므로 창업으로 인정한다.

② 개인 사업자인 중소기업자가 법인으로 전환하거나 법인의 조직 변경 등 기업 형태를 변경하여 변경 전의 사업과 동종의 사업을 계속하는 경우

개인 사업자가 법인으로 기업의 조직을 확장하거나 같은 장소에서 조직만 변경하여 같은 사업을 계속 영위하는 경우이다. 이 경우에는 실질적인 신규 창업의 효과는 전혀 없으며 형식상의 조직 변경에 불과하므로 창업의 범위에서 제외한다.

③ 폐업 후 사업을 개시하여 폐업 전의 사업과 동종의 사업을 계속하는 경우

일시적인 휴업이나 폐업 후 같은 사업을 재개하면 창업으로 보지 않는다는 의미이다. 즉, 공장을 이전하기 위하여 이전 장소에서 폐업하고 신규 장소에서 같은 사업을 재개하는 경우를 포함하여 창업으로 보지 않는다. 다만, 같은 장소에서 폐업 후 사업을 재개하더라도 같은 업종이 아닌 경우에는 창업으로 간주한다.

2. 창업 환경의 변화

소상공인 창업 수요가 증가하면서 창업 시장은 양적 성장은 물론 다양성이나 질적 수준에서도 많은 변화 현상을 보인다. 창업 수요는 단순히 사업을 하고 싶어하는 욕구를 넘어, 다양한 사회적 · 경제적 요인이 복합적으로 작용하여 꾸준히 확대되고 있다.

최근 사회의 전반적인 흐름을 보면 각계각층에서 많은 사람이 창업 전선에 뛰어들고 있다. 이것은 그만큼 창업 환경의 폭이 넓어지고 정부의 창업 지원정책에 따른 창업 여건이 좋아지는 등, 창업 환경이 바뀌고 있다는 것이다. 주요 창업 환경 변화 요인을 보면 다음과 같다.

첫째, 현재 직장을 가지고 있는 직장인들도 평생직장에 대한 사고가 변화하고 있다.

전통적인 직장관은 대개 한 직장을 들어가게 되면 특별한 사유가 없는 한 정년퇴직 때까지 근무하는 것이었으나, IMF 시대 이후 급변하는 사회변화와 연봉제, 계약제 등 새로운 제도의 도입으로 정년까지 근무하고자 하는 직장인의 수가 적은 것으로 나타나고 있다. 또한, 베이비 붐(baby boom) 세대의 퇴직이 본격화됨에 따라 퇴직 후 제2의 인생을 창업에 도전하는 경우가 많아졌다. 따라서 직장인들도 언젠가는 창업을 하여 자아실현을 하고자 준비하고 있는 실정이다.

둘째, 창업 연령이 점차 낮아지고 청년창업이 증가하고 있다.

과거에는 창업을 하는 사람은 어느 정도 사회생활을 경험한 경우가 대부분이었으나, 최근에는 사회 경험이 그리 많지 않은 경우나 학교를 졸업하고 바로 창업을 하거나 재학 중 창업하는 대학생들의 수가 증가하고 있다. 정부도 우수 창업동아리를 신규 발굴하고 학생 창업 활동을 장려함으로써 창의적이고 도전정신을 갖춘 학생들에게 기업가 정신 함양 및 창업 관련 활동을 적극적으로 지원하고 있다.

셋째, 소자본 창업이 많이 증가했다.

과거에는 창업을 하는 사람들은 어느 정도의 자본이 필요했으나 오늘날에는 서비스업을 중심으로 유통업이나 도·소매업, 음식업 등 많은 자본이 아니어도 참신한 아이디어나 자신의 독창적 기술만 있으면 비교적 적은 자본으로 창업할 수 있는 여건이 그 어느 때보다도 좋아졌다. 정부도 이러한 추세에 맞춰 창업 지원 및 경영 자문(컨설팅)을 적극적으로 지원하고 있다.

넷째, 여성의 창업이 증가하고 있다.

여성의 사회 참여가 확대되고, 여성의 역할에 대한 인식이 변화하면서 창업에 대한 사회적 시선이 긍정적으로 바뀌어 여성 창업자가 증가하고 있다. 이러한 흐름에 따라 딩크(double income, no kids: DINK)족이라는 신조어가 등장했으며, 이는 배우자의 자립과 가치관을 존중하면서 직업에서 삶의 보람을 찾으려 하는 데서 기인한다. 여성 창업을 지원하는 정책 및 프로그램들도 다양해지고 있다. 여성 창업은 주로 도 · 소매업과 서비스업을 중심으로 이루어지고 있으며, 여성 특유의 감성과 경험을 바탕으로 남성들이 생각하지 못하는 감각적인 아이디어와 감성적인 제품으로 경쟁력을 갖추고 있다.

다섯째, 창업 유형이나 아이템이 다양화되고 있다.

최근의 창업 유형은 1인 창업, 가족 창업, 무점포 창업, 인터넷 창업 등 시대적 변화를 반영하고 있으며, 창업 분야에 있어서도 과거 제조업, 무역업 중심의 창업이 최근에는 서비스업을 중심으로 다양한 형태의 아이템이 개발되어 사업의 형태가 다양화 및 전문화되고 있다.

3. 창업에 필요한 4요소

일반적인 형태의 창업을 위한 기본 3요소는 창업자, 사업 아이템, 자본으로 구분한다. 소상공인 창업의 경우 사업을 수행할 창업자, 무엇을 할 것인가에 대한 사업 아이템, 사업을 할 수 있는 창업자본 외에 정확한 상권분석을 위한 사업장의 4가지로 설명할 수 있으며, 어느 하나라도 문제가 발생하면 성공 창업에 심각한 문제가 발생하게 된다.

1) 창업자(Entrepreneur)

창업자의 열정, 비전, 리더십, 문제 해결 능력 등이 사업의 성공 여부에 가장 중요한 요소이다. 창업자는 창업 아이템 확보, 사업성 분석, 사업계획 및 수립 및 실행 등을 주도하고 책임진다. 창업자의 능력, 가치관 등은 기업의 성패와 효율에 지대한 영향을 미치게 되므로 창업자는 매우 중요한 요소이다. 창업자가 창업에 성공하기 위해서는 기본적으로 갖추어야 할 자질이 있다. 이러한 자질은 3가지로서 기술적 자질, 인간적 자질, 개념적 자질로 구분할 수 있다.

① **기술적 자질:** 사업을 함에 있어 목적을 달성하기 위해 경험·교육·훈련을 통해서 얻은 지식·방법·기술·장비 등을 이용할 수 있는 능력을 의미한다.

② **인간적 자질:** 종업원들에게 동기를 부여할 수 있고, 효과적인 리더십을 발휘할 수 있어야 하며, 조직원들과 함께 즐겁게 일할 수 있는 능력을 의미한다.

③ **개념적 자질:** 환경 및 전체 조직의 문제를 명확하게 파악하여 대처할 수 있고, 종업원들의 활동이 어떻게 조직 목표에 연결되는가를 이해할 수 있는 능력과 판단을 말한다.

성공적인 창업을 위해서는 창업자의 기본적인 자질과 함께 창업자 본인의 경험이나 비전 제시 능력, 리더십, 문제 해결 능력 및 체력 등이 뒷받침되어야 한다.

2) 창업 아이템(Items)

창업 아이템은 사업 기회 포착의 첫 단계이며 어떤 창업 아이템을 선택하느냐의 문제는 창업에 있어서 중요한 사항이다. 좋은 아이템이 반드시 좋은 사업 기회를 만드는 것은 아니다. 창업 아이템이 사업 기회가 되기 위해서는 제품이나 서비스가 고객에게 새로운 가치를 제공할 수 있어야 하며 지속적인 수익성을 보장할 수 있어야 한다. 실제 많은 창업자들은 성공을 위한 확실한 아이템을 선택하기 위하여 많은 준비를 하게 되는데, 이러한 준비 과정에서 희망 업종에 대한 정보 수집, 경험자 또는 종사자와의 면담, 창업 아이템에 대한 사업 타당성 분석 및 검토 과정을 거치게 된다.

3) 창업자금(Funds)

창업을 하기 위해서는 사업 규모에 맞는 자금이 필요하며, 창업자의 대부분이 창업 과정에서 자금문제로 많은 고민을 하게 된다. 실제로 사업을 진행하는 과정에서 사업 전 계획된 자금소요액보다 더 많은 지출이 따르게 되는 경우가 많다. 이는 예기치 않은 투자요인이 발생할 수가 있어, 계획한 사업이 진행 과정에서 차질을 빚을 수도 있다.

따라서 초기 창업자금은 자신의 능력에 맞게 최소화하는 것이 필요하며, 예산편성은 운전자금인 창업 준비자금, 운영자금 및 고정자금인 시설자금으로 구분하는 것이 좋다. 왜냐하면, 시설자금과 같이 장기적으로 투자해야 하는 자금은 장기적으로 사용할 수 있는 자기자본이나 장기차입금으로 충당하여야만 유동성 부족으로 인한 자금 곤란 현상을 막을 수 있기 때문이다.

그러나 창업 시 부채 의존도가 높으면 과중한 이자로 인한 비용 부담으로 경영 부실의 원인이 될 수 있으므로 창업자의 자금 능력에 맞는 규모의 창업이 좋다.

4) 사업장(Place)

사업장은 사업을 운영하는 물리적인 공간 또는 가상 공간을 의미하며 사업의 종류와 규모에 따라 사업장의 형태가 달라질 수 있어 업종과 점포 위치가 조화를 이룰 때 성공 가능성이 커진다. 일반 도·소매업, 서비스업은 사업장의 선정이 중요하다. 일반 소비자를 대상으로 하므로 소비자의 관심을 많이 받을 수 있어야 하고 소비자들이 쉽게 접근할 수 있어야 하는 점을 고려해야 하며, 납품 등에 대한 부분도 중요하다고 할 수 있다. 과거에는 사업장 선정에 있어서 제조업은 크게 신경을 쓰지 않고 싼 부지를 넓게 사용할 수 있으면 좋았지만, 최근에는 제조업도 제조 과정에서 원가 절감이나 판매 시스템인 물류관리 등에 입각한 사업장의 선정에 신중을 기하고 중요성을 높이 인식하는 경우가 많다.

4. 창업의 목적

창업은 단순히 사업을 시작하는 것을 넘어, 개인의 꿈과 비전을 실현하고 사회에 기여하는 의미 있는 활동이다. 창업을 결심하는 사람마다 다양한 목표를 가지고 있지만, 일반적으로 다음과 같은 목적을 가지고 창업을 추진한다.

① 경제적 자유와 안정

- 수익 창출: 스스로 사업을 운영하여 안정적인 수입을 얻고, 경제적인 자유를 누리고자 하는 욕구
- 재정적 독립: 타인에게 의존하지 않고 스스로 경제적인 안정을 이루고자 하는 목표

② 자아실현과 성장

- 자신의 잠재력 계발: 창의적인 아이디어를 현실화하고, 자신의 역량을 최대한 발휘하고자 하는 욕구
- 끊임없는 도전: 새로운 것에 대한 도전을 통해 성장하고 발전하고자 하는 욕구
- 자아실현: 자신의 가치관과 비전을 실현하고, 사회에 기여하고자 하는 욕구

③ 사회적 가치 창출

- 사회문제 해결: 사회문제를 해결하고 더 나은 세상을 만들고자 하는 욕구
- 새로운 일자리 창출: 사회에 기여하고, 고용을 창출하여 경제 활성화에 기여하고자 하는 욕구
- 긍정적인 영향력 행사: 사회에 긍정적인 영향력을 미치고, 변화를 이끌고자 하는 욕구

④ 독립성과 자율성

- 자신의 방식대로 일하기: 조직에 속하지 않고 스스로 일을 결정하고 실행하고자 하는 욕구
- 자유로운 시간 관리: 시간을 자유롭게 활용하여 일과 삶의 균형을 이루고자 하는 욕구

⑤ **명예와 인정**

- 사회적 지위 향상: 성공적인 사업을 통해 사회적 지위를 높이고 인정받고자 하는 욕구
- 자신의 브랜드 구축: 자신만의 브랜드를 구축하고, 독자적인 사업을 통해 인지도를 높이고자 하는 욕구

5. 창업자가 갖추어야 할 요소

창업은 단순히 아이디어를 현실화하는 것을 넘어, 다양한 어려움을 극복하고 지속적인 성장을 이루어내는 과정이다. 성공적인 창업을 위해서는 창업자에게 다양한 역량과 자질이 요구된다.

① **혁신적인 아이디어와 비전**

- 독창적인 아이템: 시장의 니즈를 정확하게 파악하고, 차별화된 아이템을 개발할 수 있는 능력
- 미래를 내다보는 비전: 시장 변화를 예측하고, 장기적인 성장을 위한 비전을 제시할 수 있는 능력

② **리더십과 팀워크**

- 강력한 리더십: 팀원들을 이끌고 목표를 달성할 수 있는 강력한 리더십
- 소통 능력: 다양한 사람들과 원활하게 소통하고 협력할 수 있는 능력
- 팀워크 구축: 팀원들 간의 신뢰를 구축하고, 협동심을 발휘하여 시너지를 창출할 수 있는 능력

③ **문제 해결 능력**

- 창의적인 문제 해결: 예상치 못한 문제 상황에 직면했을 때, 창의적인 해결 방안을 제시할 수 있는 능력

- 빠른 의사 결정: 빠르게 변화하는 시장 환경에서 신속하고 정확한 의사 결정을 내릴 수 있는 능력

④ 위험 감수와 끈기

- 위험 감수: 불확실한 미래에 대한 두려움을 극복하고, 새로운 도전을 감수할 수 있는 용기
- 끈기와 열정: 어려움에 쉽게 좌절하지 않고, 목표를 향해 꾸준히 노력할 수 있는 끈기

⑤ 사업 감각과 마케팅 능력

- 사업 감각: 시장 트렌드를 파악하고, 사업 기회를 포착할 수 있는 능력
- 마케팅 능력: 제품 또는 서비스를 효과적으로 홍보하고 판매할 수 있는 능력

⑥ 재정관리 능력

- 재무 계획: 사업계획을 수립하고, 예산을 관리할 수 있는 능력
- 투자 유치: 필요한 자금을 유치하고, 투자자를 설득할 수 있는 능력

⑦ 지속적인 학습 자세

- 끊임없는 학습: 새로운 지식과 기술을 습득하고, 변화하는 시장 환경에 적응할 수 있는 자세

⑧ 정신력과 건강

- 강한 정신력: 어려움 속에서도 긍정적인 마음을 유지하고, 포기하지 않는 강한 정신력
- 건강 관리: 건강한 몸과 마음으로 꾸준히 사업에 매진할 수 있는 능력

6. 창업의 영향 요인

창업은 단순히 아이디어를 현실로 만드는 것을 넘어, 개인의 열정과 사회 경제적 환경이 복합적으로 작용하는 복잡한 과정이다. 성공적인 창업을 위해서는 다양한 요인들을 종합적으로 고려해야 한다.

1) 개인적 요인

① **기업가 정신:** 혁신, 위험 감수, 성취 욕구 등 기업가 정신은 창업의 가장 중요한 동력이다.

② **전문성:** 창업 아이템과 관련된 전문 지식과 경험은 사업 성공 가능성을 높인다.

③ **네트워크:** 다양한 분야의 사람들과의 관계는 정보 획득, 자원 확보 등에 도움을 준다.

④ **자기 효능감:** 자신의 역량에 대한 자신감은 어려움을 극복하고 목표를 달성하는 데 중요한 역할을 한다.

2) 환경적 요인

① **경제 환경:** 경기변동, 산업 트렌드, 정부 정책 등 거시적인 경제 환경은 창업에 큰 영향을 미친다.

② **시장 환경:** 목표 시장의 규모, 경쟁 강도, 소비자 트렌드 등 시장 환경 분석은 필수이다.

③ **사회적 환경:** 사회적 인식, 문화, 가치관 등 사회적 환경은 창업 아이템의 성공 가능성을 좌우한다.

④ **정책적 환경:** 정부의 창업 지원 정책, 세제 혜택 등 정책적인 환경은 창업에 큰 영향을 미친다.

3) 아이템 관련 요인

① **아이템의 차별성:** 기존 제품이나 서비스와 차별화된 가치를 제공해야 한다.

② **시장성:** 충분한 수요가 있는 시장을 목표로 해야 한다.

③ **기술력:** 아이템 구현을 위한 기술력 확보가 매우 중요하다.

④ **수익성:** 지속적인 성장을 위한 수익 모델 확립이 필요하다.

4) 자원 관련 요인

① **자금:** 초기 자금 확보는 창업의 가장 큰 어려움 중 하나이고 고정자금과 운전자금 확보가 중요하다.

② **인력:** 사업 수행에 필요한 인력을 확보하고 관리해야 한다.

③ **기술:** 아이템 개발 및 생산에 필요한 기술을 확보해야 한다.

④ **유통 채널:** 제품이나 서비스를 판매할 수 있는 유통 채널을 확보해야 한다.

7. 창업의 성공과 실패 요인

창업은 꿈을 현실로 만들고 새로운 가치를 창출하는 매력적인 기회이지만, 동시에 실패의 위험도 높다. 성공적인 창업을 위해서는 다양한 요인들을 종합적으로 고려해야 한다.

1) 성공 창업요인

(1) 리더십(leadership)

① **비전 제시:** 명확하고 구체적인 비전을 제시하고 구성원들을 하나의 목표를 향해 나아가도록 이끌어야 한다.

② **문화 형성:** 조직의 가치관과 문화를 형성하고, 구성원들이 함께 성장할 수 있는 환경을 조성해야 한다.

③ **의사 결정:** 빠르게 변화하는 시장 환경에서 신속하고 정확한 의사 결정을

내려야 한다.

④ **위기 관리:** 예상치 못한 위기를 극복하고 조직을 안정적으로 이끌어 내야 한다.

⑤ **팀워크 구축:** 구성원들의 역량을 결집하고 협력을 통해 시너지 효과를 창출해야 한다.

(2) 아이템의 경쟁력

① **차별화:** 기존 시장에 없는 독창적인 아이템이나 서비스는 경쟁 우위를 확보하는 데 중요하다.

② **시장성:** 충분한 시장 수요가 있는지, 고객의 니즈를 정확하게 파악했는지가 매우 중요하다.

③ **수익성:** 지속적인 성장을 위한 수익 모델 확립이 필수적이다.

④ **기술력:** 아이템 구현을 위한 기술력 확보가 중요하다.

(3) 시장 환경 분석

① **시장 규모:** 목표 시장의 규모가 충분한지, 성장 가능성이 있는지 분석해야 한다.

② **경쟁 환경:** 경쟁 업체의 현황과 강점, 약점을 분석하여 차별화 전략을 수립해야 한다.

③ **고객 니즈:** 고객의 니즈를 정확하게 파악하고, 이에 맞는 제품이나 서비스를 제공해야 한다.

④ **트렌드 분석:** 시장 트렌드를 파악하고, 이에 맞춰 사업 전략을 수립해야 한다.

(4) 끊임없는 학습과 변화

① **시장 변화에 대한 적응:** 시장 환경은 끊임없이 변화하기 때문에 이에 맞춰 사업 전략을 수정 및 계획해야 한다.

② **새로운 기술 도입:** 새로운 기술을 도입하여 경쟁력을 강화해야 한다.

③ **고객 피드백 수렴:** 고객의 피드백을 수렴하여 제품이나 서비스를 개선해야 한다.

(5) 위기 대응 능력

① **위험 관리:** 예상치 못한 위험에 대비하여 다양한 시나리오를 준비해야 하고 사업의 성패는 위험을 어떻게 대비하고 극복해 나가는가에 달려 있다.

② **유연한 대응:** 시장 환경 변화에 유연하게 대응할 수 있는 능력을 갖추어야 한다.

2) 실패 창업요인

창업 실패의 가장 중요한 원인은 창업자와 관련된 경우가 많다. 창업자가 가진 유·무형의 자원이나 역량이 부족하다면 실패의 위험은 커질 것이다. 그러나 현실적으로는 이러한 이유 외에도 창업자의 태도나 성격적인 원인이 크고 작은 창업 실패를 불러오는 경우가 많다.

(1) 시장 분석 실패

① **잘못된 시장 예측:** 시장의 규모, 성장 가능성, 경쟁 환경 등을 정확하게 파악하지 못하여 실패하는 경우가 많다.

② **고객 니즈 미충족:** 고객이 원하는 제품이나 서비스를 개발하지 못하여 시장에서 외면받는 경우이다.

(2) 자금 및 경쟁력 부족

① **자금 부족:** 사업을 시작하기 위한 충분한 자금을 확보하지 못하여 어려움을 겪고 사업이 성장하는 과정에서 추가적인 자금을 확보하지 못하여 사업을 중단해야 하는 경우가 발생한다.

② **경쟁력 부족:** 경쟁 업체와 차별화된 가치를 제공하지 못하여 시장에서 살아남지 못하고 제품이나 서비스의 품질이 낮아 고객의 신뢰를 잃게 되는 경우이다.

(3) 팀 구성 및 관리 실패

① **인력 부족:** 사업을 운영하기 위한 충분한 인력을 확보하지 못하여 어려움을 겪는 경우이다.

② **팀워크 부재:** 팀원 간의 갈등이나 소통 부재로 인해 사업이 지연되거나 실패할 수 있다.

(4) 변화에 대한 미흡한 대처

① **시장 변화에 대한 미흡한 대응:** 시장 환경이 빠르게 변화하는 데도 불구하고 이에 대한 대응을 하지 못하여 도태되는 경우가 많다.

8. 창업의 기본절차

1) 일반적인 창업 절차

창업은 여러 기본 요소를 사업 운영이 가능한 형태로 결합함으로써 이루어진다. 즉, 창업자는 자기가 창업을 하기에 적합한가를 우선 판단하고 만일 그렇다면 창업을 위해서 아이템을 정하고, 자금은 어떻게 구할 것인지, 광고는 어떻게 할 것인지, 개인회사로 세울 것인지, 주식회사로 세울 것인지 또는 다른 사람과 할 것인지, 혼자 할 것인지 등에 대한 계획을 세우고 다양한 의사 결정을 수립·실행하는 과정을 거치게 된다. 이러한 과정은 일반적으로 다음과 같이 이루어진다.

(1) 창업 예비분석

창업 희망자는 먼저 자신의 창업 자질 및 적성 등을 파악하여 창업이 바람직한 것인가를 알아보아야 한다. 나아가 자신이 가진 자원이 창업하기에 충분한지 또 창업 시기는 적당한가에 대해서도 미리 생각해 보아야 한다.

(2) 사업목표 설정

일단 자기 사업을 시작하기로 했으면 창업의 기본적 이유와 기본적인 운영 방향에 대해 명확히 해야 한다. 오늘날 다원화된 사회 속에서 사업의 목적은 단순히 이윤 극대화에만 있지 않으며 여러 목적이 동시에 추구되거나 이윤이 수단화되는 경우도 많기 때문이다. 이러한 사업목적은 창설자에게 있어서는 창업이념이 되며 그에 따라 업종 선택이나 기업 활동의 내용이 달라질 수 있다.

(3) 사업 분야 결정과 사업 아이디어 모색

사업이 성공적으로 운영되는가의 여부는 얼마나 유망하고 자신의 적성, 경력, 취미 등을 고려하여 적합한 업종을 선택하였는가에 따라 결정된다. 나아가 사업 아이디어가 얼마나 시장조건에 잘 맞는가도 중요하다. 사업 아이디어를 구상함에 있어서 어떤 제품, 서비스를 생산·판매할 것이며 그 시기를 언제로 할 것인가에 관한 고려가 중요하다. 이를 위해 먼저 시장 조사를 이용하여 소비자 수요의 동향을 파악하고 이를 충족할 수 있는 제품으로는 어떤 것이 있는가를 발견해야 한다.

(4) 사업성 분석

모든 사업은 창업을 준비하는 과정에서 어떤 형태로든지 사업을 통하여 발생될 이익과 손해에 관한 분석이 필요하다. 사업성 분석은 일반적으로 수익성, 시장성, 기술성 분석을 주요 내용으로 하며, 고려하고 있는 사업이 공익과 관계되는 경우에는 추가로 공익성 분석을 하게 된다.

사업성 분석은 창업 성공의 필수적인 단계이므로 보다 신뢰할 수 있는 사업성 분석을 위해서는 기존 사업 사례를 참조하고 나아가 희망 사업 분야의 총투자 및 비용, 예상 입지 및 상권분석에 대한 정보를 얻는 것이 좋다.

(5) 사업 인·허가사항 점검

누구나 대부분의 업종에서는 특별한 규제나 제한 없이 창업을 할 수 있다. 그러나 특별한 업종은 관계 법령에 따라 사업 개시 전에 행정기관으로부터 사업에 대한 허가를 받아야 하거나 행정기관에 등록 또는 신고를 해야 하는 경우가 있다. 이는 불법 영업 방지, 행정 절차 간소화, 사업 안정성 확보를 위해서다.

창업하는 업종의 인·허가 대상 여부에 대해서는 관할 지역의 지자체나 '대한민국 정부' 홈페이지에서 '기업·경제' 분야의 민원업무를 검색하면 해당 사업에 대한 내용을 쉽게 찾을 수 있다.

(6) 인적·물적 자원의 조달과 구성

사업성 분석에서 자신의 아이디어가 시장성이 있다고 판단되면 이를 실행하기 위한 인적·물적 자원을 조달하여야 한다. 첫째, 인적 자원의 조달은 창업팀을 만드는 데서 시작된다. 인적 자원의 조달과 구성은 창업의 성패를 좌우하는 핵심 인력 확보, 직원들의 역량을 강화하기 위한 인력 계발, 바람직한 기업 문화를 정립하고 구성원 간의 원활한 소통을 위한 조직 문화 형성을 수립해야 한다.

둘째, 물적 자원 조달에서 가장 중요한 것은 소요 자금 조달 문제이다. 창업에 필요한 자금은 자기자본에 의하거나 외부자본 및 정부의 다양한 창업자금 지원 제도를 활용하여 조달할 수 있다. 또한, 제품 생산에 필요한 원자재를 확보하고 효율적인 시스템 구축이 필요하다.

(7) 사업계획서 작성과 조직구조의 설정

인적·물적 자원의 조달이 이루어지면 구체적으로 수행하게 될 실행계획을 수립해야 한다. 여기에는 제품계획, 시장성과 판매계획, 생산 및 설비계획, 일정계획 등이 구체적인 활동 내역별로 포함되어야 한다. 나아가 기업의 주요 기능에 따라 업무, 책임, 권한 등을 체계적으로 구분하고 이를 담당할 인력을 선발, 배치하여야 한다.

(8) 사업장 확보

한정된 자금으로 소규모 기업을 창업할 때, 사업장을 확보하는 과정 역시 매우 중요한 단계이다. 요즘은 많은 사업이 직·간접적으로 인터넷과 유비쿼터스 같은 IT기반 매체에 기반을 두고 있으므로, 이에 대한 인프라가 사업의 경쟁력을 좌우할 수 있다. 사업장은 단순히 일하는 공간을 넘어, 고객과 만나고, 제품 또는 서비스를 생산하며, 기업의 이미지를 형성하는 중요한 공간이다. 따라서 신중하게 사업장을 선정하고 확보해야 한다.

(9) 사업자 등록

사업을 시작하려는 사람이 반드시 거쳐야 하는 필수적인 절차이다. 창업을 위한 사전 준비가 완료되면 사업의 종류와 규모에 따라 필요한 서류와 절차가 다를 수 있으므로, 자세한 내용은 관할 세무서에 문의하여 사업자 등록을 신청한다.

(10) 개업 준비

개업 준비를 위하여 종업원의 채용과 관리, 점포 운영을 위한 상품 구매법, 점포의 효과적인 인테리어 방법과 매출 증대를 위한 간판 활용법을 알아야 한다.

(11) 개업

창업 성공 전략과 점포 운영 전략, 소규모 사업의 홍보 방법과 전략, 오픈행사 진행방법, 고객관리 전략에 대하여 알아야 한다.

(12) 개업 후 세무상식

창업을 위한 기본 절차를 완료하고 나면 가장 시급한 문제가 세무 업무이다. 규모가 있는 사업장은 경리 전문가를 채용하여 세무 업무를 처리하지만, 대부분 소규모 사업장은 장부기장과 세금에 대한 신고, 납부 업무를 세무사 사무실에 위임하여 처리한다.

2) 업종별 창업 절차

사업을 구상하게 되면 여러 가지 문제에 직면하게 된다. 즉 업종의 선택, 사업자금의 규모, 자금의 조달처, 사업장 위치, 직원채용, 개인기업과 법인기업 형태 중 어느 편이 유리한가 등 결정해야 할 사항들이 많다.

이렇게 많은 문제들에 대하여 창업자는 결단을 내려야 한다. 창업자의 이러한 의사 결정은 사업 성패에 대한 책임이 수반되는 일이므로 대부분의 경우 힘든 정신적 작업이다.

사업을 하기 전에 최소한 창업의 기본절차에 포함된 사항 정도는 체크하는 것이 실패를 줄일 수 있는 방법이다. 창업에 대한 기본절차는 업종에 따라 다소 차이가 날 수 있으며, 특히 제조업을 창업할 경우 많은 준비절차가 필요하다.

(1) 제조업 창업 절차

제조업을 경영하고자 하는 창업 예비자는 최소한 제조업체에 직접 근무한 경험이 있거나 간접적으로 깊은 관계가 있는 경우에 선택하여야 한다. 제조업은 재료(원료)를 투입하여 제조·가공 단계인 생산 공정을 거쳐 사회에서 효율적 가치가 있는 재화로 재탄생시키는 2차 산업으로, 한국표준산업분류표에 의하면 제조업의 종목을 음식료품, 담배제조업, 섬유·의복·가죽산업 제조업, 목재·나무제품 제조업, 종이·종이제품 제조업, 화합물·석유·석탄·고무·플라스틱제품 제조업, 비금속광물제품 제조업, 제1차 금속산업 제조업, 조립금속제품·기계·장비 제조업, 기타 제조업 등으로 분류하고 있다.

제조업 창업 절차에 따라 창업자가 주의해서 살펴보아야 할 사항은 (그림 2-1)과 같다.

그림 2-1 제조업 창업 절차

(2) 도·소매업 창업 절차

도·소매업은 창업은 비교적 다른 업종에 비해 진입 장벽이 낮아 많은 사람들이 선택하는 창업으로 알려져 있다. 도·소매업은 대개 중간 내지 최종 소비자와 직접 만나는 분야이므로 어느 업종 못지 않게 고도의 친밀성과 시장 감각이 필요한 분야이다.

도매업은 소매업과 엄격히 구분되는데 도매업은 제조업자, 즉 생산자와 소매업자 간의 가교 역할을 하는 것으로서 생산자로부터 상품을 인수하여 이를 적정 이윤을 붙여 소매업자에게 인계하는 판매업을 말한다. 소매업은 도매업자로부터 상품을 인수하여 적정 이윤을 붙여 최종 소비자에게 판매하는 판매업을 말한다.

여기에서 도매업은 소매업과 달리 판매경로가 광범위하고 사업장의 입지 선정, 소비자의 접근성 등에서는 소매업보다 자유롭다고 할 수 있다. 반면 소매업은 최종 소비자를 상대로 판매업을 하는 것으로서 소비자의 시선을 의식한 입지 선정, 접근성, merchandising, Launching 시기 등 민감한 부분을 잘 활용하여야 한다.

도·소매업 창업 절차에 따라 창업자가 주의해서 살펴보아야 할 사항은 그림 2-2와 같다.

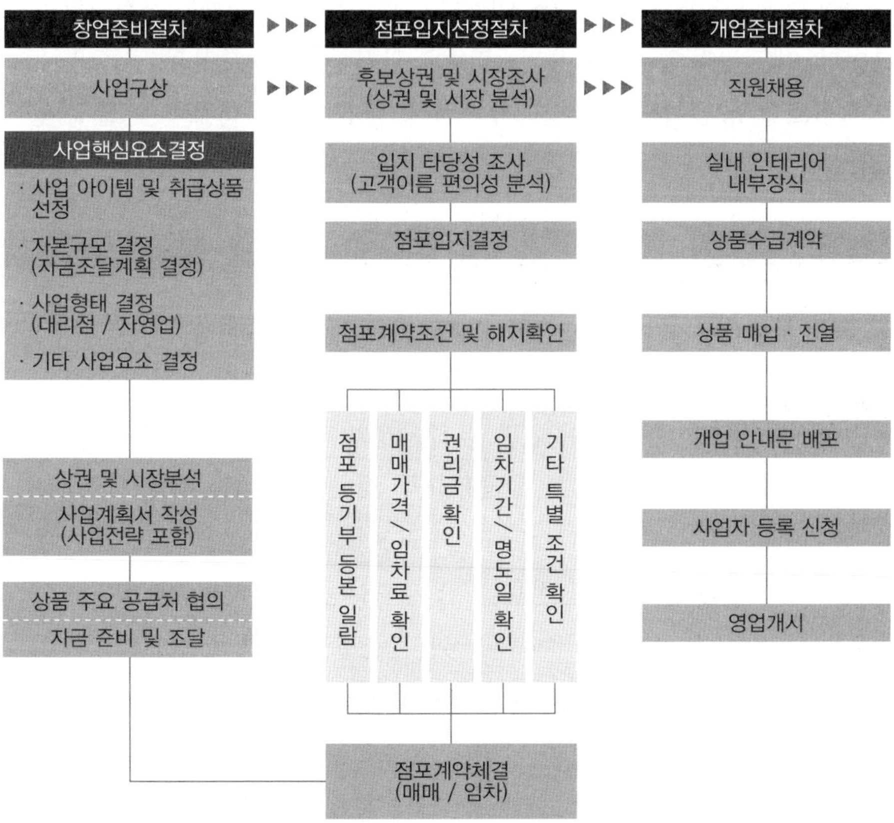

그림 2-2 도 · 소매업 창업 절차

(3) 서비스업 창업 절차

서비스업은 창업자의 지식, 경험, 노하우 등이 사업에 직접 적용되는 업종으로 창업자의 능력 자체가 사업의 핵심 요소이며 이들 요소가 수익의 원천이 되는 경우가 대부분이다. 따라서 서비스업 창업자는 해당 분야에 대한 전문 지식을 보유하고 있는 것이 매우 유리하게 적용한다. 서비스업을 운영하기 위해서 창업자 자신이 모든 업무 수행에 필요한 자격요건이나 능력을 갖출 필요는 없지만 최소한 사업 분야의 전체 흐름에 대한 이해는 할 수 있는 수준 이상이어야 한다. 서비스업은 우리 생활과 밀접하게 연결되어 있으며 그 종류도 일반 서비스업(관광, 교통, 유통, 숙박 등)과 전문 서비스업(법률, 회계, 의료, 금융, IT, 교육 등)이 있으며 그 종류도 매우 다양하다. 서비스업 창업에 소요되는 자금은 다른 업종에 비하여 비교적 적게 소요되어 초기 창업 비용은 사무실 개설비가 대부분이며, 이후 관리 업무비도 유지관리비와 인건비가 대부분이다.

서비스업 창업 절차에 따라 창업자가 주의해서 살펴보아야 할 사항은 그림 2-3과 같다.

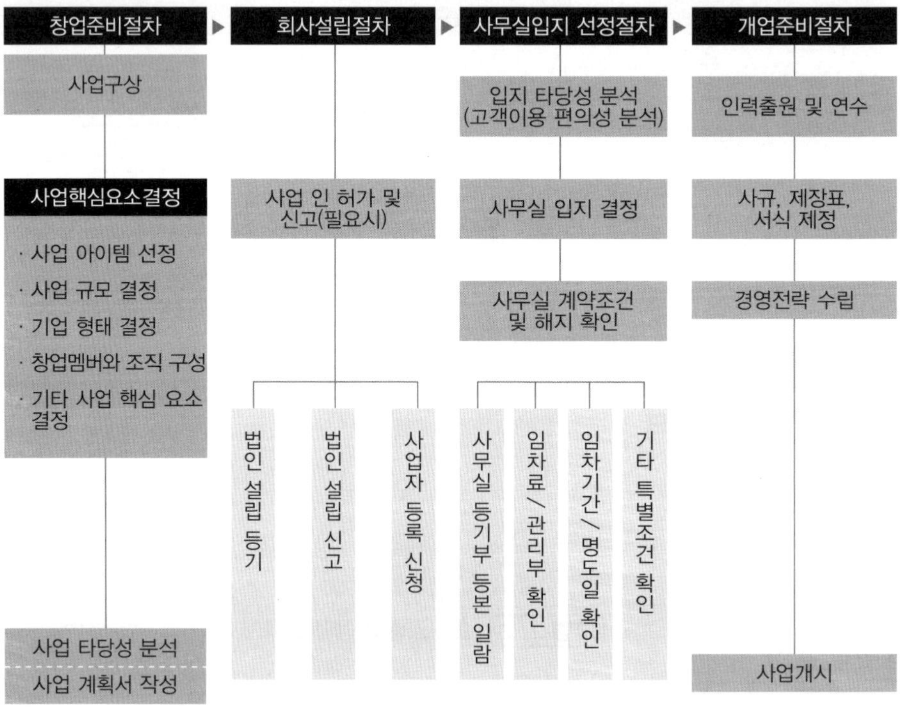

그림 2-3 서비스업 창업 절차

Chapter 03

사업 아이템 선정

사업 아이템 선정 03

1. 창업 아이템 선정의 중요성

창업을 생각했던 사람이 자신의 창업 여건을 검토하기 위하여 마음가짐이나 주변 환경을 객관적으로 점검하고 분석하여 창업을 하기로 결정하고 난 후 실질적으로 창업을 위한 첫 번째 단계가 아이템을 선정하는 일이다.

많은 사람들이 다양한 사업을 하고 있지만 나에게 꼭 맞는 아이템을 선정하는 것은 쉬운 일이 아니다. 사업을 시작하려는 사람들은 이미 염두에 두어왔던 아이템이나 주위의 권유로 시작하는 경우가 많기 때문에 아이템 선정에 큰 고민을 하지 않는 경우도 많다.

물론 아이템 선정만 잘했다고 사업의 성공을 보장받는 것은 아니지만 아이템 선정이 사업의 성공과 발전 가능성을 높일 수 있다. 따라서 사업을 시작하기 전에 아이템 선정의 타당성을 점검하는 것은 필수적인 과정이고, 창업에 성공하기 위해서는 차별화된 아이템 발굴을 위한 많은 노력을 해야 한다.

1) 사업 아이템 선정의 중요성

① **사업 방향 설정:** 사업 아이템은 사업의 전체적인 방향을 결정하게 된다. 어떤 상품이나 서비스를 제공할 것인지, 어떤 고객을 대상으로 할 것인지 등 사업의 모든 활동이 아이템을 중심으로 이루어지기 때문이다.

② **경쟁 우위 확보:** 좋은 사업 아이템은 경쟁에서 우위를 점할 수 있는 기반

이 된다. 차별화된 아이템을 통해 고객의 니즈를 충족시키고 경쟁사와의 차별성을 확보할 수 있기 때문이다.

③ **자원 집중:** 사업 아이템에 따라 필요한 자원(인력, 자금, 기술 등)이 달라진다. 적합한 아이템을 선정해야 효율적으로 자원을 활용하고 사업을 운영할 수 있다.

④ **성장 가능성:** 좋은 사업 아이템은 지속적인 성장 가능성을 가질 수 있고 시장의 변화에 유연하게 대응하고 새로운 기회를 창출할 수 있게 된다.

2) 아이템을 선정할 때 고려해야 할 점

① **시장성:** 해당 아이템에 대한 시장의 수요가 충분한지, 경쟁이 심하지는 않은지 등 시장 상황을 꼼꼼히 분석해야 한다.

② **수익성:** 아이템을 통해 얼마나 많은 수익을 창출할 수 있을지, 비용 대비 효과는 어떠한지 등 수익성을 면밀히 검토해야 한다.

③ **차별성:** 경쟁사와 차별화되는 독특한 가치를 제공할 수 있는 아이템인지 확인해야 한다.

④ **성장 가능성:** 시장의 변화에 따라 아이템을 발전시키고 새로운 사업 기회를 창출할 수 있는 가능성을 고려해야 한다.

⑤ **자신의 역량:** 자신의 경험, 지식, 기술 등을 활용할 수 있는 아이템인지, 자신에게 맞는 아이템인지 판단해야 한다.

3) 아이템을 선정하기 위한 방법

① **SWOT 분석:** 자신의 강점(Strength), 약점(Weakness), 기회(Opportunity), 위협(Threat)을 분석하여 아이템을 선정한다.

② **시장 조사:** 시장 트렌드, 경쟁사 분석, 고객 니즈 조사 등을 통해 아이템의 가능성을 검토한다.

③ **아이디어 발상:** 브레인스토밍, 마인드맵 등 다양한 방법을 통해 창의적인 아이디어를 도출한다.

④ **전문가 상담:** 사업 전문가, 컨설턴트 등의 자문을 구하여 아이템의 타당성을 검증한다.

2. 창업 아이템 선정 절차

1) 창업 아이템 정보 탐색

자신의 경험과 지식, 동종업체 및 관련 업체 근무경력 등에 의해 아이템 정보를 탐색할 수 있다. 또한 친구, 친인척, 관련 분야의 전문가로부터 습득한 정보와 정보지, 신문 및 인터넷 등을 이용하여 정보를 얻고 탐색할 수 있다.

창업 아이템 선정을 위한 정보 탐색은 다음과 같은 방법이 있다.

① 경험이 있는 분야

② 자신이 관심과 흥미가 있는 사업

③ 매우 가까운 사람이 추천하고 도와 줄 수 있는 사업

④ 창업에 대해 잘 아는 사람에게 문의

⑤ 소비자의 필요성을 중심으로 발상하는 방법

⑥ 창업강좌 참석

⑦ 간행물 이용

2) 창업 아이템 정보 수집 및 분석

소상공인지원센터, 창업 관련 회사, 창업컨설팅 회사, 해당 업종 전문가 등을 통해 구체적 정보를 수집한다. 또한 아이템 성장 전망 및 창업자의 적성을 고려하여 창업 관련 기관 상담전문가의 상담 및 분석을 통해 아이템을 선별한다.

3) 후보 아이템에 대한 정밀분석 및 사업성 검토

예비로 선별된 아이템을 선정하여 수익성, 성장성 등의 사업성 분석을 하고, 상담기관이나 업계 단체 및 정통한 전문가로부터 창업자와의 적합성 여부와 시장규모 등의 정밀분석 및 사업성을 검토한다.

4) 아이템 선정

분석한 객관적인 자료를 근거로 자신에게 맞는 아이템을 선정한다. 외환위기 후 고용의 안정이 무너지면서 구멍가게라도 내 사업을 하고자 하는 사람이 확산되고 있어 소자본으로 창업하려고 할 때 아이템을 선정하는 일이 쉬운 일은 아니다.

5) 사업 타당성 분석과 구체적인 창업 준비

선정한 아이템에 대한 타당성을 분석하여 성공할 가능성과 창업을 위해 준비해야 할 사항들을 체크해 보고 관련 업계에서의 경영 수업 등의 경험을 쌓으면서, 사업계획서를 작성하고, 자금조달 및 개업 준비를 한다.

3. 아이템 선정 시 고려해야 할 사항

새로운 창업자가 기존 사업자들에 의해서 형성된 시장의 빈틈을 공략하기 위해서는 월등한 경쟁력을 갖춘 아이템으로 창업을 해야 하므로, 성공하기 위해서는 아이템을 선정하기 위해서 고려해야 할 것이 많다.

① 누구나 좋다고 생각하는 사업 아이템에 현혹되지 말 것

유망사업이란 누구나 좋다고 생각하는 아이템이라기보다는 경쟁자의 참여가 쉽지 않고, 남들이 잘 모방하지 못하는 사업 아이템을 말한다.

② 사업 아이템에도 수명이 있다는 사실을 명심할 것

어떤 사업이라도 결코 영원할 수 없다는 점을 깊이 명심하고 새로운 아이템 개발에 소홀함이 없어야 한다.

③ 현재의 직장을 중시할 것

현재의 직장은 창업을 꿈꾸는 예비 창업자에게 매우 중요하다.

④ 단계를 밟아 사업 아이템을 선택할 것

창업을 계획하고 있는 사업 아이템에 관한 정보를 수집한 후 단계를 밟아 사업 아이템을 최종적으로 선택하는 것이 필요하다.

⑤ 유행성이 높은 사업 아이템이나 미확인된 사업 아이템을 경계할 것

사업 아이템 선정 시 유행에 민감한 아이템이나, 아직 미확인된 사업 아이템은 피하거나 신중하게 판단해야 한다.

⑥ 하이테크형보다 하이터치형 아이템을 선정할 것

하이테크형 아이템은 성공하면 부가가치가 높지만 그만큼 실패 위험이 높고 사업이 본 궤도에 오르기까지 어려움이 많은 편이다.

⑦ 유망 아이템에 대한 선입견을 버릴 것

유망 아이템이란 장래성이 있는 사업 아이템을 말하는데, 그것이 사업 성공과 직결된다고는 볼 수 없다.

⑧ 창업자의 적성, 경험, 능력을 최우선적으로 고려할 것

사업 아이템 선정에 있어서 가장 중요한 것은 창업자의 경험, 적성, 능력에 맞는 아이템을 선택하는 일이다.

표 3-1 창업 아이템 선정 기준

구분	고려사항
적성 · 능력의 적합 여부	• 해당 업종에 자신감이 있는가? • 창업자의 선천적 적성, 성격에 맞는가? • 사업자 건강, 능력에 맞는가? • 해당 업종에 경험 또는 사업수행 능력, 지식이 있는가? • 창업자금 조달 능력은 양호한가?

구분	고려사항
시장성	• 입지가 해당 업종에 적합한가? • 라이프사이클상 도입기 또는 성장기 업종인가? • 해당 업종의 시장 규모가 커지고 있는가? • 시장의 경쟁 현황과 전망은 양호한가?
수익성	• 투자비용에 비해 수익 전망은 양호한가? • 손익분기점은 얼마인가? 언제인가? • 일반금리보다 수익성이 좋은가? • 2~3년 내에 흑자 실현이 가능한가? • 인테리어 공사비 등 고정비가 권리금화에 유리한가?
상품성	• 고객 입장에서 가격에 비해 유용한 상품인가? • 고객에게 인기도, 경쟁력은? • 영업 및 A/S 가능 여부 • 상품조달 및 공급 용이성 여부 • 상품 관련 기술을 터득하여 개선할 수 있는가?
위험요소	• 해당 업종 인 · 허가 문제에서 미비점은 없는가? • 경쟁업체, 거래업체와의 분쟁 소지는 없는가? • 내적 요소(종업원, 상품조달, 반품 등)에서 문제의 소지는 없는가? • 추후에 원활한 자금 조달이 가능한가?
기타 사항	• 면허 · 허가 · 등록 유무 확인 • 위법성 업종 여부 확인 • 세무문제가 복잡하고 자료 처리가 어려운 업종은 아닌가? • 흔하고, 창업이 쉬운 업종이 아닌가?

4. 업종별 아이템 선정 시 고려사항

각 업종별로 성공적인 아이템을 선정하기 위해서는 해당 업종의 특성과 시장 환경을 정확하게 분석해야 한다. 다음은 업종별 아이템 선정 시 고려해야 할 사항들을 정리하였다.

1) 제조업

① **시장 수요:** 특정 산업의 성장 가능성, 소비자 트렌드, 정부 정책 등을 고려하여 수요가 지속적으로 발생할 수 있는 제품을 선정해야 한다(예: 친환경 제품, 스마트 제품, 고령화 사회에 맞춘 제품 등).

② **생산 기술:** 최신 생산 기술 도입(자동화, 스마트 팩토리 등)을 통해 생산성을 높이고 품질을 향상시켜야 한다.

③ **원자재 확보:** 안정적인 원자재 공급망을 구축하고, 가격 변동에 대비한 대책을 마련해야 한다.

④ **규제:** 관련 법규(환경 규제) 및 안전 규정 등을 고려하여 제품을 개발해야 한다.

2) 도·소매업

① **상품 차별화:** 경쟁 업체와 차별화되는 독특한 상품을 선정하거나, 기존 상품에 새로운 가치를 부여해야 한다(예: 프리미엄 상품, 친환경 상품, 해외 직구 상품 등).

② **유통 채널:** 온라인 쇼핑몰, 오프라인 매장, 소셜 커머스 등 다양한 유통채널을 활용하여 판매해야 한다.

③ **물류 시스템:** 효율적인 물류 시스템을 구축하여 빠르고 정확하게 상품을 배송해야 한다.

④ **고객 서비스:** 고객 만족도를 높이기 위한 다양한 서비스를 제공해야 한다. (예: 빠른 배송, 쉬운 반품, 친절한 상담 등)

3) 서비스업

① **고객 니즈:** 고객의 숨겨진 니즈를 파악하고, 이를 충족시키는 서비스를 제공해야 한다(예: 맞춤형 서비스, 편리한 서비스, 감성적인 서비스 등).

② **전문성:** 해당 분야의 전문성을 갖춘 인력을 확보하고, 지속적인 교육을 통해 서비스 품질을 향상시켜야 한다.

③ **차별화:** 경쟁 업체와 차별화되는 독특한 서비스를 제공해야 한다(예: 프리

미엄 서비스, 차별화된 공간, 특별한 경험 제공 등).

④ **고객 관계 관리:** 고객 데이터를 분석하여 맞춤형 마케팅을 진행하고, 고객 충성도를 높여야 한다.

4) 프랜차이즈업

① **본사 지원:** 가맹점 개설, 운영, 마케팅 등 전반적인 지원 시스템을 구축해야 한다(예: 교육, 물류, 마케팅 지원 등).

② **브랜드 이미지:** 강력한 브랜드 이미지를 구축하고, 가맹점의 서비스 품질을 일관되게 유지해야 한다.

③ **수익 모델:** 가맹비, 로열티, 물품 공급 등 다양한 수익 모델을 확보해야 한다.

④ **법적 문제:** 가맹 계약서 작성, 「공정거래법」 준수 등 법적 문제에 대한 철저한 준비가 필요하다.

5) 기타 추가적인 업종의 고려사항

① **IT/정보통신:** 기술 변화 속도가 빠르므로, 지속적인 기술 개발과 투자가 필요하다.

② **식음료:** 위생 관리, 식품 안전에 대한 철저한 관리가 필요하다.

③ **유통:** 물류 시스템 구축, 재고 관리 등 효율적인 운영 시스템이 필요하다.

5. 유망한 아이템 찾는 방법

소비자가 원하고 미래에 유망한 아이템을 찾는 것은 창업의 성공을 위한 필수적인 과정이다. 시장의 변화와 소비자의 니즈를 정확하게 파악하고 이에 맞는 아이템을 개발해야만 경쟁 우위를 확보하고 지속적인 성장을 이룰 수 있다.

다음은 유망한 아이템 찾는 방법에 대하여 정리하였다.

① 소비자가 지금 원하는 아이템, 미래에 원하게 될 아이템

- 유행에 민감한 업종을 피하고 사회변화와 소비자 요구를 일치시키는 아이템
- 틈새 사업이나 이색사업에 도전하고, 수요가 있는 아이템

② 주위에서 권하는 사업에 현혹되지 말고, 창업자의 적성에 맞는 아이템

- 창업자의 취미, 특기 등 적성에 맞고 계속적인 흥미유발이 있는 아이템
- 계절성이나 경기에 너무 민감하지 않고, 가족의 협력을 받을 수 있는 아이템

③ 창업조건이 적절하고, 자금의 회전율이 적절한 아이템

- 시장진입 가능성이 그다지 어렵지 않은 아이템
- 개업 시점부터 예상되는 수익성이 높고, 현금회전율이 높은 아이템

④ 라이프 사이클(도입기→성장기→성숙기→쇠퇴기)을 고려하고, 5년 이상 계속할 아이템

- 대기업의 참여 가능성이 적고, 도입기나 성장기에 있는 아이템
- 업종과 소비자의 요구가 5년 이상 계속될 것으로 예상되는 아이템

⑤ 창업자의 자금 규모에 적정한 아이템

- 개업에 필요한 자금 규모가 조달 가능한 정도의 아이템

⑥ 업종 전환이 가능하고 유연한 아이템

- 만약을 대비해 폐점이나 업종 전환이 긍정적인 아이템
- 하이테크 업종보다 하이터치 업종으로 실생활에 필요한 아이템

⑦ 해당 분야에 대한 현장 경험과 지식정보가 충분한 아이템

- 자신의 눈과 발로 직접 확인했거나 실제 경험이 있는 아이템

- 전문 지식이나 고도의 기술이 필요한 경우 배울 수 있는 아이템

⑧ 법적 규제사항이나 입지조건에 만족할 수 있는 아이템

- 법적 토대로 미비한 업종을 삼가고, 사업장 선정에 융통성이 있는 아이템

⑨ 전문가 또는 실무경험자와 상담하여 정보를 얻을 수 있는 아이템

- 정보 수집이 어려운 업종을 피하고, 주변에서 도움을 받을 수 있는 아이템

⑩ 소비성이 강하여 계속적으로 수요가 창출될 수 있는 아이템

- 한 번 구입하여 평생을 사용하는 상품보다 수요가 계속 창출되는 아이템
- 계속적인 A/S가 필요한 제품보다 판매 후 뒤끝이 깨끗한 아이템

6. 세대별 유망 아이템

각 연령대별로 선호하는 가치관과 소비 패턴이 다르기 때문에, 연령대를 고려한 맞춤형 아이템 개발이 중요하다. 다음은 연령대별 유망 아이템과 함께 성공적인 창업을 위한 전략을 제시하였다.

1) 10대

(1) 유망 아이템

① **최신 트렌드 패션:** 힙합, 스트릿 패션, K-POP 아이돌 패션 등

② **스마트폰 액세서리:** 케이스, 이어폰, 팝소켓 등

③ **코스메틱:** 틴트, 섀도우, 팩 등

④ **게임 아이템:** 모바일 게임 아이템, 캐릭터 상품 등

⑤ **온라인 커뮤니티 플랫폼:** 관심사 기반의 커뮤니티, 스터디 플랫폼 등

(2) 성공 전략

① **SNS 마케팅:** 인스타그램, 유튜브 등을 활용하여 트렌드를 선도하고 공감대를 형성한다.

② **인플루언서 마케팅:** 인플루언서와 협업하여 제품을 홍보한다.

③ **체험 마케팅:** 팝업스토어, 워크숍 등을 통해 직접 제품을 체험할 수 있는 기회를 제공한다.

2) 20대

(1) 유망 아이템

① **여행 상품:** 해외 여행, 국내 여행, 액티비티 등

② **취미 관련 상품:** 운동, 요리, 음악 등

③ **공유 경제 서비스:** 공유 오피스, 공유 주방 등

④ **친환경 제품:** 친환경 소재를 사용한 제품, 플라스틱 줄이기, 비건 제품 등

⑤ **온라인 교육 콘텐츠:** 어학 학습, 자격증 시험 준비 등

(2) 성공 전략

① **가성비 강조:** 합리적인 가격에 높은 품질의 제품을 제공한다.

② **온라인 마케팅:** SNS, 블로그 등을 활용하여 정보를 제공하고 소통한다.

③ **체험 마케팅:** 샘플 제공, 무료 체험 등을 통해 제품을 직접 경험할 수 있는 기회를 제공한다.

3) 30대

(1) 유망 아이템

① **육아 관련 상품:** 유아용품, 교육용 완구, 육아 정보 서비스 등

② **건강 관련 상품:** 건강 기능 식품, 운동 기구, 건강 검진 서비스 등

③ **자기 계발 관련 상품:** 온라인 강의, 서적, 취미 활동 관련 상품 등

④ **투자 상품:** 주식, 펀드, 부동산 등

(2) 성공 전략

① **신뢰성 강조:** 제품의 품질과 안전성을 강조한다.

② **전문성 강조:** 전문적인 지식과 경험을 바탕으로 제품을 개발하고 서비스를 제공한다.

③ **맞춤형 서비스:** 개인의 니즈에 맞는 맞춤형 서비스를 제공한다.

4) 40대 이상

(1) 유망 아이템

① **건강 관련 상품:** 건강 기능 식품, 건강 검진, 요양 시설 등

② **여가 활동 관련 상품:** 여행, 문화 체험, 취미 활동 등

③ **편안함을 추구하는 상품:** 편안한 옷, 편안한 공간, 편리한 가전제품 등

(2) 성공 전략

① **고품질 제품/서비스:** 품질에 대한 만족도를 높일 수 있도록 한다.

② **친절한 상담:** 오프라인 매장에서 친절한 상담을 제공하여 신뢰를 얻을 수 있게 한다.

③ **TV 광고, 라디오 광고:** 전통적인 마케팅 채널을 활용하여 브랜드 인지도를 높이도록 한다.

7. 성격에 맞는 창업 아이템

창업을 성공으로 이끄는 첫 번째 요소는 일을 즐기고 자신과 잘 맞는 업종이어야 한다는 것이다. 단순히 재미있는 아이디어나 아이템이 아니라 돈이 되는 아이템이면서 자신이 선정한 업종이 적성이나 취향에 맞아야 일을 즐길 수 있고, 일에 의욕을 가질 수 있으며 창의적인 발상이 생기게 된다. 특히, 소자본 창업의 경우에는 개인의 능력에 따라 경영의 성과가 크게 좌우되기 때문에 자기 적성에 맞게 일을 선택하는 것이 무엇보다도 중요한데, 성격 유형에 맞는 아이템은 다음과 같다.

표 3-2 창업 아이템 선정 기준

성격 유형	주요 특징	추천 창업 아이템
외향적이고 쾌활한 사람	• 사람들과의 교류를 즐기고, 새로운 것에 대한 호기심이 많음	• 카페, 레스토랑, 이벤트 기획, 강사, 컨설팅
내성적이고 꼼꼼한 사람	• 혼자 집중하는 것을 좋아하고, 정확성을 중요시함	• 온라인 쇼핑몰, 블로그, 콘텐츠 제작, 번역, 데이터 분석
리더십이 강하고 추진력이 있는 사람	• 사람들을 이끌고 새로운 것을 시작하는 것을 좋아함	• 스타트업, 프랜차이즈, 부동산, 컨설팅
창의적이고 예술적인 사람	• 새로운 아이디어를 내고 독창적인 것을 만드는 것을 좋아함	• 디자인, 공예, 예술 작품 판매, 콘텐츠 제작
안정적인 것을 추구하는 사람	• 변화를 싫어하고 안정적인 환경을 선호함	• 프랜차이즈, 부동산 임대, 온라인 교육

자신에게 맞는 창업 아이템 찾는 방법은 다음과 같다.

① **자신의 성격 파악:** MBTI, 빅파이브 등 성격 유형 검사를 통해 자신의 강점과 약점을 파악한다.

② **관심 분야 파악:** 평소 관심 있던 분야나 좋아하는 일을 구상해 본다.

③ **시장 조사:** 내가 생각한 아이템에 대한 시장성을 조사한다.

④ **전문가 상담:** 창업 컨설턴트나 관련 분야 전문가에게 상담을 받아 조언을 구한다.

8. 자본 규모별 창업 아이템

자본 규모는 창업 아이템 선택에 있어 매우 중요한 요소이다. 적은 자본으로 시작할 수 있는 아이템부터, 상대적으로 많은 자본이 필요한 아이템까지, 다양한 선택 방법이 있다.

1) 소자본 창업(1000만 원 이하)

(1) 온라인 사업

① **블로그/유튜브 채널 운영:** 애드센스, 협찬 등으로 수익을 창출할 수 있다.

② **온라인 쇼핑몰:** 드롭십, 직접 제작 등 다양한 방식으로 운영이 가능하다.

③ **크리에이터 활동:** 유튜브, 인스타그램 등에서 콘텐츠를 제작하여 수익을 얻을 수 있다.

④ **번역, 디자인, 코딩 등 프리랜서 활동:** 온라인 플랫폼을 통해 재능을 판매할 수 있다.

(2) 서비스업

① **홈베이킹, 수제 잼 등 판매:** 온라인 커뮤니티나 소셜 미디어를 통해 판매할 수 있다.

② **펫 시팅, 집 청소 등:** 지역 커뮤니티를 활용하여 서비스를 제공할 수 있다.

③ **중고 물품 판매:** 중고 마켓 플랫폼을 활용하여 돈을 벌 수 있다.

2) 중소자본 창업(1,000만 원~1억 원)

① **프랜차이즈 가맹:** 이미 검증된 사업 모델을 활용하여 안정적인 수익을 얻을 수 있다.

② **소규모 오프라인 매장:** 작은 규모의 카페, 옷가게, 액세서리 숍 등을 운영할 수 있다.

③ **공방 운영:** 도예, 캘리그라피, 캔들 만들기 등 자신의 취미를 살려 공방을 운영할 수 있다.

④ **식품 제조 및 판매:** 수제 식품, 건강 기능 식품 등을 제작하여 판매할 수 있다.

3) 대규모 자본 창업(1억 원 이상)

① **스타트업:** 혁신적인 아이디어를 바탕으로 새로운 사업을 창출할 수 있다.

② **부동산 투자:** 상가, 아파트 등 부동산을 임대하거나 매매하여 수익을 얻을 수 있다.

③ **제조업:** 새로운 제품을 개발하여 생산하고 판매할 수 있다.

④ **프랜차이즈 본사:** 자체 브랜드를 개발하여 가맹점을 모집하고 운영할 수 있다.

9. 미래 지향적인 창업 아이템

미래 지향적인 창업 아이템은 단순히 새로운 제품이나 서비스를 넘어, 시대의 변화를 읽고 고객의 잠재적인 니즈를 충족시키는 혁신적인 아이템을 말하는 것으로, 미래에 대한 트렌드를 분석하고 충분히 고려해야 한다.

1) 미래 지향적인 창업 아이템 트렌드

① **시장의 세분화:** 소비자의 다양한 욕구별, 세대별 수요층이 세분화되고 있다.

② **합리적인 소비 패턴:** 실속 있는 소비 패턴으로 소비 성향이 변화하고 있다.

③ **건강과 취미 활동의 증가:** 운동과 레저에 관한 분야가 늘어나는 추세다.

2) 미래가 기대되는 유망 아이템

① **정보를 사고파는 아이템:** 결혼 정보, 날씨 정보, 수험정보, 논문자료 정보 등

② **개인용 셀프 맞춤 아이템:** 나홀로족을 위한 DIY 아이템

③ **외식 관련 아이템:** 먹는 장사는 최소한 망하지 않는다는 속설과 같이 인터넷 시대에 큰 영향을 받지 않는 전통 업종

④ **창업지원 아이템:** 창업을 지원하는 사업으로 점포 인테리어 등

⑤ **스마트 시티 솔루션 아이템:** IoT, 빅데이터를 활용하여 도시의 효율성을 높이고, 시민들의 삶의 질을 향상시키는 솔루션

⑥ **인공지능기반 아이템:** 챗봇, AI 비서, 자율주행차 등 다양한 분야에서 인공지능 기술을 활용한 서비스

⑦ **바이오 기술 아이템:** 유전자 편집, 맞춤형 의약품, 3D 바이오 프린팅 등 헬스케어 분야의 혁신

⑧ **메타버스 관련 아이템:** 가상현실, 증강현실, 메타버스 플랫폼 등 새로운 소셜 경험을 제공하는 서비스

⑨ **우주 산업 관련 아이템:** 우주 탐사, 위성 통신, 우주 관광 등 우주 산업의 발전과 함께 성장하는 분야

Chapter 04

상권과 입지분석

상권과 입지분석 04

1. 상권

1) 상권의 의미

상권(trade area)이란 개별 점포가 재화와 서비스의 제공을 통하여 고객을 끌어들일 수 있는 지역적 범위를 말한다. 판매의 대상으로 삼고 있는 지역의 고객들이 이용 가능한 상점이나 사무실 등이 위치하고 있는 고객의 거주 지역으로 즉 판매권을 말한다.

판매권은 도매상권과 소매상권으로 나누어지는데, 도매상권은 지역이 넓고 한 상품의 거래량이 많으며, 소매상권은 범위가 작고, 값싼 일상잡화를 취급하는 업체가 많으며 1인상 수요빈도가 높다. 상권의 범위는 점포의 크기, 취급하는 상품의 종류나 상업집적도, 그에 따르는 교통편의 등에 의해 결정된다. 상권은 상행위가 이루어지는 공간이므로 그 공간의 특성에 따라 상권의 특수성이 달라지게 된다. 특히 소규모 사업 상권의 특징으로 접근의 용이성, 상품의 다양성, 가격의 형성 등을 들 수 있다.

(1) 상권의 개념

특정 지역 내에서 상업 활동이 집중적으로 이루어지는 지역을 의미한다.

① **거래권:** 주로 도매업에서 사용하는 용어로, 특정 업체가 거래하는 고객들의 소재지 범위를 의미한다.

② **판매권:** 소매업에서 주로 사용하는 용어로, 특정 점포가 주로 판매하는 상품이나 서비스를 구매하는 고객들이 거주하는 지역을 의미한다.

(2) 상권과 상세권의 차이

① **상권**

- 넓은 의미의 상권: 특정 지역 내에서 상업 활동이 집중적으로 이루어지는 지역 전체를 의미(예: 강남역 상권, 명동 상권 등)
- 특징: 다양한 업종의 점포들이 밀집되어 있고, 특정 지역의 전체적인 상업 활동 범위를 나타낸다.

② **상세권**

- 좁은 의미의 상권: 특정 점포 또는 상점가를 중심으로 고객이 분포하는 지역을 의미(예: 스타벅스 강남역점 주변의 상세권, 신세계백화점 본점 주변의 상세권 등)
- 특징: 특정 점포를 이용하는 고객들의 거주지역, 이동 경로 등을 분석하는 데 사용된다.

(3) 상권의 구분

① **지역상권:** 행정구역 즉 서울, 부산, 대전 등과 같은 대도시 전체의 상권을 말하며, 도시 내의 모든 상권들을 합쳐 지역 상권을 형성하므로 지역 상권 내의 모든 업종은 고객 확보를 위해 치열한 경쟁을 한다.

② **지구상권:** 지역 내의 여러 상권으로 구분되는 것을 의미하며, 서울상권은 동대문, 영등포, 강남, 신촌 등과 같은 중규모의 상권을 말한다.

③ **점포상권:** 지구상권 내에서 특정 입지의 점포가 있는 지점이다. 영등포동, 신길동, 당산동 등과 같이 소규모의 상권으로 개별점포상권이라고도 한다.

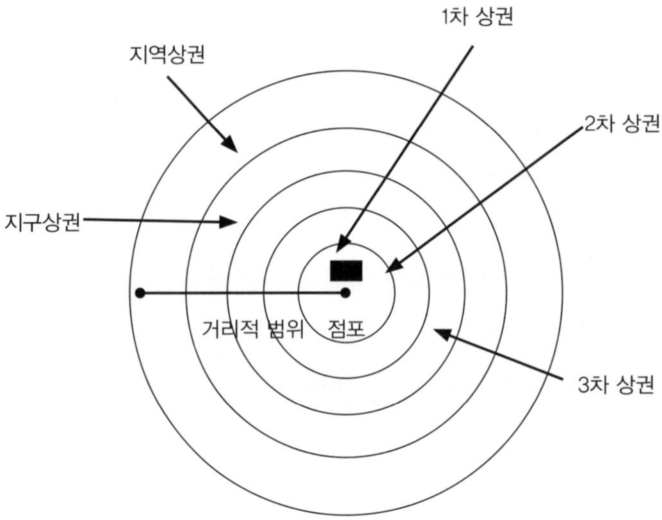

그림 4-1 상권의 구분

2) 상권의 분류

(1) 크기에 따른 분류

상권의 크기를 기준으로 대형, 중형, 소형 상권으로 분류할 수 있다. 대형, 중형, 소형을 구분하는 명확한 기준이 존재하지는 않지만, 일반적으로 유동인구를 기준으로 분류한다.

표 4-1 상권의 크기에 따른 분류

구분	특징
대형 상권	• 국내의 100대 상권으로 상권의 일 매출이 10억 이상이고, 유동인구가 1만 명 이상인 상권
중형 상권	• 중형 프랜차이즈 음식점(예: 놀부, 원할머니 등)이 위치하는 상권으로 대형 상권을 제외한 약 200~300개 상권
소형 상권	• 배달 전문 프랜차이즈 치킨점(예: BBQ, 교촌치킨 등)이 위치한 상권으로 대형, 중형 상권을 제외한 약 1,000개의 상권

(2) 거리와 고객 비율에 따른 분류

상권은 고객의 밀집도 또는 점포로부터의 거리상 범위를 기준으로 1차 상권, 2차 상권, 3차 상권으로 구분할 수 있다.

거리의 경우 통상적으로 점포로부터 반경 500m까지를 1차 상권, 반경 1km까지를 2차 상권, 그리고 그 이외의 지역을 3차 상권으로 구분한다. 이러한 기준은 점포를 방문하는 고객의 비율을 적용할 수도 있다. 예를 들면, 표 4-2와 같이 방문하는 전체 고객의 60~70%가 거주하는 범위를 1차 상권, 20~30% 거주하는 지역을 2차 상권, 마지막 10%의 고객이 거주하는 지역을 3차 상권으로 구분한다. 상권의 범위는 유동적이어서 경영자의 능력에 따라 좁아지기도 넓어지기도 한다.

표 4-2 거리와 고객 비율에 따른 분류

구분	특징
1차 상권	• 점포 매출액의 60~70%를 구매하는 소비자 거주 지역 • 소비자 방문 빈도가 월 1회 이상인 지역 • 점포로부터 반경 500m 이내
2차 상권	• 점포 매출액의 20~30%를 구매하는 소비자 거주 지역 • 소비자 방문 빈도가 분기 1회 이상인 지역 • 점포로부터 반경 1,000m 이내
3차 상권	• 점포 매출액의 10%를 구매하는 소비자 거주 지역 • 소비자 방문 빈도가 연 1회 이상인 지역 • 점포로부터 반경 1,000~2,000m 이내

(3) 주변 환경에 따른 분류

가장 보편적으로 해 오던 분류법으로 학문적으로나 실무적으로 일반법에 속한다. 사무실이 밀접한 지역은 오피스 상권, 거주지역에 위한 주택가 상권, 상가 중심지인 번화가 상권, 지하철역을 중심으로 형성된 역세권 상권, 대학가 주변에 형성된 대학가 상권, 교외 지역에 형성된 교외 상권 등이 대표적이다. 주변 환경은 고객의 특성을 결정하는 중요한 변수가 된다. 예를 들면 대학가 상권이라면 소비 성향은 강하지만 지출할 수 있는 소득이 없어서 용돈에 의존하는 대학생이 주 고객이므로 가격에 민감한 특성이 있다. 오피스 상권은 직장인이 주 고객이므로 소득 수준이 높은 경우가 많다. 오피스 상권에서는 점심과 저녁 모두 높은 매출을 올릴 수 있지만 주 5일제 근무 등으로 주말 고객이 급속히 감소하는 특징을 나타낸다. 이와 같은 상권의 주변 환경에 따른 분류는 주 고객층을 규정하는 데 많은 도움이 된다.

표 4-3 주변 환경에 따른 분류

구분	특징
사무실(오피스) 상권	• 점심시간과 저녁 퇴근 시간에 고객이 많음 • 평일에 비하여 주말에는 고객이 현저히 감소
주택가 상권	• 주로 거주지역에 위치한 상권
번화가 상권	• 소비 성향이 강하고 소비 연령대가 다양한 지역
역세권 상권	• 기차역이나 지하철역 주변에 형성된 상권 • 유동인구가 많고 시간적인 제약이 많아 빠른 서비스가 이루어지는 지역
대학가 상권	• 대학교 주변에 형성된 상권 • 고정 고객이 많고 가격에 민감한 상권 • 주말 주중의 차이가 많고 방학 기간에는 매출 감소가 현저함
교외 상권	• 주5일 근무로 인하여 성장하는 상권 • 자동차를 보유한 중장년층이 주 고객 • 가격에 둔감하지만 날씨 등의 영향이 큼

(4) 인구 특성에 따른 분류

인구 특성을 기준으로 상권을 분류하는 경우도 있다. 이러한 기준에 따른 상권은 '유동인구 중심 상권'과 '배후인구 중심 상권'이라고 한다. 유동인구 중심 상권이란 불특정 다수를 주 고객으로 하는 상권을 의미한다. 예를 들면, 역세권이나 번화가 상권, 대학가 상권 등이 대표적인 유동인구 중심이라고 할 수 있다. 이에 반해 배후인구 중심 상권은 고정고객이 중심인 상권으로 주택가나 오피스가 상권이 대표적이다.

표 4-4 인구 특성에 따른 분류

구분	특징
유동인구 중심형 상권	• 특정한 집객 시설로 인하여 많은 유동인구가 집중하는 상권 • 불특정 다수를 주 고객으로 하는 상권 예: 역세권, 번화가, 대학가
배후인구 중심형 상권	• 목표 고객이 명확하게 정해져 있는 상권 • 상권의 배후에 아파트, 주거지역, 회사 등이 밀집해 있음 • 배후지 인구의 반복적인 구매가 중요 예: 주택가, 사무실(오피스텔)

3) 상권분석

상권을 분석하기 위해서는 거주인구, 경제기반, 경쟁상황 등의 특성을 조사하여 고객의 예상 구매량과 자기 점포의 침투도 즉 시장점유율을 파악하는 것이 중요하다. 상권을 조사하고 분석하는 가장 쉬운 방법은 시간대별로 유동인구를 조사하는 것인데, 직접 조사를 하거나 전문가의 도움을 받아 객관적으로 분석해야 한다.

일반적으로 상권을 분석하기 위해서는 지역의 인구 통계학적 요소를 분석하고, 상권 내 지리적 특성, 소비자들의 소비 형태 등을 분석할 필요가 있다.

(1) 인구 통계학적 분석

① **연령:** 주요 고객층의 연령대를 파악하여 상품 및 서비스를 차별화한다.

② **성별:** 주요 고객층의 성별 비율을 분석하여 상품 구성 및 마케팅 전략을 수립한다.

③ **소득:** 지역 주민들의 평균 소득 수준을 파악하여 가격대를 설정하고, 상품의 질을 결정한다.

④ **직업:** 주요 고객층의 직업 분포를 분석하여 특성에 맞는 상품이나 서비스를 제공한다.

⑤ **학력:** 지역 주민들의 학력 수준을 파악하여 문화적 소비 성향을 예측한다.

⑥ **가족 구성:** 가족 구성원 수, 1인 가구 비율 등을 분석하여 맞춤형 상품을 개발한다.

(2) 지리적 특성 분석

① **입지:** 점포의 위치가 고객 접근성에 미치는 영향을 분석한다.

② **주변 환경:** 주변 상권, 교통 시설, 주거지역 등을 분석하여 상권의 특성을 파악한다.

③ **유동인구:** 점포 주변의 유동인구를 분석하여 매출 잠재력을 예측한다.

④ **접근성:** 대중교통, 도로 등 교통 시설의 접근성을 분석하여 고객 편의성을 고려한다.

⑤ **경쟁 점포:** 주변 경쟁 점포의 종류, 규모, 강점과 약점을 분석하여 차별화 전략을 수립한다.

(3) 소비 형태 분석

① **소비 패턴:** 지역 주민들의 소비 습관, 선호하는 브랜드, 구매 빈도 등을 분석한다.

② **소비 트렌드:** 최근 소비 트렌드를 파악하여 새로운 상품이나 서비스를 개발한다.

③ **계절별 소비 변화:** 계절에 따른 소비 패턴 변화를 분석하여 상품 기획에 반영한다.

④ **온라인 vs 오프라인 소비:** 온라인 쇼핑과 오프라인 쇼핑의 비중을 분석하여 마케팅 채널을 선정한다.

2. 입지

1) 입지의 의미

점포형 사업을 하려는 사람들이 창업을 준비하는 단계에서 가장 먼저 시작해야 할 일은 점포를 구하는 일이다. '소점포 사업은 입지산업이다.', '목을 잘 잡아야 성공한다.', '점포의 입지는 성공의 80% 이상을 좌우한다.'라는 말에서도 알 수 있듯이 입지선정은 무엇보다 중요한 부분이다. 하지만 그 중요성만큼이나 실제로 목이 좋은 점포를 구하는 일은 쉽지 않다.

간단히 말해 입지란 점포나 사업체가 위치하는 장소를 의미하는 곳으로 상권분석에서는 단순한 위치를 넘어 사업의 성패를 좌우하는 매우 중요한 요소로 작용한다.

2) 입지의 분류

입지란 '대지나 점포가 소재하는 위치적 조건'으로 정적인 개념이다. 따라서 입지의 선정은 '입지를 찾는 주체의 목적을 달성할 수 있는 점포를 찾는 것'으로 정의할 수 있다. 입지는 상권과 마찬가지로 다양한 기준에 의한 분류가 가능하다. 상권 범위에 따른 분류, 이용 목적에 따른 분류, 소비자 구매습관(관여도)에 따른 분류 등이 있다.

(1) 상권 범위에 따른 분류

입지를 평가하는 기준으로서 가시성, 인지성, 홍보성, 접근성, 주차 편의성, 시너지, 호환성 등이 주로 이용되는데, 이러한 평가 기준을 근거로 입지의 상권 범위가 정해진다. 이때 상권 범위가 대체로 넓은 입지를 1급지 또는 A급지, 중간의 상권 범위를 가지는 입지를 2급지 또는 B급지, 상권 범위가 좁은 입지를 3급지 또는 C급지라고 한다.

① **1(A)급지:** 유동인구의 흡수가 쉬운 시내 중심가, 대규모의 단지, 사거리 주변부

- 패스트푸드, 커피전문점, 표준화된 음식점이 적합하다. 비용이 비싸다.

② **2(B)급지:** 유동인구의 일부만 흡수 가능하고, 배후지 거주민이 주로 이용하는 입지

- 품질로 승부하는 음식점이 적합하다.

③ **3(C)급지:** 1, 2급지를 제외한 지역/수익성이 떨어지는 입지

- 개인화된 서비스로 승부하는 점포가 적합하다. 시설비가 적게 드는 장점이 있다.
  - 상권의 범위가 1급지일수록 넓어지고, 3급지로 갈수록 입지가 줄어든다.
  - 점포의 입지를 보면서 해당 분류에 대한 시야를 키워보는 것이 좋다.
  - 3급지에서도 저렴한 비용을 이용해 수익성이 뛰어난 입지도 있다.

(2) 이용 목적에 따른 분류

입지는 이용 목적에 따라 적응형 입지, 목적형 입지, 생활형 입지로 구분이 가능하다.

① **적응형 입지:** 거리에서 통행하는 유동인구에 의해 영업이 결정되는 입지(예: 패스트푸드)

② **목적형 입지:** 고객이 특정한 목적을 가지고 이용하는 입지(예: 전문음식점)

③ **생활형 입지:** 아파트, 주택의 주민들이 이용하는 입지(예: 간이음식점)

(3) 소비자 구매습관(관여도)에 따른 분류

소비자 구매습관(관여도)에 따른 입지의 분류는 편의품점 입지, 선매품점 입지, 전문품점 입지로 구분할 수 있다.

표 4-5 소비자 구매습관(관여도)에 따른 분류

구분	특징
편의품점	• 일상의 필수품인 생필품을 판매하는 점호 예: 저차원 중심지의 입지, 편의점, 식료품점, 제과점 • 특징: 가정용품, 주부가 주 고객, 통행 길목 위치, 신속한 구매 결정, 낮은 가격, 낮은 이윤, 낮은 임차료, 높은 구매빈도, 표준화된 상품
유동인구 중심형 상권	• 비교 구매가 필요한 상품의 판매점 예: 중 · 고차원 중심지, 전자제품 판매점, 의류 판매점 • 특징: 높은 가격과 이윤, 낮은 구매빈도, 취미와 연관, 비표준화 상품 • 통상 3급지에 있는 경우가 많음/3급지이지만 가시성이 좋음
전문품점	• 브랜드가 중요한 높은 관여 상품의 판매점 예: 고차원 중심지, 자동차 대리점, 골프용품점, 명품 • 특징: 높은 가격 수준과 구매 노력, 브랜드의 중요성 증대, 매우 낮은 구매빈도 • 명품의 경우 교외 지역에 아웃렛이 생겨나는 추세

3) 입지선정

입지선정은 점포를 개설하고자 하는 지역을 결정한 후 상점을 선정하기 위하여 조사하는 작업이다. 지리적 위치로 기업의 유지, 성장, 판매액에 절대적인 영향을 미치기 때문에 창업의 준비 단계에서나 창업 후 경영에도 아주 중요한 요인이다. 전문가들은 입지의 중요성을 강조하고 있고 그만큼 점포 입지가 성공 여부를 좌우한다고 말한다. 아래는 입지 유형, 경영 외적 고려요인, 경영 내적 고려요인, 판매 지향적 요인 따른 입지 특성을 분류하였다.

(1) 입지 유형

① **상업 지역:** 높은 유동인구를 확보할 수 있지만 임대료가 비싸고 경쟁이 치열한 편이다(예: 백화점, 쇼핑몰, 번화가 등).

② **주거지역:** 안정적인 고객층을 확보할 수 있지만 유동인구가 상대적으로 적다(예: 아파트 단지, 주택가 등).

③ **산업 단지:** 특정 산업과 관련된 기업들이 많이 입주해 있어 시너지 효과를

기대할 수 있다(예: 공장, 연구소 등).

④ **복합 시설:** 다양한 기능을 갖춘 시설이 함께 입주해 있어 편의성이 높은 편이다(예: 쇼핑몰, 오피스텔, 문화시설 등).

(2) 경영 외적 고려요인

① **법적 규제:** 「건축법」, 「환경법」 등 관련 법규를 준수해야 하며, 특별한 허가나 인 · 허가가 필요할 수 있다.

② **행정 지원:** 지자체의 지원정책, 세제 혜택 등을 고려해야 한다.

③ **주변 환경:** 소음, 진동, 악취 등 주변 환경에 의한 피해 가능성을 고려해야 한다.

④ **사회적 여건:** 지역 주민들의 반발, 환경 문제 등 사회적 갈등 가능성을 고려해야 한다.

(3) 경영 내적 고려요인

① **사업 규모:** 사업 규모에 맞는 공간이 확보되어야 한다.

② **시설 투자:** 매장 인테리어, 장비 설치 등에 필요한 투자 비용을 고려해야 한다.

③ **운영 비용:** 임대료, 관리비, 인건비 등 운영 비용을 예측하고 수익성을 분석해야 한다.

④ **경쟁 우위:** 경쟁 업체와 차별화할 수 있는 요소를 확보해야 한다.

(4) 판매 지향적 고려요인

① **목표 고객:** 주요 타깃 고객층의 특성과 행동 패턴을 분석하여 고객 접근성이 높은 곳을 선정해야 한다.

② **접근성:** 대중교통, 자가용 이용 편의성, 주차공간 등을 고려하여 고객들이 편리하게 방문할 수 있는 곳을 선정해야 한다.

③ **유동인구:** 유동인구가 많고 고객의 발길이 잦은 곳을 선정해야 한다.

④ **상권분석:** 주변 상권의 특성을 분석하여 상호 보완적인 관계를 형성할 수

있는 곳을 선정해야 한다.

4) 입지를 선정할 때 확인해야 할 사항

(1) 지역적인 면

① 창업 희망 업종의 일반적 조건에 맞는가?

② 유동인구의 수는 얼마나 되는가?

③ 향후 고객 수의 증가를 기대할 수 있는가?

④ 인근의 상가나 동종업종, 대형 사업장 등의 영업 상태는 어떠한가?

⑤ 상권 내의 주거 상황과 소득 수준, 세대수와 인구수 등은 어떠한가?

⑥ 경쟁 사업장의 위치와 영업 상태는 어떠한가?

(2) 조건적인 면

① 사업장 전면의 길이는 어느 정도인가?

② 사업장 넓이와 형태는 어떠한가?

③ 도로에 접하여 있는가?

④ 주차장은 있는가? 상품의 수·배송에 문제는 없겠는가?

⑤ 설비에 문제는 없겠는가?

(3) 경영 관리적인 면

① 사업장의 수준과 비교해서 비싸지 않은가?

② 준비 자금과 부합하는가?

③ 관리비, 공과금 등이 높지 않은가?

④ 예상 매출은 어느 정도인가?

⑤ 이익은 어느 정도 가능한가?

5) 입지선정의 유의사항

① 해당 상권의 인구수, 인구구성, 가구수, 소비 수준 등을 전문기관에 의뢰

하거나 창업자가 직접 현장에서 조사해야 한다.

② 사업장 후보지에 대한 장래성 조사가 이루어져야 한다. 시가지 형성 상황, 주변 도시의 인구증가 속도, 도로 신설·변경 등과 함께 강력한 경쟁업체 또는 대형 유통업체의 출범 가능성이 있는지에 대해서도 파악해야 한다.

③ 새로운 사업장이 창업자 자신의 능력에 적합한지를 사전에 확인해야 한다. 즉 사업장 보증금과 권리금, 사업장 임차기간 연장 가능성, 임차료, 인상률, 창업자 거주지와의 통근거리 등을 확인하는 것이 필수이다.

6) 우수한 입지의 선정요령

(1) 상권 배후세력의 특성 파악

점포 입지를 선정할 때 확인해야 할 사항 중 하나는 배후지역의 세력이다. 배후지역의 세력이란 점포의 상권 안에 거주하고 있는 영업 대상층의 범위로서 이것을 평가하기 위해서는 지역 주민의 소득 수준, 인구수 및 세대 수, 주거 형태, 연령별 인구수, 소비 형태, 직업 분포, 교육 정도 등을 파악해야 한다.

(2) 유동인구의 특성 파악

점포 앞 유동인구가 많고 적음에 따라 점포의 우열이 가려지며, 또한 유동인구의 특성에 따라 업종의 적합성이 결정되기 때문에 유동인구의 파악이 필요하다.

유동인구는 평일과 주말, 시간대별, 연령별, 성별로 조사한다. 일반판매 업종인 경우에는 직장인들의 점심시간인 오후 12~1시, 주부들의 쇼핑시간인 오후 3~4시, 퇴근 무렵인 오후 7~8시로 나누어 조사하도록 한다. 만약 음식점의 경우에는 밤 시간대를 추가하여 조사하며, 24시간 영업을 하는 업종이라면 출근과 심야시간대를 추가하여 조사한다.

표 4-6 유동인구 조사표(양식)

구분	연령	10대		20대		30대		40대 이후		계	
	성별	남	여	남	여	남	여	남	여	남	여
12:00 ~ 13:00											
15:00 ~ 16:00											
19:00 ~ 20:00											
계											

* 조사방법:

1. 손에 쥐고 누르면 인원 체크가 가능한 카운터기를 사용한다.
2. 현실적으로 매 시간 조사하기 힘들기 때문에 30분 조사 X 2를 하여 기록한다.
3. 위 조사시간대는 상권의 성격에 따라 유동적으로 조절하여 조사한다.
4. 통행인구의 걸음 속도도 유심히 관찰한다.
5. 유동 흐름의 방향이 중요하다. 즉, 통행인구가 상권에서 빠져나가는 입지인가 상권 내로 유입되는 초입의 위치인가 확인한다.

(3) 점포 이용 편리성의 파악

점포는 고객들이 쉽게 찾을 수 있고 편하게 올 수 있는 곳에 위치해야 하는데, 이것을 '점포의 접근성'이라고 한다. 고객들은 특별한 물건을 사기 위해서가 아니라면 대부분 접근하기 편한 점포를 이용한다.

근처에 버스정류장이나 지하철역, 건널목이 있는지, 점포의 출입구가 어디에 위치해 있는지, 출입구에 계단이 있는지, 주차 시설은 갖추었는지, 교통이 혼잡하지는 않은지 등은 점포의 접근성에 영향을 주는 요인이다(예: 도보 접근성, 차량 접근성).

(4) 교통요인 점검

대중교통 밀집 지역은 점포사업에 지대한 영향을 끼치는데, 이를 역세권이라고 한다. 역세권은 버스정류장, 지하철역, 시외 버스터미널과 같은 대중교통수단이 상권에 큰 영향을 미치는 지역을 말한다.

역세권은 일반적으로 그 지역의 교통요지이기 때문에 통행 인구수가 많고 그렇다 보니 대부분 성공한다. 역세권 주위에서 점포 입지를 고를 때 유의해야 할 점은 무엇보다도 교통수단의 이용계층이 주로 움직이는 방향을 파악해서 고객이 이동하는 동선에 따라 점포를 구해야 한다는 것이다.

(5) 경쟁점의 강·약점 조사

아무리 상권이 뛰어나고 아무리 좋은 입지를 선정했다고 해도 이미 그 상권에 자신이 하려는 업종이 포화 상태라면 개점의 의미가 없다. 따라서 경쟁점 조사를 하는 목적은 상권 내에 출점이 가능한지 불가능한지를 평가하며, 출점이 가능하다면 경쟁점과 차별화할 수 있는 방법이 무엇인지를 수립하기 위해서다.

경쟁점을 조사할 때에는 다음과 같은 항목을 조사한다.

① 점포의 인지도

② 매장 크기

③ 취급하는 상품의 성격

④ 가격전략

⑤ 주 이용 고객층

⑥ 영업시간

⑦ 1일 이용객 수

표 4-7 창업 강 · 약점 체크리스트

업체명	강점	약점	경쟁점과 차별화 전략

(6) 상권의 성장 변화 예측

입지는 한번 자리를 잡으면 다시 바꾸기가 쉽지 않기 때문에 점포를 선정할 때에는 현재의 입지 적합성도 중요하지만, 장기적인 상권의 변동사항도 고려해야 한다. 상권은 항상 변하기 때문에 미래를 예측해 보아야 한다. 모든 생명체가 수명주기를 가지고 있듯이 상권에도 수명주기가 존재한다. 상권 조사자는 향후 상권의 수명주기를 예측할 수 있어야 한다. 그것은 주변의 도시 개발, 손님 모으기 시설의 진출, 상권 os, 과도한 상가건물의 신축, 도시 주요 시설의 이전 등(도시계획원, 아파트 재개발 정도 등)을 통해 예측할 수 있다.

(7) 자금에 맞는 입지를 선정

점포를 찾다 보면 마음에 드는 점포는 권리금 등 고정투자비용이 매우 많이 들고, 자신의 자본 규모에 맞지 않는 경우가 많다. 이때 입지조건에 욕심을 내어 무리하게 자금계획을 세우거나 주변 지역보다 비싼 권리금을 지급하는 등 부담을 안고 창업을 하게 되면 자금 압박에 시달리게 되어 영업에 전력을 쏟기가 어렵다.

따라서 매출액과 투자금액과의 상관관계를 고려하여야 하며 단순히 보이는 매출액에 현혹되어 점포 입지를 정해서는 안 된다. 점포 유지비용과 수익률과의 관계를 면밀하게 검토한 후 결정해야 한다.

7) 좋은 입지와 나쁜 입지

모든 조건이 맞는 점포 입지 선택은 현실적으로 어렵고 비용 또한 만만치 않을 것이다. 그러나 창업자들의 노력 여하에 따라 좋은 입지에 좋은 점포를 구할 기회는 얼마든지 있다. 또한, 투자금액에 맞추기 위해 악조건의 점포를 얻는 것보다는 이를 잘 피하는 것이 오히려 현명한 점포 선택 요령이 될 수 있다는 것을 알고 있어야 한다.

(1) 좋은 입지의 특징

① **높은 접근성:** 대중교통, 도로 등을 통해 쉽게 접근할 수 있는 곳이다.

② **풍부한 유동인구:** 목표 고객층이 많이 다니는 곳으로, 자연스럽게 고객 유입이 가능하다.

③ **주변 환경:** 경쟁 업체, 편의 시설, 주거 환경 등이 사업에 긍정적인 영향을 미치는 곳이다.

④ **상권의 잠재력:** 미래에 발전 가능성이 높은 상권에 위치하여 지속적인 성장을 기대할 수 있다.

⑤ **법적 규제 준수:** 관련 법규를 준수하여 사업 운영에 문제가 발생할 가능성이 적다.

⑥ **임대료의 적정성:** 사업 규모와 수익성을 고려하여 부담 가능한 수준의 임대료가 가능한 곳이다.

(2) 나쁜 입지의 특징

① **낮은 접근성:** 대중교통이나 도로가 불편하여 고객 유입이 어렵다.

② **적은 유동인구:** 목표 고객층이 거의 다니지 않는 곳으로, 매출에 큰 영향을 미치게 된다.

③ **좋지 않은 주변 환경:** 소음, 먼지, 범죄 등이 발생하여 고객들이 불편하게 느낄 수 있다.

④ **상권 침체:** 주변 상권이 쇠퇴하여 미래 성장 가능성이 낮다.

④ **법적 규제 위반:** 관련 법규를 위반하여 사업 운영에 제약이 발생할 수 있다.

⑤ **과도하게 높은 임대료:** 수익성을 떨어뜨리고 사업 운영에 부담을 줄 수 있다.

(3) 좋은 입지와 나쁜 입지를 구분하는 방법

① **상권 분석:** 상권의 잠재력, 성장 가능성, 경쟁 강도 등을 분석해야 한다.

② **데이터 분석:** 인구 통계, 소득 수준, 소비 패턴 등 다양한 데이터를 분석하여 상권의 특성을 파악한다.

③ **현장 조사:** 직접 현장을 방문하여 주변 환경, 교통량, 경쟁 업체 현황 등을

꼼꼼하게 살펴본다.

④ **SWOT 분석:** 입지의 강점, 약점, 기회, 위협을 분석하여 종합적으로 판단하여 결정한다.

8) 우수한 점포의 조건

(1) 우수한 점포 선정 요령

① 취급하려는 상품의 상권 내 시장 규모와 주변 지역의 특성을 파악하라.

② 업종에 따라 고객의 흡입 정도를 조사하여 업태를 정하여 분석해야 한다. 즉, 고객을 새로이 창출해야 하는가, 근린지역의 주민을 상대로 하는가, 통행량에 의존하는가 등의 조건을 파악해야 한다.

③ 생활용품 같은 소매점은 기존의 고객들의 거주지와 경쟁 점포의 중간에 위치하여 고객을 중간에 저지할 수 있는 입지로 고객이 쉽게 올 만한 곳을 택하라.

④ 가구점 같은 점포는 같은 종류의 상품을 취급하는 점포가 모여 있어 고객들의 누적 흡인력이 있는 곳을 택하라.

⑤ 웨딩용품 같은 점포는 보완관계에 있는 상품을 취급하는 2개 이상의 점포가 근접해 있는 곳을 택하라.

⑥ 타깃으로 하는 대상층의 소비 성향, 현재 경쟁 점포의 상황 및 장래 경쟁점이 들어설 가능성을 파악하고, 관리하기 편리한 곳을 선정하라.

⑦ 입지의 비용을 생산성과 관련하여 분석하고, 자금에 맞는 곳을 골라라.

(2) 우수점포의 일반적인 입지조건

① 10층 이상 대형건물이 5개 이상 밀집된 지역

② 2,000세대 이상의 대규모 아파트단지나 주택단지

③ 지하철역에서 300m 이내인 지역

④ 버스정류장에서 100m 이내인 지역

⑤ 버스정류장에 정차하는 버스 노선이 5개 이상인 지역

⑥ 버스 종착역 반경 500m 이내

⑦ 버스, 지하철역에서 주택으로 들어오는 입구 모퉁이
⑧ 편도 2차선, 삼거리 이상 가로의 200m 이내인 지역
⑨ 동일 가로 200m 이내에 동일 업종이 없는 지역
⑩ 반경 500m 이내에 동일 업종이 3개 이상 없는 지역
⑪ 인구 이동이 심한 지역인 경우 전입해 오는 추세인 지역
⑫ 고정인구 2만 명, 고정세대 5천 세대 이상인 지역
⑬ 기타 업종에 상응하는 시간대별 유동인구 및 주거인구가 부합한 지역 등

(3) 예비 창업자가 특히 관심을 두고 조심해야 할 점포의 유형

① **주인이 자주 바뀌는 점포:** 장사가 잘되는 점포는 주인이 자주 바뀌지 않으므로 주변 사람에게 확인하여 해당 점포의 주인 왜 자주 바뀌는지 조사한다.

② **점포 임대료가 유난히 싼 점포:** 점포의 임대료가 싸면서도 매출이 높은 점포는 애당초 기대하지 않는 것이 좋다. 임대 시세가 낮다면 목이 안 좋거나, 틀림없이 이유가 있고, 별다른 이유도 없이 싸다면 더욱 신중히 결정해야 한다.

③ **맞은편에 상권이 형성되지 않은 점포:** 맞은편에 점포가 형성되지 않은 지역은 대개 대중교통이 비껴가는 지점이거나 상권의 끝 지점인 경우가 많다. 맞은편에 점포가 형성되지 않았다면 사람들을 흡입하는 힘이 약해서 상권의 세력이 약하다.

④ **주변에 대형 점포가 있는 점포:** 경쟁 점포를 이기려면 경쟁 점포보다 더 큰 규모로, 더 풍부한 상품을 확보해야 한다. 따라서 주변에 대형 점포가 있다면 점포 계약에 신중해야 한다.

⑤ **주인이 유사 업종에 종사하고 있는 점포:** 점포를 임차해서 사업하는 사람들은 주인이 갑작스레 점포를 비워 달라고 하지 않도록 주인과의 관계를 평소에 잘 다져두어야 한다.

⑥ **언덕에 있는 점포:** 사람이라는 동물은 내려가는 것을 좋아하는 하행성 동물이다. 쇼핑을 할 때도 편한 내리막길이나 평지에 있는 점포를 선택하므로 언덕에 있는 점포를 피하는 게 유리하다.

9) 입지 지원제도

정부는 창업자나 기존 기업들에게 공업 용지를 원활하게 공급하기 위하여 국가공단, 지방공단, 농공단지 등의 계획입지를 조성하여 공급하고 있을 뿐만 아니라 창업사업 계획 승인이나 개별 공장 설립을 위한 입지 지정 승인 등을 한다.

(1) 공업입지의 유형

공업입지는 산업 활동을 수행하기 위한 공간으로, 국가 경제 발전과 지역 균형 발전을 위해 다양한 유형의 산업단지가 조성되어 있다.

표 4-8 공업입지의 유형

<table>
<tr><td rowspan="3">계획입지
(집단입지)</td><td>국가산업단지</td><td>• 정의: 국가 경제발전을 위해 정부가 직접 조성하고 관리하는 대규모 산업단지(예: 구미국가 산업단지 등)
• 특징: 대규모 부지, 기반시설, 첨단산업 집적, 정부의 적극 지원
• 지원제도: 세제 혜택, 금융지원, 부지 제공, 기반 시설 지원 등 다양한 인센티브 제공</td></tr>
<tr><td>지방산업단지</td><td>• 정의: 지방자치단체가 주도하여 조성하는 산업단지(예: 각 지방자치단체별로 다양한 지방산업단지 존재)
• 특징: 지역 특성에 맞는 산업 육성, 중소기업 중심의 입주, 지역경제 활성화 기여
• 지원제도: 국가산업단지에 비해 상대적으로 적은 규모의 지원, 지방자치단체별로 지원 내용이 다름</td></tr>
<tr><td>농공단지</td><td>• 정의: 농공 지역의 균형 있는 발전을 도모하고 농어촌 소득 증대를 위해 조성된 산업단지(예: 전국 가지에 다수 분포)
• 특징: 농공 지역의 산업 기반 구축, 지역 주민 소득 증대, 중소기업 육성
• 지원제도: 세제 혜택, 금융지원, 부지 제공 등 농공 관련 기업 우대</td></tr>
<tr><td rowspan="3">자유입지
(개별입지)</td><td>공장설치
허용지역</td><td rowspan="3">• 정의: 자유입지는 계획입지(국가산업단지, 지방산업단지 등)와 달리, 별도의 산업단지 지정 없이 일반 토지에 공장을 설립할 수 있는 지역을 의미
• 특징: 모든 지역에서 공장 설립이 자유로운 것은 아니며, 국토의 이용계획 및 도시계획에 따라 공장 설립이 허용되는 지역과 제한되는 지역이 명확히 구분됨</td></tr>
<tr><td>공장설치
제한적 허용지역</td></tr>
<tr><td>공장설치
제한지역</td></tr>
</table>

(2) 계획입지와 자유입지의 장단점

계획입지와 자유입지의 장단점은 다음과 같이 나타낼 수 있다.

표 4-9 계획입지와 자유입지의 장단점

구분	계획입지	자유입지
장점	• 기반 시설: 도로, 상하수도, 전력 등 기반 시설이 잘 갖춰져 있어 별도의 투자 없이 공장 가동이 가능함 • 지원 제도: 정부 및 지자체의 다양한 지원 제도를 활용할 수 있어 초기 투자 부담을 줄일 수 있음 • 유관 기업과의 네트워킹: 유사 업종의 기업들이 집적되어 있어 정보 교환 및 기술 협력이 용이함 • 규모의 경제 실현: 공동으로 사용하는 시설을 통해 비용 절감 효과를 누릴 수 있음	• 입지 선택의 자유: 원하는 지역에 맞춤형 공장을 건설할 수 있음 • 규제 완화: 산업단지에 비해 상대적으로 규제가 적어 자유로운 운영이 가능함 • 맞춤형 시설 구축: 기업의 특성에 맞게 시설을 자유롭게 설계하고 구축할 수 있음
단점	• 입지 선택의 제약: 이미 지정된 부지 내에서만 입주가 가능하여 선택의 폭이 좁음 • 규제: 산업단지 내에는 다양한 규제가 적용되어 자유로운 운영이 어려울 수 있음 • 높은 임대료 또는 분양가: 기반시설이 잘 갖춰져 있어 임대료나 분양가가 상대적으로 높을 수 있음	• 기반 시설투자 부담: 도로, 상하수도 등 기반 시설을 자체적으로 구축해야 하는 경우가 많아 초기 투자 비용이 많이 소요될 수 있음 • 인·허가 절차 복잡: 다양한 인·허가 절차를 거쳐야 하므로 시간과 비용이 많이 소요됨 • 주변 환경 문제: 주변 환경과의 마찰 가능성이 높아 사회적 갈등이 발생할 수 있음 • 유관 기업과의 네트워킹 부족: 산업단지에 비해 유관 기업과의 교류가 어려울 수 있음

Chapter 05

창업사업 타당성 분석

창업사업 타당성 분석 05

1. 사업 타당성 분석의 의의

사업 타당성 분석은 새로운 사업을 시작하거나 기존 사업을 확장하려 할 때, 그 사업이 실제로 성공할 가능성이 있는지를 객관적으로 평가하는 과정이다. 건물을 짓기 전에 설계도면을 꼼꼼히 검토하고, 건축 자재의 품질을 확인하듯이, 사업을 시작하기 전에 철저한 분석을 통해 성공 가능성을 높이고 실패의 위험을 줄이는 것이 목표이다. 창업이나 혹은 신규로 진출하고자 하는 사업의 가치를 평가하는 것으로 기술적 측면, 경제적 측면, 시장점유율 등을 평가하는 총체적인 분석을 통한 가치 측정이다.

또한, 사업의 타당성을 분석하는 과정은 창업자의 경영능력을 향상시키고, 창업을 실패로부터 막는 데 반드시 필요한 사전점검 장치이다. 리스크를 예측해 피할 수 있는 위험에 대해서는 그 방법을 점검해야 하고, 피할 수 없는 위험이나 예측할 수 없는 위험도 있음을 알아야 한다. 그러므로 아무리 소규모 창업이나 구멍가게를 창업하더라도 주먹구구식으로 해서는 안 된다.

사업 타당성 분석은 창업을 실패로부터 지켜줄 수 있는 보조 장치로서 역할을 하고 있기 때문에 대규모 창업에서부터 소규모 창업에 이르기까지 필수적인 절차로 보아야 한다.

1) 사업 타당성 분석의 중요성

① **객관적인 판단:** 주관적인 판단에 의존하기보다 숫자와 데이터를 기반으로 객관적인 판단을 할 수 있다.

② **위험 최소화:** 사업의 약점과 위험 요소를 사전에 파악하여 이를 보완하고 대비할 수 있다.

③ **자원의 효율적 활용:** 제한된 자원을 가장 효율적으로 활용할 수 있는 방안을 모색할 수 있다.

④ **투자 유치:** 투자자들에게 사업의 매력도를 높여 투자를 유치하는 데 도움이 된다.

⑤ **사업 계획의 구체화:** 사업 계획을 구체화하고 실행 가능한 목표를 설정하는 데 기여할 수 있다.

2) 사업 타당성 분석의 필요성

① **창업의 성공률 증가:** 창업자 자신의 주관적이고 막연한 사업 구상에 머무르지 않고, 객관적이고 체계적인 관점에서 사업의 타당성을 최대한 정확하게 분석하는 것이 창업의 성공률을 높일 수 있다.

② **효과적인 창업 업무의 수행:** 사업 타당성 검토를 통하여 관련 있는 각 항목들을 점검하고 객관적으로 파악할 수 있어 창업기간을 단축할 수 있고 효율적인 창업 업무를 수행할 수 있다.

③ **창업에 필요한 세부사항 파악:** 창업자가 미처 생각하지 못했거나 독자적으로 점검하기 어려운 계획, 제품의 기술성, 시장성, 수익성 자금조달 계획 등 세부항목에 대해서는 외부 전문가의 도움을 받아 사업의 유망성을 분석함으로써 효율적 창업을 할 수 있다.

④ **창업자의 경영 수행 능력 향상:** 기업의 구성요소를 정확하게 파악함으로써 창업자의 경영 능력 향상에 도움을 줄 뿐만 아니라 계획사업의 균형 있는 지식 습득과 보완해야 할 사항을 미리 확인하여 조치를 취할 수 있게 된다.

3) 사업 타당성 분석의 절차

① **사업 아이템 선정:** 창의적인 아이템을 발굴하고, 시장의 요구와 트렌드를 반영하여 사업 아이템을 선정한다.

② **시장 조사:** 목표 시장에 대한 심층적인 조사를 통해 시장 규모, 경쟁 환경, 고객 니즈 등을 파악한다.

③ **SWOT 분석:** 사업의 강점(strengths), 약점(weaknesses), 기회(opportunities), 위협(threats)을 분석하여 사업 환경을 종합적으로 평가한다.

④ **재무분석:** 매출 예측, 비용 산정, 손익 계산 등을 통해 사업의 경제성을 분석한다.

⑤ **리스크 분석:** 사업 추진 과정에서 발생할 수 있는 다양한 위험 요소를 파악하고, 이에 대한 대응 방안을 마련한다.

⑥ **최종 평가:** 분석 결과를 종합적으로 검토하여 사업의 타당성 여부를 판단하고, 사업 추진 여부를 결정하고 사업계획서를 작성한다.

2. 사업 타당성 분석의 내용

사업 타당성 분석은 기본적으로 5가지를 분석한다. 창업에 가장 기초가 되는 창업자의 사업 수행 능력, 소비자의 욕구 분석을 통해 출시된 상품이 팔릴 것인가를 분석하는 시장성 분석, 원가를 결정하는 기술성 분석, 매출이 수익으로 얼마만큼 실현될 것인가를 분석하는 수익성 분석, 소요 자금의 규모 및 조달 능력을 분석해 보는 재무분석이다.

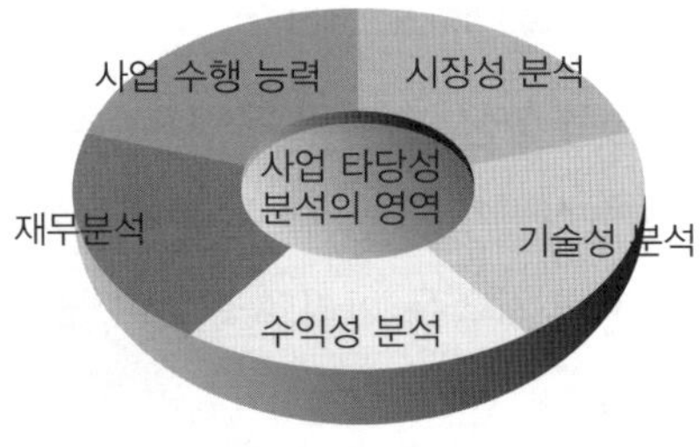

그림 5-1 사업 타당성 분석의 영역

1) 사업 수행 능력의 분석

사업의 성패는 기업가로서 적성과 자질, 창업자의 사업 수행 능력 및 해당 업종에 대한 적합도를 바탕으로 평가할 수 있다.

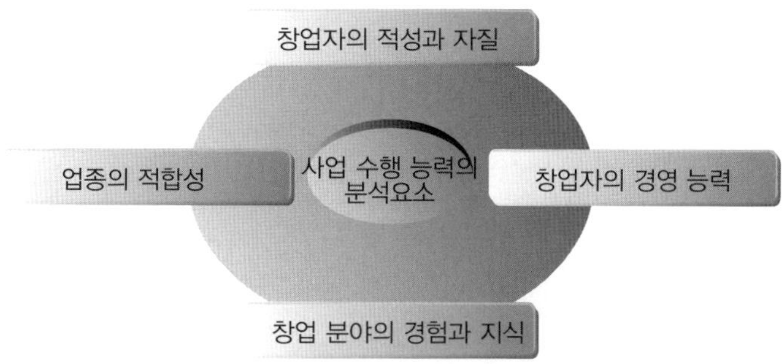

그림 5-2 **사업 수행 능력의 분석요소**

① **창업자의 적성 및 자질:** 적성과 자질분석은 창업자의 선천적 능력과 매우 관련이 깊다. 이는 창업자의 새로운 사업에 대한 모험심이나 성공에 대한 집념, 리더십, 의지력, 성격, 체력 등이 분석의 대상이기 때문이다.

② **창업 분야의 경험과 지식:** 성공적인 창업으로 이끌기 위해서는 본인의 경험과 선행지식이 풍부한 분야의 창업이 유리하며, 그렇지 않은 경우에는 전문적 지식을 빨리 습득하거나 창업자를 대신하여 이러한 업무를 수행할 수 있는 핵심 인원의 확보가 필요하다.

③ **업종의 적합성:** 창업자의 적성과 해당 사업의 업종이 얼마나 적합한지를 판단하는 것이 업종 적합성 분석이다.

④ **창업자의 경영 능력:** 창업자의 기술혁신 능력이나 경제환경 변화에 대처할 수 있는 대응력의 여부를 분석하는 것이다.

표 5-1 사업의 수행 능력 평가요소

평가요소	세부 평가항목
적성 및 자질 (선천적 자질)	• 모험심 • 가능성에 대한 집념 • 스케일 • 리더십 • 의지력 • 기타 창업자의 성격 · 체질 · 체력적인 소질
경험 및 지식	• 창업 관련 분야에서의 경험 • 학문과 지식 • 창업자의 자격 • 교제 인물의 폭과 깊이 • 창업환경을 둘러싸고 있는 인간관계
업종 적합성	• 적성과의 적합 정도
업무 수행 능력 (경영 능력)	• 가정 유지 능력 • 창업 멤버의 구성 및 통제 능력 • 서비스 및 기술혁신 능력 • 경영 · 경제적 환경 적응 능력 및 경영분석 · 판단 능력

2) 시장성 분석

시장성 분석이란 생산할 제품이 시장에서 어느 정도 팔릴 수 있는가를 분석하는 것으로 고객의 특성, 경쟁사, 시장의 동향 등에 대한 정보를 수집하고 분석하여 변화에 대응할 능력을 갖추게 하는 것이다.

① **1단계(목표의 설정):** 시장성 분석에서 먼저 이루어져야 할 것은 구체적인 작업목표를 설정하는 것이다.

- 창업할 업종의 전체적인 시장 규모를 분석
- 창업할 업종의 제품과 서비스의 특성과 현황을 분석

② **2단계(계획 수립):** 시장성 분석의 목표가 정해지면 다음으로 시장성 분석의 구체적인 계획을 세운다. 일반적으로 수요예측과 판매전략을 수립한다.

③ **3단계(자료 수집 및 분석)**

- 시장성 분석 자료는 시장성 분석의 계획 수립 단계에서 설정된 내용에 따라 자료를 수집한다.
- 자료 수집은 1차 자료와 2차 자료로 나눌 수 있다. 1차 자료는 조사자가 직접 현장에서 수집한 자료이고, 2차 자료는 정부, 공공기관, 각종 조사기관에서 수집해 보관하고 있는 자료이다.
- 분석 시 가장 많은 실수는 아이템을 긍정적으로 판단하여 객관적으로 판단하지 않으려는 것이다.

④ **4단계(판매 계획 및 전략 수립)**

- 시장성 분석 결과는 창업환경 변화, 판매 계획 및 전략에 따라 좌우된다.
- 시장성 분석은 창업환경 변화 예측과 더불어 적정한 판매 전략이 연계될 때 그 가치가 크게 발휘된다.

⑤ **5단계(시장성 평가):** 창업하고자 하는 업종의 시장성 분석과 목표 설정, 시장성 분석의 계획 수립과 자료의 수집 및 분석 과정을 거쳐 수립된 판매 계획과 일련의 과정들에 대한 전반적인 고찰이 시장성 평가 단계에서 이루어진다.

표 5-2 시장성 분석에 포함되어야 할 사항

구분	세부사항
시장의 특성	• 시장의 지리적 위치, 수송방법, 현재운임, 유통조직, 대금결제방법 등 일반적인 거래관행
수요분석	• 주된 소비자, 소비량, 소비총액, 선호하는 제품의 종류 등
공급분석	• 국내 및 국외의 주요 공급자, 경쟁자 및 그들의 판매가격, 품질, 판매전략 등
매출 추정	• 이상의 조사를 근거로 하여 생산품에 대한 총수요량, 금액 및 시장점유율 등을 예측한다. 필요에 따라 생산품별, 지역별, 시기별 수요량과 금액을 추정
판매비 추정	• 목표매출을 달성하기 위한 인건비, 광고선전비 등 판매비를 추정

표 5-3 시장성 분석 항목표

구분	분석요소
전반적인 시장동향 분석	• 시장 규모 분석 • 시장의 특성 및 구조 • 소비자 분석, 잠재고객 발굴
제품성 분석	• 제품의 강 · 약점 분석 • 제품의 라이프사이클 및 보급률 분석
경쟁적 지위 분석	• 재무상태 비교 • 생산능력 및 판매실적 비교 • 주요 경쟁요소 비교
제품의 채산성 분석	• 제품원가 및 마케팅 코스트 분석 • 마진율 분석 • 제품가격 분석
수요 예측	• 예상시장, 중요 수요처 • 판매량 증감요인분석 • 판매전망 • 불황적응도 및 계절성 분석
시장 및 제품 환경분석	• 자원환경 요인, 유통경로, 판매조직 • 기술적 환경요인 • 마케팅 환경요인, 영업 형태와 방식
판매 전략	• 판촉 및 광고전략, 광고 형태와 방식 • 영업전략, 고객특성

3) 기술성 분석

기술성 분석이란 계획하고 있는 제품이나 용역의 생산과 판매에 관련된 기술적 측면에 대한 전반적인 검토와 분석을 말한다. 즉, 기술성 분석은 계획하고 있는 사업을 영위하는 데 필요한 기술, 기계와 장비, 자재와 노동력, 입지 및 시설 등을 대상으로 하여 기술적 측면 전반을 검토하고 평가하는 분석 영역을 말한다.

표 5-4 기술성 분석의 주요 조사 내용

구분	분석요소
제품의 특성	• 제품의 용도, 물리적 · 화학적 특성
제조공정	• 채택하고자 하는 공정, 채택 이유, 세부적인 공정 흐름 분석
기계와 장비	• 구입하고자 하는 규격, 성능, 신뢰성, 제조자, 가격, 대금 지급 방식, 애프터 서비스, 부품조달, 인도방식과 일정 등
원자재	• 종류, 가격, 수량, 공급자, 공급자 위치, 공급방법, 물리적 · 화학적 특성 등
건물	• 필요한 건물의 크기 및 특성
대지 및 위치	• 필요한 대지의 크기, 형태, 가격, 위치 등
동력과 용수	• 전기 · 가스 · 공업용수 수요량, 조달방법, 관련 비용 등
인력	• 직 · 간접 노동력, 기술 수준, 임금 등

4) 경제성 분석

경제성 분석이란 어떤 사업이 경제적으로 얼마나 매력적인지 여부를 판단하는 데 필요한 정보를 입수하기 위해서 사업과 관련된 모든 수익과 비용자료를 추정하고 분석·검토하는 일체의 과정이다. 사업을 할 것인지의 여부를 결정하는 근거로 이용되므로 사업성 검토의 가장 핵심적이고 중요한 부분이다. 경제성 분석은 수익성 분석, 손익분기점 분석, 투자 경제성 분석으로 구분할 수 있다.

표 5-5 사업의 경제성 평가내용

평가항목	세부 조사항목
수익전망	• 창업 후, 3~5년간의 추정손익계산서(제조원가명세서 포함) 및 추정대차대조표, 자금수지예상표 • 이를 근거로 수익 전망 및 흑자 실현 가능시점 추정

평가항목	세부 조사항목
손익분기점 분석	• 수익과 비용이 일치되는 매출액은 어느 정도이며 어느 시점에 실현 가능한지 분석 • 판매수량, 금액, 고정비, 변동비 등이 균형을 이룰 수 있는지 검토
투자수익 및 계획사업의 경제성 분석	• 계획사업에 대한 투자 규모와 어느 정도 수익 실현이 가능한지 등 투자에 대한 경제성 검토

5) 재무분석

실제로 창업함에 있어서 제일 먼저 고려해야 할 부분이 자금문제이다. 따라서 창업을 하기 위해서는 창업자금의 자금수지와 조달 가능성에 대한 분석이 이루어져야 하는데, 이를 재무분석이라 한다. 이러한 재무분석 시에는 우선, 창업에 필요한 총 소요 자금의 규모산정과 자금조달 시의 위험분석도 함께 파악하여 단기적 측변, 특정 시설의 소요 자금 등으로 구분된 자금조달 및 자금운용 계획서를 작성해야 한다.

① **소요 자금의 규모 및 조달 가능성에 대한 분석:** 창업 소요 자금의 규모 결정은 창업하려는 사업 규모와 함께 고려하는 것이 좋다.

- 판매 계획을 통하여 판매할 상품이나 서비스의 종류, 추정매출액, 광고비, 인건비 등을 파악하여 단기 운전자금을 계산한다.
- 생산계획 또는 점포계획으로서 창업업종이 제조업일 경우에는 생산 계획을 수립하고, 판매업 및 서비스업일 경우는 점포계획을 수립한다.
- 일반관리비 및 판매비의 운영자금을 확보하여 계산한다.

② **민감도 분석:** 사업의 불확실성에 대비한 정보를 얻기 위하여 여러 조건이 변화할 때 사업의 경제성이 어떻게 변화할 것인지를 분석하는 것이다.

6) 위험성 분석

대부분의 창업이나 신규 사업에 대한 투자 여부에 대한 의사 결정은 위험과 불확실성 하에서 할 수밖에 없기 때문에 필연적으로 위험이 존재한다. 계획하고 있는 사업의 위험은 업종별, 규모별, 지역별, 시기별로 매우 다양한 원인으로부터 발생한다.

① **시장 관련 위험:** 경쟁기업의 참여, 공급업체의 조업 중단, 제품 수요의 감소와 제품 믹스의 부적절, 경제상황의 악화 등이 있다.

② **재산 관련 위험:** 화재 및 자연재해, 강도 및 사기 등으로 발생한다.

③ **종업원 관련 위험:** 종업원의 절도, 배임 등 핵심적 종업원의 경쟁업체 이직, 회사 기밀 누설 등이 있다.

④ **고객 관련 위험:** 고객이 제품의 안정성과 관련한 소송 제기, 고객의 신체 손상, 불량채권 등이 있다.

⑤ **생산 관련 위험:** 생산기술 혁신과 기술 수명주기의 단축, 원자재 인건비 상승 등이 있다.

⑥ **정책 관련 위험:** 관련 법률, 조세 및 금융지원제도의 변경, 금리·물가 및 환율의 변동, 수입개방정책이 있다.

⑦ **기타 위험:** 노사분규, 자연환경 및 공해규제, 시설자금 및 소요 운전자본의 적기 조달 실패, 전염병 발생, 코로나, 조류독감, 기후변화 등이 있다.

3. 창업사업 투자안의 경제성 분석

창업사업 분석대상이 되는 투자안의 현금 흐름이 측정되었다면, 그 다음 단계로 측정된 현금 흐름이 기업가치에 어느 정도 공헌할 수 있는가를 분석하여야 한다. 사업 투자안의 경제성 분석은 투자를 통해 얼마나 많은 이익을 얻을 수 있는지를 수치적으로 평가하는 과정이다. 단순히 아이디어가 좋다고 해서 투자를 결정하는 것이 아니라, 객관적인 데이터를 바탕으로 투자의 가치를 판단해야 한다.

창업사업 투자안의 경제성 분석 방법에는 순현가법(net present value method), 회수 기간법(payback period method), 회계적 이익률법(accounting rate of return method), 내부수익률법(internal rate of return method)의 4가지가 있다.

1) 순현가법(net present value method: NPV)

(1) 순현가법의 의의

순현가법은 투자로 인하여 발생할 미래의 현금 흐름을 적절한 할인율로 할인한 현가에서 투자액을 공제한 순현재 가치로 평가하는 방법이다.

(2) 순현재가치의 산출 방법

$$NPV=\left[\frac{CF_1}{(1+K)^1}+\frac{CF_2}{(1+K)^2}+\cdots+\frac{CF_n}{(1+K)^n}\right]-I_0$$

$$=\sum_{t=1}^{n}\frac{CF_t}{(1+k)^t}-I_0$$

CF_t : t 시점의 현금흐름

I_0 : 최초의 투자액

K : 할인율

n : 투자안의 내용연수

예제 1,600만 원을 투자안 A에 투자하면 1년 후와 2년 후에 각각 800만 원과 1,600만 원의 현금 흐름을 얻을 수 있으며, 자본비용은 10%이다. NPV법을 이용하여 경제성을 분석하시오.

$$NPV=\sum_{t=1}^{n}\frac{CF_t}{(1+k)^t}-I_0=\frac{800}{(1+0.1)}+\frac{1,600}{(1+0.1)^2}-1,600=449\text{만 원}$$

투자안 A에 1,600만 원을 투자하면 449만 원의 새로운 가치 창출 ⇒ 경제성 있음

(3) 순현가법의 의사 결정 기준

① 단일 투자안과 상호 독립적인 투자인 경우

- NPV≥0: 경제성 있음
- NPV<0: 경제성 없음

② **상호 배타적인 경우**

- NPV≥0인 투자안 중에서 NPV가 가장 큰 투자안: 경제성 있음

(4) 순현가법의 장점

① 화폐의 시간적 가치를 적용했으며, 매기 다른 할인율을 적용할 수 있다.

② 부의 증분 가치를 명시해 주고, 독립적인 두 투자안을 동시에 채택할 경우에도 개별투자안의 순현재가치를 합계한 것과 같아 가치 합계의 원칙이 적용된다.

③ 현금 흐름과 자본비용만으로 평가하므로 객관적이라 할 수 있다.

(5) 순현가법의 단점

① 투자안의 자본비용(K)을 추정하는 데 주관이 개입될 수 있다.

② 투자금액이 다른 투자안에 대해서는 단순 비교로만 의사 결정을 할 수 없다.

2) 회수 기간법(payback period method: PPM)

(1) 회수 기간법의 의의

회수 기간법은 투자 대상으로부터 투자에 소요된 자금과 그 투자로 인하여 발생하는 현금 흐름으로부터 모두 회수하는 데 걸리는 기간을 재무관리자가 사전에 정해 놓은 회수 기간과 비교하여 평가하는 방법이다.

(2) 회수 기간의 산출 방법

① 현금 흐름이 일정한 경우 ⇒ 최초 투자액 ÷ 매년의 현금 흐름(CF)

② 현금 흐름이 불규칙한 경우 ⇒ 매년의 현금 유입액을 누계하여 산출

예제 상호 독립적 투자안 B와 C의 자본비용은 각각 10%이고, 목표 회수 기간은 1년이며, 현금 흐름은 다음과 같다. 회수 기간법과 NPV법을 이용하여 경제성을 분석하시오.

투자안	0년	1년 후	2년 후	3년 후
B	−4,000	+4,000		
C	−4,000	+2,000	+2,000	+10,000

① 투자안 B와 C의 NPV

$$NPV(B) = \frac{4,000}{(1+0.1)} - 4,000 = -364\text{만 원}$$

$$NPV(B) = \frac{2,000}{(1+0.1)} + \frac{2,000}{(1+0.1)^2} + \frac{10,000}{(1+0.1)^3} - 4,000 = 6,984\text{만 원}$$

② 투자안 B와 C의 회수 기간

회수 기간(B) = 1년, 회수 기간(C) = 2년

③ 경제성 분석

가. 회수 기간법

- 투자안 B: 회수 기간(1년) = 목표 회수 기간(1년) → 경제성 있음
- 투자안 C: 회수 기간(2년) > 목표 회수 기간(1년) → 경제성 없음

나. NPV법

- 투자안 B: NPV(-364만 원) < 0 → 경제성 없음
- 투자안 C: NPV(6,984만 원) > 0 → 경제성 있음

④ 회수 기간법과 NPV법의 분석 결과가 다른 이유: 회수 기간 이후의 현금 흐름을 고려하지 않았기 때문

(3) 회수 기간의 의사 결정 기준

① 단일 투자안과 상호 독립적인 투자인 경우

- 회수 기간 ≤ 목표 회수 기간: 경제성 있음
- 회수 기간 > 목표 회수 기간: 경제성 없음

② **상호 배타적인 경우**

- 회수 기간≤목표 회수 기간인 투자안 중에서 회수 기간이 가장 짧은 투자안: 경제성 있음

(4) 회수 기간법의 장점

① 방법과 계산이 간편하고 이해 및 적용하기도 쉽다.

② 투자 규모의 대형화와 과학기술의 급격한 발달로 설비의 예기치 못한 진부화를 가져올 위험이 있는데, 기간개념을 이용하므로 진부화 위험을 덜어줄 수 있다.

③ 수익성이 투자안을 결정하는 중요 요소이지만, 회수 기간이 빠른 투자안은 상대적으로 위험도가 낮고, 기업의 유동성도 높여 준다.

④ 경영자에게 투자위험에 대한 정보를 제공하고, 미래의 현금 흐름에 대한 불확실성이 빨리 제거되며 현금 흐름 할인법과 큰 차이가 없다.

(5) 회수 기간법의 단점

① 독립적인 투자안에 있어서 투자 결정 기준이 되는 회수 기간의 선정이 자의적 이어서 객관적이지 못하고, 위험이 반영되지 않는다.

② 투자 결정기준은 수익성에 있는데, 이 방법은 시간성으로 판단된다.

③ 회수 기간 이후의 현금 흐름이 무시되어 각 투자안의 경제성을 정확히 평가할 수 없기 때문에 수익성이 높은 투자안이 기각될 수도 있다.

④ 회수 기간 이후의 현금 흐름과 화폐의 시간적 가치를 무시한다.

3) 회계적 이익률법(accounting rate of return method: ARR)

(1) 회계적 이익률법의 의의

회계적 이익률법은 평균이익률법이라고도 하며 연평균 회계적 순이익의 비율인 회계적 수익률로 투자안을 평가하는 방법으로 현금 흐름이 아니라 순이익으로 측정한다.

(2) 회계적 이익률의 산출 방법

투자안의 수명기간 동안에서 실현되는 연평균 순이익과 연평균 투자액의 비율

$$\text{회계적 이익률} = \frac{\text{연평균 순이익}}{\text{연평균 투자액}} \times 100 = \frac{\text{연평균 순이익}}{\text{총투자액}/2} \times 100$$

예제 투자안 D의 투자소요액은 1,800만 원이며, 내용연수는 3년이고, 정액법에 따라 감가상각을 하며, 목표회계이익률은 17%이며, 자본이용은 10%이고, 추정 손익계산서는 다음과 같다.

	1년	2년	3년
현금수익	2,400만 원	2,000만 원	1,600만 원
현금비용	1,400만 원	1,200만 원	1,000만 원
영업현금흐름	1,000만 원	800만 원	600만 원
감가상각비	600만 원	600만 원	600만 원
세후순이익	400만 원	200만 원	0

회계적 이익률법과 NPV법을 이용하여 경제성을 분석하고, 그 결과를 비교 평가하시오.

① 회계적 이익률법

$$\text{회계적 이익률} = \frac{\frac{400+200+0}{3}}{1,800} \times 100 = 11.1\%$$

회계적 이익률(11.1%) < 목표회계이익률(17%): 경제성 없음

② NPV법

현금 흐름 = 순이익 + 감가상각비 = 1,000만 원

$$NPV = \frac{1,000}{(1+0.1)} + \frac{800}{(1+0.1)^2} + \frac{600}{(1+0.1)^3} - 1,800 = 221\text{만 원}$$

NPV = 221만 원 → 경제성 있음

(3) 회계적 이익률법의 의사 결정 기준

① **상호 독립적인 투자인 경우**

- 회계적 이익률 ≥ 목표 회계적 이익률: 경제성 있음
- 회계적 이익률 < 목표 회계적 이익률: 경제성 없음

② **상호 배타적인 경우**

- 회계적 이익률 ≥ 목표 회계적 이익률인 투자안 중에서 회계적 이익률이 가장 큰 투자안: 경제성 있음

(4) 회계적 이익률법의 장점

① 투자 수명이 길고 현금 흐름이 일정할 때 유용성이 높다.

② 기초자료를 회계장부에서 쉽게 구할 수 있어 적용과 이해가 쉽다.

(5) 회계적 이익률법의 단점

① 화폐의 시간적 가치를 고려하지 않았다.

② 투자 결정을 위한 분석에서 회계적 이익은 현금 흐름보다는 적합하지 못한데, 투자안의 현금 흐름이 아닌 회계이익을 분석대상으로 한다.

③ 비교 기준이 되는 목표이익률이 주관적이고, 회계 방법에 따라 이익률이 변할 수 있어 정보가 왜곡될 수 있다. 목표이익률의 설정이 임의적이어서 영업활동이 좋을 때는 목표이익률을 높게 설정하여 좋은 투자안이 기각될 수 있고, 영업활동이 나쁠 때는 목표이익률이 낮게 설정되어 나쁜 투자안이 채택되는 경우가 발생할 수 있다.

4) 내부수익률법(internal rate of return method: IRR)

(1) 내부수익률법의 의의

내부수익률법은 투자로 유출되는 금액의 현재 가치와 투자로부터 기대되는 미래 현금유입액의 현재 가치를 같게 하는 할인율인 내부수익률을 구하여 요구수익률(자본비용)과 비교하여 평가하는 방법이다.

(2) 내부수익률의 산출 방법

① **현금유입액이 매년 같으면** ⇒ $\frac{I_0}{CF(\text{현가요소로 할인한 금액})} = IRR$

② **현금유입액이 다르면** ⇒ $\sum_{t=1}^{n} \frac{CF_t}{(1+r)^t} - I_0 = 0$ 여기서, $r = IRR$

예제 투자안 H의 현금 흐름이 다음과 같으며, 자본비용은 10%이다. IRR법과 NPV법을 이용하여 경제성을 분석하고, 그 결과를 비교 평가하시오.

	현재	1년	2년
투자안 H	−1,600만 원	800만 원	1,600만 원

① 내부수익률법

$$\frac{800\text{만 원}}{(1+IRR)} + \frac{1,600\text{만 원}}{(1+IRR)^2} + 1,600\text{만 원} = 0 \Rightarrow IRR = 28\%$$

IRR법: IRR(28%) > 자본비용(10%): 경제성 있음

② NPV법

$$NPV = \frac{800\text{만 원}}{(1+01)} + \frac{1,600\text{만 원}}{(1+0.1)^2} + 1,600\text{만 원} = 449\text{만 원}$$

NPV = 449만 원 → 경제성 있음

(3) 내부수익률법의 의사 결정 기준

① **상호 독립적인 투자인 경우**

- 내부수익률 ≥ 자본비용: 경제성 있음
- 내부수익률 < 자본비용: 경제성 없음

② **상호 배타적인 경우**

- 내부수익률 ≥ 자본비용인 투자안 중에서 내부수익률이 가장 큰 투자안: 경제성 있음

(4) 내부수익률법의 장점

① 현금 흐름을 할인하여 계산하므로 화폐의 시간적 가치를 적용했다.

② 순이익보다는 현금 흐름을 기초로 하기 때문에 투자의 상대적 경제가치를 표시해 주며, 수익률이라는 친숙한 척도로 투자가치를 평가한다.

③ 위험이 큰 투자안에 대해서는 높은 자본비용을 적용하기 때문에 위험을 고려하여 투자 결정을 하고, 내부수익률은 자본비용의 손익분기점을 의미한다.

(5) 내부수익률법의 단점

① 시행착오법(trial-and-error method)으로 산출해야 하므로 IRR의 산출 과정이 복잡하고, 재투자수익률을 상황에 따라 적용할 수 없어 합리적이지 못하다.

② 복수의 IRR이 산출되는 경우가 있어 의사 결정이 어렵다.

③ 가치합산의 원칙이 성립되지 않으므로 투자 계획 수립 시 유연성이 적다.

Chapter 06

사업계획서

사업 계획서 06

1. 사업계획서 작성

1) 사업계획서의 의의

성공적인 창업을 하기 위해서는 창업에 대한 사업계획서가 필요하다. 사업계획서(Business Plan)는 사업을 개시하기 전에 사업에 관한 모든 계획 즉, 사업의 내용(업체의 일반 현황 및 창업자 현황), 제품시장의 구조적 특성, 소비자의 성격, 시장 확보를 위한 마케팅 전략, 계획제품의 기술적 특성, 생산시설, 입지조건, 아이템에 대한 수익전망, 투자의 경제성, 계획사업에 대한 필요자금 규모 및 조달계획, 조직 및 인력 문제 등 사업에 관련되는 제반 사항을 객관적·체계적으로 작성한 자료이다. 특히 소자본으로 창업을 하려고 하는 예비 창업자가 사업계획서 작성을 소홀히 하는 경우가 있는데, 조달한 자금이 얼마 되지 않을수록 어렵게 준비하였기 때문에 그럴수록 사업계획서 작성이 필요하다.

이러한 사업계획서를 다른 사람에게 잘 보이기 위해서 대충 작성하거나 형식적인 것으로 생각하고 작성해서는 안 되고, 창업 희망자가 창업에 수반되는 내·외적인 요인과 미래의 운영계획을 기술하여야 하는데, 체계적인 사업성 분석을 바탕으로 정확성과 객관성이 유지되어야 하며, 전문성과 독창성을 갖춰서 보편타당하게 작성하여야 한다. 창업을 준비하는 자가 아이템을 선정하고, 상권분석에 따른 점포를 정하고, 필요한 자금규모 및 조달방법 등을 포함하면서, 예상 매출액에 따른 수익과 비용을 감안한 손익 상황이나 재무 상태 등도 예측하여 사업계획서를 작성해야 한다.

사업계획은 문서로 만들어야 한다. 사업체의 규모가 커지면 창업자 자신뿐만 아니라 타인을 움직여야 하므로 기록으로 표현된 행동지침인 문서로 만들어진 사업계획이 필요하다.

2) 사업계획서의 필요성

창업을 성공적으로 추진하기 위해서는 사업에 필요한 구체적인 사항들을 합리적이고 체계적인 방법으로 정리한 사업계획서가 필요하다. 사업계획서를 통하여 사업에서 달성해야 할 목표와 수행해야 할 업무를 설계하고, 객관적으로 사업 타당성을 검토할 수 있게 작성되어야 한다.

사업계획서는 마치 건물을 짓기 전에 설계도를 그리는 것과 같다. 사업을 시작하기 전에 사업의 목표, 전략, 실행 계획 등을 종합적으로 정리한 문서로, 사업의 성공을 위한 필수적인 준비 과정이다.

사업계획서는 창업에 필요한 제반 사항을 점검하고 부족한 부분을 파악하여 사업을 할지 안 할지 결정하는 지침서가 되어야 한다. 사업계획서는 계획적인 창업을 가능하게 하여 창업기간을 단축하여 주고, 발생 가능한 불확실성에 효율적으로 대처할 수 있게 하여 창업 성공률을 제고시키는 전략서로 활용될 수 있다. 사업계획서의 필요성은 다음과 같다.

① 계획사업의 타당성의 검토와 시행착오를 줄이기 위하여

사업계획서를 작성하는 과정에서 사업 아이템의 타당성을 검토하고, 시장분석, 경쟁사 분석 등을 통해 사업의 성공 가능성을 높일 수 있다. 사업계획서를 작성하면 사업의 전반적 강점과 약점을 알게 되고 이에 대한 효과적 대처방안을 마련하게 되어 창업의 시행착오를 줄여준다.

② 지침서가 되기 위하여

창업 초기의 지침서가 될 수 있다. 창업 초기 업무추진계획서의 역할도 한다. 일단 사업이 시작되면 업무의 증가와 함께 여러 가지 대안의 검토와 세부적 계획 수립 등으로 시간에 쫓기게 된다. 애초 추구하고자 한 사업의 기본 방향이나 목적 등의 장기 계획을 잊어버릴 수도 있다. 이때 사업계획서는 사업추진의 기본 방향을 제시해 주는 유용한 행동지침이 된다.

③ 외부 자원 확보를 위하여

사업에 필요한 자금을 출자할 자본가와 채권자들에게 사업의 타당성, 수익성과 부채의 상환 가능성을 알리는 수단으로 이용하기 위하여 필요하다. 특히, 정부 지원금이나 금융기관의 대출을 받기 위해서는 사업계획서가 필수이다. 사업계획서를 통해 사업의 필요성과 타당성을 입증하고, 지원금 또는 대출을 받을 수 있게 된다.

④ 대외 홍보와 거래처로부터 신용 확보를 위하여

대외 홍보용 자료가 된다. 계획사업의 경제 효과, 고용 효과, 간접 효과 등을 설득력 있게 홍보함으로써 사업추진을 문제없이 할 수 있다. 또한, 매입처와 예상 고객 등 거래처에서 신용을 얻기 위해서 필요하다.

⑤ 동업자, 후원자, 유능한 인재 등을 찾기 위하여

가족의 동의 및 창업에 도움을 줄 동업자들에게 사업에 대한 관심을 유도하고 설득하는 자료로 이용하기 위하여 필요하고, 유능한 인재를 영입할 수 있는 자료가 된다.

⑥ 관공서 등록 등을 위하여

금융기관, 인·허가기관 등에서 자료 요구 시 제출할 수 있으며 투자설명회 등에서 유용한 자료로 활용할 수 있다.

3) 사업계획서의 용도

(1) 창업자 입장

① 사업 아이템의 구체화: 막연한 아이디어를 구체적인 사업계획으로 만들어

주게 된다. 시장분석, 경쟁사 분석, 제품/서비스 개발 계획 등을 통해 아이템의 실현 가능성을 검증하고, 사업의 방향성을 명확하게 할 수 있다.

② **자원의 효율적 배분:** 필요한 자금, 인력, 시간 등을 효율적으로 배분하여 사업을 추진할 수 있도록 돕는 역할을 한다.

③ **위험요소 최소화:** 사업 과정에서 발생할 수 있는 위험요소를 사전에 파악하고, 대응 방안을 마련하여 위기를 미연에 방지할 수 있다.

④ **투자 유치:** 투자자에게 사업의 매력을 효과적으로 전달하고, 투자를 유치하는 가장 중요한 도구이다.

⑤ **팀 구성원과의 소통 강화:** 사업 목표와 비전을 공유하고, 팀원들의 역할을 명확히 하여 협업을 증진할 수 있게 하여 주변의 사람들을 움직이는 중요한 수단이 된다.

⑥ **사업 성장의 지침:** 사업의 성장을 위한 로드맵을 제시하고, 목표 달성 여부를 측정하여 사업을 지속적으로 발전시킬 수 있도록 돕는 유용한 지침이 될 수 있다.

(2) 투자자 입장

① **투자사업의 타당성을 검토하는 자료:** 사업계획서는 투자자가 투자에 관한 의사 결정을 하는 데 사용하는 가장 기본적인 자료이다. 특히, 사업 아이템의 매력도, 시장성, 수익성, 성장 가능성 등을 평가하는 가장 기본적인 자료로 활용한다.

② **창업자와 경영진의 능력 평가 자료:** 투자자들은 사업계획서를 통하여 창업자가 계획사업을 성공시킬 능력을 갖추었는가에 관심이 있다. 그리고 사업계획서에 나타난 여러 가지 내용 예를 들면, 업계의 동향, 시장의 추이, 경쟁 상태, 사업의 독창성, 필요자금, 대상기업의 현재 재무 상태 등에 대하여 사실 확인을 하고 사업의 타당성을 평가한다.

③ **위험 요소:** 사업에 내재된 위험 요소와 이를 관리하는 방법을 파악한다.

4) 사업계획서의 종류

훌륭한 사업계획서는 제품이 무엇인지도 설명하지만, 영업 개시 후 시장에서 생존 여부를 판단할 수 있는 자료를 제공하여 왜 창업을 하려고 하며, 어떻게 기회를 실현할 것인가에 초점을 맞추어 작성하게 된다. 또한, 예비 창업자가 기획했던 것들을 정리하는 가이드로 활용하거나 외부 투자를 받는 데도 이용하기 위하여 작성 방법, 형식이나 내용 등에 따라 여러 형태로 작성할 수 있다.

(1) 형식에 따른 사업계획서의 종류

① **고정 형식 사업계획서:** 고정 형식 사업계획서는 미리 정해져 있는 사업계획서 형식에 맞추어 작성한 사업계획서를 말한다. 창업투자회사, 금융기관, 정부기관 등에서는 사업계획서 양식을 미리 작성해 놓고 신청자들이 주어진 형식에 따라 사업계획서를 작성하도록 한다.

② **자유 형식 사업계획서:** 자유 형식 사업계획서는 작성자가 임의로 결정한 형식에 따라 작성한 사업계획서를 말한다. 자유 형식 사업계획서를 작성하는 경우도 사업계획서에 포함되어야 할 내용은 고정형 사업계획서와 유사하다.

(2) 내용에 따른 사업계획서의 종류

① **약식 사업계획서:** 약식 사업계획서는 사업계획의 내용을 모두 포함시키지 않고, 요점만 간단히 정리한 사업계획서를 말한다.

② **완전 사업계획서:** 사업계획의 모든 사항을 상세히 포함하는 사업계획서를 말한다.

5) 사업계획서 작성 시 주의사항

(1) 사업계획서 작성의 기본사항

① **신뢰성:** 사업계획서는 자신을 위한 것이면서 이해관계자들과의 의사소통의 수단이 되므로 사업계획서를 누가 보든지 그 내용을 믿을 만하다고 생각할 수 있도록 현실성과 객관성이 있게 작성되어야 한다. 이를 위해서

참고자료, 자료의 출처, 권위 있는 후견인 등을 표시하는 것이 좋다.

② **능력:** 창업자 및 경영진은 사업을 성공적으로 이끌어 나갈 수 있는 능력을 나타내면서 자신감 있고, 다른 사람을 설득할 수 있게 작성하여야 한다. 과거의 경험, 학력, 발명, 수상경력 등을 포함하여야 한다.

③ **독창성:** 계획하고 있는 사업이 기존의 다른 사업과 차이점을 설명하기 위하여 제조업은 핵심 제품 위주로 서비스업은 고객만족 포인트 등을 부각하여 특허, 제품 성능, 경영 방법, 진출하려는 시장 등을 명시하여야 한다.

(2) 세부적인 주의사항

① 계획하는 사업과 그 사업의 잠재력에 대하여 짧고, 투자가의 관심을 끌 수 있는 내용만 포함시키고 세부적인 것은 면담 때로 미룬다.

② 창업의 목적이 개인적인 이익만을 추구하는 것이 아니라 공공의 이익도 추구한다는 점을 제시하고, 사업의 내용을 지나치게 다양하게 하지 말아야 한다.

③ 꼭 필요한 경우가 아니면 전문적인 용어 사용을 피하고, 기초자료를 바탕으로 단순하면서도 보편적으로 서술한다.

④ 이해하지 못하는 사업에 투자하지 않으려 하므로, 생산품이나 고정 등을 설명하면서 전문가나 이해할 수 있는 전문적인 용어는 되도록 사용하지 않는다.

⑤ 근거가 불충분한 자료나 비논리적인 추정 같은 애매한 표현은 하지 말고, 사업 내용을 알기 쉽게 구체적으로 설명하고, 실현 가능한 계획을 담아야 한다.

⑥ 사업의 현재 또는 잠재적인 문제점과 발생 가능한 위험 요소를 기술하고, 그것에 대한 대안을 제시함으로써 위기에 대한 대처 능력을 명쾌하게 설명한다.

⑦ 투자자들은 경영진에 대하여 알고 싶어 하므로 경영진의 능력을 확실히 서술하고, 법적인 내용, 재무·회계상의 내용도 포함시켜야 한다.

6) 사업계획서 구성 및 내용

(1) 표준사업계획서

표준사업계획서는 비교적 규모가 큰 기업의 창업이나 사업확장을 위하여 작성하는 양식이다. 사업계획서는 표지 및 목차, 기업체 현황, 사업의 개요, 시장 현황, 생산계획, 판매계획, 설비투자계획, 인원 및 조직계획, 원·부자재 조달계획, 재무계획, 자금계획서, 사업추진 일정계획, 부속자료 등으로 나누어서 작성한다. 사업계획서의 목차와 내용은 일반적인 것이며 때에 따라 적절한 변화를 취하여 사용할 필요가 있다.

① **표지 및 목차:** 제품을 표현할 수 있는 이미지, 회사 로고, 사업계획서 목차

② **기업체 현황:** (가칭)상호, 업종, 창업자 인적사항, 사업장의 위치 및 주소, 주주현황, 기술진 인적사항

③ **계획사업의 개요:** 사업의 내용과 목적, 사업의 기대효과(고용 효과, 자원 활용 효과, 부대사업 촉진 효과, 기타)

④ **시장 현황:** 동종업계의 전반적인 현황(제품의 사장 현황, 주요 국내 경쟁업체 현황, 수출입 등 총 예상시장 규모, 예상 시장점유율, 시장 진입 방법)

⑤ **생산계획:** 생산설비, 생산규모, 자체 생산계획

⑥ **판매계획:** 판매방법(목표시장 세분화, 목표시장 선정, 포지셔닝), 가격책정, A/S 계획, 내수 판매계획

⑦ **설비투자계획:** 생산, 기계설비 명세서, 기계설비 구매명세서

⑧ **인원 및 조직계획:** 업무수행 체계도와 부서별·직책별 소요 인원, 고용계획

⑨ **재무계획:** 추정손익계산서, 추정 재무상태표, 추정 현금 흐름표, 손익분기점 분석

⑩ **사업추진 일정계획:** 월별·연도별 사업추진 일정표

표 6-1 표준사업계획서

구성요소	내용	
표지 및 목차	• 제품을 표현할 수 있는 이미지 • 회사로고	• 사업계획서 목차
기업체 현황	• 회사 개요 • 회사 일반현황	• 창업자 현황 • 사업 전개방안 및 향후계획
계획사업의 개요	• 사업 동기 • 생산제품의 특성	• 사업 내용 • 기대효과
시장현황	• 동종업계 현황 • 시장점유율과 경쟁 관계	• 시장의 규모와 전망 • 계획제품의 침투 가능성
생산계획	• 제조공정도 • 외주생산계획	• 자체생산계획
판매계획	• 판매전략 및 판매 형태 • A/S계획 • 수출계획	• 가격정책 • 국내 판매계획
설비투자계획	• 적정 규모의 제조설비 및 내역 • 구입처, 수량, 가격	
인원 및 조직계획	• 업무 흐름별 조직체계도 • 직무별 · 직위별 소요인원	
원 · 부자재 조달계획	• 국내 조달계획 • 수입 자재 조달계획	
재무계획	• 추정 손익계산서 • 추정 현금 흐름표	• 추정 재무상태표 • 손익분기점 분석
자금계획서	• 총 필요자금 명세서 • 조달계획 또는 차입계획	• 차입금 상환계획
사업추진 일정계획	• 월별 · 연도별 사업추진 일정표	
부속자료	• 인건비 명세서 • 제조원가 명세서 • 제품설명서 • 제공 가능 담보물 내용	• 감가상각비 명세서 • 경영진 이력서 • 특허권 사본 • 설비구매 견적서

(2) 소자본 사업계획서

일반적으로 처음 창업을 하는 창업자가 가장 많이 작성하는 사업계획서로서, 비교적 적은 금액으로 창업할 때 작성을 많이 한다. 소자본 창업의 내용과 규모에 적당한 소점포 사업용 사업계획서는 단순한 내용의 계획서이고, 다음은 소점포용 사업계획서 형식이다.

표 6-2 소점포용 사업계획서

구성요소	내용	
기업체 현황	• 회사 개요(설립 예정)	• 창업자 인적사항
일반적인 사업계획	• 사업의 개요	• 종업원 채용 계획 및 조직도
필요자금 및 조달계획	• 필요 자금 • 원 · 부자재 조달계획	• 자금조달계획
입지 및 상권분석	• 입지상권분석	
환경분석과 마케팅 전략	• 일반적인 환경분석 • SWOT 분석 • 마케팅 전략	• 경쟁업체 분석 • 내부핵심역량 분석
판매 및 재무분석	• 판매계획 • 손익분기점 분석 • 추정 손익계산서	
사업추진 일정계획 첨부서류	• 현금 흐름 분석 • 사업자등록증 사본 • 임대차계약서 등	• 월별 사업추진 일정표 • 등기부 등본

2. 사업계획서 작성 사례

1) 사업계획서 작성 단계

사업계획서는 단순한 문서가 아니라, 사업 아이템의 가치, 시장 가능성, 그리고 성공적인 실행계획을 담아 투자자나 협력자를 설득하고, 내부적으로는 사업 방향을 명확히 하는 중요한 도구이다. 사업계획서를 작성하는 단계는 다음과 같다.

(1) 1단계: 아이디어 구체화 및 시장분석

① **아이디어 정의:** 사업 아이템을 구체적으로 정의하고, 차별점과 경쟁 우위를 명확히 한다.

② **시장 조사:** 목표 시장의 규모, 성장 가능성, 트렌드, 경쟁 환경 등을 면밀히 분석한다.

③ **고객 니즈 파악:** 고객 인터뷰, 설문 조사 등을 통해 고객의 니즈를 정확히 파악한다.

(2) 2단계: 사업모델 설계

① **수익 모델:** 어떻게 수익을 창출할 것인지에 대한 구체적인 계획을 수립한다.

② **비용 구조:** 사업 운영에 필요한 모든 비용을 상세히 산정한다.

③ **가치 제안:** 고객에게 제공할 가치를 명확하게 정의하고, 경쟁사와 차별화되는 부분을 강조한다.

(3) 3단계: 사업계획 수립

① **마케팅 전략:** 목표 고객, 마케팅 채널, 홍보 계획 등을 구체적으로 수립한다.

② **운영계획:** 조직 구성, 생산 시스템, 재고 관리 등 사업 운영에 필요한 모든 계획을 수립한다.

③ **팀 구성:** 사업 성공에 필요한 인력 구성계획을 수립한다.

(4) 4단계: 재무계획 수립

① **예상 매출:** 시장분석 결과를 바탕으로 예상 매출을 산정한다.

② **비용 예측:** 운영 비용, 마케팅 비용 등 모든 비용을 예측한다.

③ **손익 계산서, 현금 흐름표 작성:** 예상 매출과 비용을 바탕으로 손익 계산서와 현금 흐름표를 작성한다.

④ **투자 유치 계획:** 필요한 자금 규모와 투자 유치 계획을 수립한다.

(5) 5단계: 사업계획서 작성

① **Executive Summary(요약):** 사업계획서 전체를 요약하여 가장 먼저 읽는 독자가 사업의 핵심을 파악할 수 있도록 한다.

② **회사 소개:** 회사의 비전, 미션, 핵심 가치, 경영진 소개 등을 통해 회사의 정체성을 명확히 한다.

③ **제품/서비스 소개:** 제품/서비스의 특징, 차별점, 고객 가치, 시장 경쟁력 등을 구체적으로 설명한다.

④ **시장분석:** 목표 시장의 규모, 성장 가능성, 트렌드, 경쟁 환경 등을 분석하여 사업 기회를 파악한다.

⑤ **마케팅 전략:** 목표 고객, 마케팅 채널, 판매전략, 홍보 계획 등을 구체적으로 제시한다.

⑥ **운영계획:** 조직 구성, 생산 시스템, 재고 관리, 품질 관리 등 사업 운영에 필요한 모든 계획을 포함한다.

⑦ **재무계획:** 예상 매출, 비용, 손익 계산서, 현금 흐름표 등을 통해 사업의 재무적 타당성을 입증한다.

⑦ **팀 소개:** 팀 구성원의 경험, 역량, 강점 등을 통해 사업 성공 가능성을 높이도록 한다.

(6) 6단계: 검토 및 수정

① **내부 검토:** 팀원들과 함께 사업계획서를 검토하고 피드백을 받는다.

② **외부 검토:** 전문가나 투자자에게 사업계획서를 검토받고 피드백을 반영한다.

③ **지속적인 수정:** 시장 상황 변화에 따라 사업계획서를 지속적으로 수정하고 보완한다.

2) 기업 현황(피부관리숍)

(1) 창업자 인적사항

<table>
<tr><td>성 명</td><td colspan="3"></td><td colspan="3">주민등록번호</td><td colspan="4"></td></tr>
<tr><td>주 소</td><td colspan="3"></td><td colspan="3">전화번호
(휴대폰, e-mail)</td><td colspan="4"></td></tr>
<tr><td rowspan="4">학 력</td><td>기 간</td><td colspan="2">학교명</td><td colspan="2">전 공</td><td colspan="3">수학 상태
(졸업, 수료, 중퇴)</td><td colspan="2">비 고
(취득학위 등)</td></tr>
<tr><td></td><td colspan="2"></td><td colspan="2"></td><td colspan="3"></td><td colspan="2"></td></tr>
<tr><td></td><td colspan="2"></td><td colspan="2"></td><td colspan="3"></td><td colspan="2"></td></tr>
<tr><td></td><td colspan="2"></td><td colspan="2"></td><td colspan="3"></td><td colspan="2"></td></tr>
<tr><td rowspan="5">경 력</td><td colspan="2" rowspan="2">근 무 기 간</td><td colspan="6">근 무 처</td><td colspan="2" rowspan="2">담당업무
(최종직위)</td></tr>
<tr><td colspan="2">근무처명</td><td colspan="2">주요생산품</td><td colspan="2">전화번호</td></tr>
<tr><td colspan="2"></td><td colspan="2"></td><td colspan="2"></td><td colspan="2"></td><td colspan="2"></td></tr>
<tr><td colspan="2"></td><td colspan="2"></td><td colspan="2"></td><td colspan="2"></td><td colspan="2"></td></tr>
<tr><td colspan="2"></td><td colspan="2"></td><td colspan="2"></td><td colspan="2"></td><td colspan="2"></td></tr>
<tr><td rowspan="2">재산보유현황
(단위: 백만 원)</td><td>종 목</td><td colspan="2">내 역</td><td colspan="2">금 액</td><td colspan="2">종 목</td><td colspan="2">내 역</td><td>금 액</td></tr>
<tr><td>주 택
기타부동산
현금 · 예금</td><td colspan="2"></td><td colspan="2"></td><td colspan="2">주식 · 채권
기 타</td><td colspan="2"></td><td></td></tr>
<tr><td>기타 특기사항
(자격증, 상벌,
연수, 대외활동
사항)</td><td colspan="10"></td></tr>
<tr><td rowspan="2">연구개발 및
사업화 실적
(단위: 백만 원)</td><td colspan="3">개발과제명 및 내용</td><td colspan="2">근무처</td><td colspan="2">실시기간</td><td colspan="2">사업규모
(소요자금)</td><td>비고
(사업화
현황 등)</td></tr>
<tr><td colspan="3"></td><td colspan="2"></td><td colspan="2"></td><td colspan="2"></td><td></td></tr>
</table>

① **학력:** 학교명, 전공 분야, 최종 학력과 학위 취득 현황
② **경력:** 경력 기간의 근무 기업체명, 담당 직무와 최종 직위
③ **재산보유 현황:** 동산과 부동산의 금융자산
④ 자격증 보유내용, 상벌 상황, 연수 상황, 대외활동 상황
⑤ **연구개발실적:** 개발과제, 개발내용, 개발기간, 개발비
⑥ **사업화 실적:** 연구 개발된 실적의 사업화 현황

(2) 회사 개요

<table>
<tr><th>상호명</th><td colspan="2">김미모 피부관리숍</td><th>대표자명</th><td>김미모</td></tr>
<tr><th>법인(사업자)
등록번호</th><td colspan="2">○○○-○○-○○○○-○</td><th>주민등록번호</th><td>123456-7890000</td></tr>
<tr><th>사업장소재지</th><td colspan="2">서울특별시 ○○구 ○○로
○○○번길 ○○</td><th>전화번호
(휴대폰)</th><td>02-555-5555
(010-123-4567)</td></tr>
<tr><th>개업(예정)일자</th><td colspan="2">20 . .</td><th>종업원수(예정)</th><td>4명</td></tr>
<tr><th>업 태</th><td colspan="2">서비스업</td><th>종 목</th><td>피부관리</td></tr>
<tr><th rowspan="2">프랜차이즈</th><th rowspan="2">브랜드명</th><td></td><th>가맹비</th><td></td></tr>
<tr><td></td><th>보증금</th><td></td></tr>
<tr><th rowspan="3">사업장 현황</th><th>소유 형태</th><td colspan="3">자가 / 임차(월세: , 보증금:)</td></tr>
<tr><th>평 수</th><td colspan="3"></td></tr>
<tr><th>용도지역</th><td colspan="3"></td></tr>
<tr><th>연혁</th><td colspan="4">·
·
·
·
·
·
·</td></tr>
</table>

① **업체명:** 개인사업자는 사업자등록증 상의 상호를 기재하고, 법인사업자는 법인등기부상의 상호를 기재한다.

② **대표자:** 개인기업의 경우 대표자 성명, 법인의 경우 등기부상의 이사회에서 선임된 대표이사의 성명을 기재한다.

③ **개업일:** 개인기업은 사업자등록증상의 개업 연월일, 법인기업은 법인 설립 등기일을 기재한다. 만약 창업 예정자인 경우는 예상되는 예정일을 기재한다.

④ **종업원 수:** 실제 근무자나 근무 예상자의 수를 기재한다.

⑤ **법인(사업자)등록번호:** 법인이면 법인등록번호, 개인사업자는 사업자등록증 상의 번호를 기재한다.

⑥ **주민등록번호:** 실제 대표이사나 대표자의 주민등록번호를 기재하며, 금융기관 및 정부기관 제출 시 필요하다.

⑦ **소재지:** 본사 및 사업장의 소재지 주소와 전화번호를 기재하면 된다.

⑧ **업태와 종목:** 업종은 업태와 종목의 합성어로서 사업자등록증 상의 업태와 종목을 기재하면 된다.

- 업태: 산업분류표의 대분류 업종에 따라 제조업, 도·소매업, 음식업, 서비스업 등으로 표기한다.
- 종목: 한식, 중식, 컴퓨터 수리, 화장품, 외국어 등 판매하고 있는 상품 및 서비스명을 표기한다.

⑨ **프랜차이즈:** 프랜차이즈에 가맹한 경우 본사 브랜드명, 가맹비, 보증금을 기재한다.

⑩ **사업장의 소요 형태:** 자가 혹은 임차인 경우 자가와 임차 중 선택하여 표기한다. 용도지역은 상업지역, 주거지역, 공업지역 등을 기재한다.

⑪ **연혁:** 창업 예정자인 경우는 기재하지 않지만, 창업한 기업은 회사의 기업 변천에 관한 내용을 기재한다. 학교의 연혁을 보면 쉽게 알 수 있듯이 회사의 설립일, 상호 변경, 특허 출원, 추가 진출 사업 등 주요 회사의 경영내용을 기재한다.

3) 사업계획

(1) 사업의 개요

사업의 동기 및 목적
• ㈜얼굴피부 회사에서 쌓은 지식을 바탕으로 나만의 독립된 회사를 가지기 위함 • 최근 미에 관한 관심 증대로 피부 관리를 받고자 하는 여성들이 증가하는 추세임 • 차별화된 제품을 통한 피부관리로 고객의 만족 극대화 실현 • 인증받은 외국의 명품 프로그램 운영을 통한 고객맞춤형 피부관리 실현

① 창업하게 된 배경과 해당 업종을 선정하게 된 경위를 일목요연하게 기재한다.
② 창업 업종에 대한 창업자의 전문지식, 정보와 관련한 노하우를 기재한다.
③ 창업자의 자신감 있는 모습이 보이도록 사업추진에 대한 의지와 추진 방향을 기재한다.
④ 창업자가 진행하고 있는 계획 사업에 대한 준비 과정을 상세히 정리한다.

계획사업의 기대효과
• 피부관리숍 창업을 통한 관련 분야 전문 인력의 고용 창출 • 안전하고 국제적으로 인정받은 프로그램 운영으로 피부관리숍의 모범적 모습 • 고객들은 더욱 고품격의 프로그램을 비교적 낮은 가격의 체험으로 개선된 피부의 실현 • 순수 한방체제로 만든 발효 한방화장품 제공을 통한 우리 전통의 우수성 실현 • 다양성 제공과 고품격의 프로그램 운영을 통한 단기간 고객 확보 실현이 예상됨 • 다양한 서비스 제공을 통한 여러 프로그램에서의 매출 실현으로 지속적 매출이 예상됨

계획사업에 대한 기대효과는 3가지 측면인 국가 경제적 측면, 소비자(고객) 측면, 기업적 측면으로 나누어 기술하면 된다.

① 국가 경제적 측면

- 경제 및 산업에 대한 파급 효과
- 부가가치 창출 및 고용 효과
- 수출기여 및 수입품의 대체 효과

② 소비자(고객) 측면

- 이용자들이 느낄 수 있는 편익
- 소비자들이 사용 후 변화될 수 있는 환경

③ 기업적 측면

- 사업을 통해 나타날 수 있는 효과
- 매출 신장으로 인한 기업이익

(2) 종업원 채용계획 및 조직도

① 종업원 채용계획

구분		종업원 현황 및 채용계획			비고
		당해년도	1차년도	2차년도	
사무직	상담실장	1명			
	영업사원		1명		
	고객관계관리원			1명	
관리직	피부관리사	1명	1명		
	마사지관리사	2명			
종업원 계		4명	6명	7명	

종업원 현황 및 고용계획은 창업기업의 인적 구성요소만을 아는 지표로서 사용되는 이외에 창업기업의 경영 활동 능력을 알 수 있는 척도가 되며, 종업원의 구성이 원활하여 사업체의 운영에 차질이 없는지 살펴보는 좋은 자료가 되므로, 사업전략에 맞추어 채용계획 인원을 기재한다.

조직도는 회사의 모든 부분을 한눈에 알아볼 수 있는 것으로서, 회사의 규모나 실정에 맞게 조직을 부서 혹은 과 단위로 나누고 하위 직급까지 모두 나타날 수 있도록 작성한다. 만약, 회사 규모가 아주 작은 경우 업무분담표 형태로 대체할 수 있다.

② 조직도(조직 구성도)

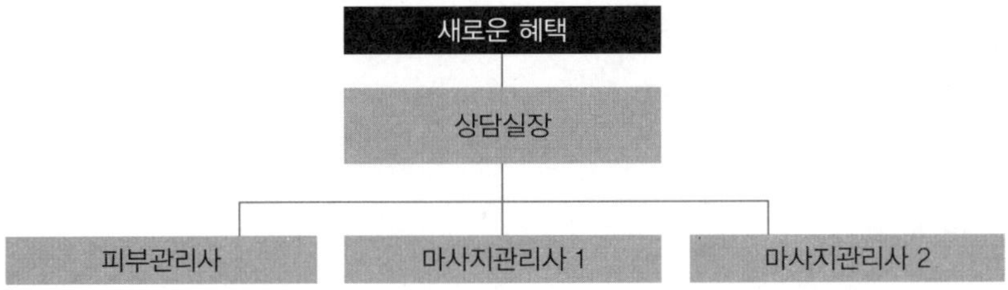

4) 소요 자금 및 조달계획

(1) 소요 자금

(단위: 천 원)

구분		내용	비고	비고
시설자금	인테리어	82.6m2	30,000	
	임대보증금	82.6m2	30,000	
	시설장비	효소욕 1세트, 아유로베다세트, 그 외 장비류	50,000	
	비품	컴퓨터, 가구류, 냉장고 등 비품류	8,000	
	소모품	고객가운, 효소소모품, 기타소모품	6,000	
	기타 시설	부수적 시설	1,200	
소계			125,200	
운전자금	직원급여	• 상담실장: 1명×3,000=3,000 • 피부관리사: 1명×3,000=3,000 • 마사시관리사: 2명×2,000=4,000	7,000	
	광고선전비	전단지 및 홍보물	300	
	임차료	월 사업장 임차료	3,000	
	기타 경비	통신비, 수도광열비, 기타 공과금 등	500	
	현금 보유액	사업부진 대비 보유액	15,000	
소계			25,800	
합계			151,000	

① **시설자금:** 시설자금은 사업체가 유·무형 고정자산이나 기타 자산을 매입하는 데 필요한 자금인데, 필요 자금별로 개괄적인 내용과 금액을 기재한다. 생산설비 자금, 사무용 차량, 사무실 집기, 비품, 공구류 등의 구매에 소요되는 유형고정자산 취득자금으로 분류할 수 있다.

② **운전자금:** 생산제품의 판매대금으로 정상적인 영업자금이 회수될 때까지의 기간에 소요되는 자금을 말한다. 원자재 구매비, 인건비, 제품개발비, 기타 경비 등으로 1회전에 드는 운전자금을 산정하여 기재한다. 1회전이란 업종에 따라 1개월에서 6개월 정도를 의미한다.

(2) 자금조달계획

(단위: 천 원)

구분		금액	비고
자기 자금	정기예금	50,000	
	퇴직금	20,000	
	현금	30,000	
소계		100,000	
타인 자금	소상공인 지원자금	50,000	금리 3.91%
소계		50,000	
합계		150,000	

① **자기 자금:** 자기 자금은 창업자 또는 동업자가 가지고 있는 자금을 말하는 것으로, 그 자금의 출처를 기재한다.

- 현금등가물, 퇴직금, 부동산 매각대금, 동업자출자금, 주주출자금, 보유현물 등

② **타인자금:** 타인으로부터 차입한 자금의 명세서를 기재한다.

- 정부의 정책자금, 은행, 보험회사, 저축은행 등 금융회사 자금

(3) 원·부자재 조달계획

(단위: 천 원)

품목	금액	매입산출 근거(월 기준)
A 프로그램 재료	400	20명 × 20
B 프로그램 재료	600	20명 × 30
C 프로그램 재료	1,000	20명 × 50
기타 미용 재료	1,000	스킨케어, 마사지 등 월 1,000
합계	3,000	

판매하기 위해 매입한 원재료 등에 대하여 품목, 금액, 산출 근거를 상세히 기재한다.

① **품목:** 실제 영업활동에서 판매를 목적으로 매입한 취급 품목을 기재한다.

• 예: 음식업: 음식을 만들기 위한 쌀, 음식 재료, 반찬 재료의 명칭
  문구점: 문구점에서 판매되는 볼펜, 색지, 파일철, 기타 문구류의 명칭

② **금액:** 산출 근거에 의해 계산된 월평균 전체 금액을 기재한다.

③ **산출 근거:** 월평균 고객 수×조달원가를 기재한다.

5) 입지 및 상권분석

입지 환경 분석	
도로 구조	• 신촌역 주변으로 왕복 4차선의 도로가 있고 승용차가 진입할 수 있는 골목에 위치함
입지접근 용이성	• 주변 대학가와 상가단지 모두 주 이동 경로로서 접근성이 매우 우수함
대중교통 환경	• 걸어서 10분 거리 내에 신촌역이 위치하고 있고, 시내 전 지역 방향의 버스 노선이 있어 교통 환경이 우수함
통행빈도	• 주변 대학가 진입로로서 시장, 병원, 의류 판매장 등이 많이 있고, 출·퇴근 시간뿐만 아니라 저녁 시간에도 비교적 통행빈도가 높음

입지 환경 분석	
주요 분포 시설	• 대학교가 3개, 백화점, 은행이 많이 위치하고 있으며 지하철 신촌역, 공항철도가 있어 고객 유인성이 높음
상권도	

① **도로 구조:** 사업장이 위치한 주변의 도로 구조에 관하여 기술한다.

- 상가단지로 들어가는 초입 단계이며, 승용차가 지나다닐 수 있는 작은 길이다.

② **입지접근 용이성:** 얼마만큼 사업장에 진입하는 데 용이성이 있는가에 대하여 기재한다.

- 예: 주변 대학가와 상가단지 모두 주 이동 경로가 되며 접근이 양호하다.

③ **대중교통 환경:** 대중교통이 사업장을 지나가고 있는가 등에 대한 교통환경을 기재하면 된다.

- 예: 걸어서 10분 거리 내에 신촌역이 위치하고 있고, 일반 버스 노선이 풍부하여 대중교통 환경이 양호하다.

④ **통행 빈도:** 주변 인구가 사업장 주변에 얼마만큼 통행하고 있는가에 대하여 기재한다.

- 예: 대학가 진입로에 있고 백화점, 프랜차이즈 업종, 분식점, 약국 등 생활 편의 시설이 몰려 있어 통행빈도가 높다.

⑤ **주요 분포시설:** 사업장을 중심으로 주변에 분포하고 있는 대형시설과 공공기관, 유사 업종 시설에 대하여 자세히 기재한다.

- 예: 교통 및 통행인구가 집중하는 신촌역, 대형 백화점, 병원, 은행 등 상권에 영향을 미치는 시설들이 많다.

⑥ **입지분석 종합:** 분석 결과에 대한 종합적인 의견을 기재하면 된다.

- 예: 신촌역에서 대학가로 들어가는 진입로에 위치하고 있고, 대로를 중심으로 상가 반대편은 상권이 분리되어 접근이 양호하지 못하다. 그러므로 점포 주변의 상가 이용자들과 대학생 및 사무실 근무자가 주 고객 대상으로 예상된다.

6) 환경분석 및 마케팅 전략

(1) 일반적인 환경분석

일반적인 환경분석
• 최근 웰빙의 인기가 높고, 건강을 생각하는 여성들이 증가하고 있어, 다이어트 및 미에 대한 관심 증가로 많은 고객층이 형성될 것으로 기대되고 있음 • 경제적 수준의 향상으로 미를 위하여 지출하는 돈에 대해서도 투자라고 생각하는 경향이 나타나고 있음을 주지해야 함

현재 한국의 사회문화 환경에 대한 일반적인 내용을 기재한다. 예를 들어, 국민의 건강에 관한 관심이 높아지거나, 남녀 젊은 층의 웰빙과 미에 관한 관심 증대가 창업환경에 나타날 수 있는 환경분석을 한다.

(2) 경쟁 업체 분석

경쟁 업체 분석
• 주변에 피부숍 3곳이 위치하고 있으나 대부분 영세한 업체이며, 전문적인 프로그램을 운영하는 피부숍은 없음 • 대부분의 피부숍이 몸에 좋다는 특정 투입 요소(과일, 황토 등)만 사용하고 있으며, 서비스가 고가의 가격으로 제공되고 있음 • 유사한 업체로서 대형 미용실 2곳이 있으나 머리만 전문적으로 하므로 큰 영향은 없을 것으로 예상됨

본인의 사업을 중심으로 같은 업종과의 비교 분석을 통해 자신의 사업이 나아가야 할 방향을 설정할 수 있도록 자신감 있는 표현으로 기재한다.

(3) SWOT 분석

강점(Strength)	약점(Weakness)
• 선진국에서 인증받은 프로그램 운영 • 창업자가 강한 신념을 지님 • 발효 한방 제품을 활용 • 영역별 체계적인 프로그램	• 프로그램을 접한 고객이 적음 • 관리 프로그램 제품 가격이 높음 • 내성적인 성격으로 적극적 모습 요구
기회(Opportunity)	**위협(Threat)**
• 피부 관리에 대한 선호도 증가 • 경제의 점진적 안정으로 인한 소비 심리 회복세 • 20~30대 이상의 여성 소비 급성장	• 전체적 소비심리 회복보다 고소득층 위주의 소비심리 회복 유력 • 미모 지상주의에 대한 사회적 견제 • 저가 지향 프랜차이즈 범람

[SO]전략	• 젊은 여성(주부 포함)을 주 고객으로 한 인증받은 프로그램 제공 • 프로그램 다양화를 통한 선택의 폭과 고객의 욕구에 부합
[WO]전략	• 본사 프로그램을 이용해 볼 수 있도록 개업 1개월 동안 70% 할인 행사 • 점진적으로 남성 프로그램 개발을 통한 가족 단위 프로그램 운영
[ST]전략	• 미모 지상주의 사회적 인식을 제거하기 위한 모든 여성이 이용할 수 있는 분위기와 서비스 제공 • 소비 급성장에 따른 고소득층을 위한 개별 프로그램 운영
[WT]전략	• 저가 지향 프랜차이즈와 차별화된 고품격 프로그램 제공 • 쿠폰제 및 패키지 할인제를 통한 다양한 고객 확보

① **강점(S)과 약점(W):** 강점과 약점은 경쟁 업체와의 비교를 통해 경쟁 업체보다 강점과 약점을 찾아내는 것이다.

② **기회(O)와 위협(T):** 기회와 위협은 경쟁 업체와 비교하는 것이 아니라 현 시장에서의 기회 요인은 무엇이며, 위협되는 요인이 무엇인지를 분석하는 것이다.

③ **SO 전략:** 시장 기회 선점 전략, 시장 및 제품 다각화 전략 등의 전략적 내용을 기재한다.

④ **WO 전략:** 시장 침투 전략, 제품 확충 전략 등의 전략적 내용을 기재한다.

⑤ **ST 전략:** 핵심역량 강화 전략, 전략적 제휴 등의 전략적 내용을 기재한다.

⑥ **WT 전략:** 철수 전략, 시장 및 제품 다각화 전략 등의 전략적 내용을 기재한다.

(4) 내부핵심역량 분석

내부핵심역량 분석
• 명품 일본 효소욕과 인도 전통의 아유르베다 디톡스 프로그램 • 2080 여성들을 위한 중저가 프로그램 운영 • 다양한 고객을 위한 프로그램 가격의 차별성

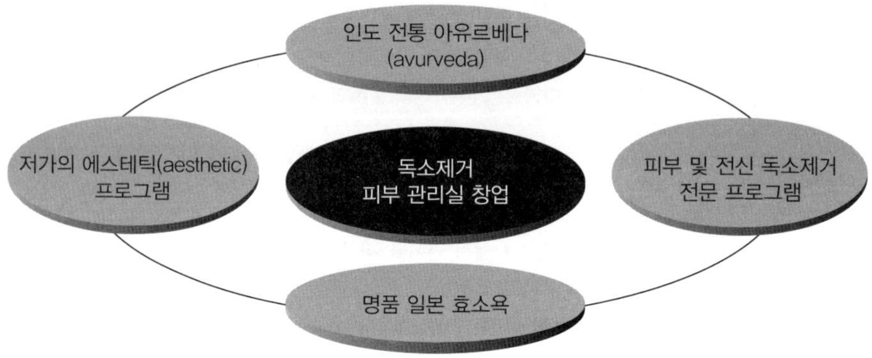

창업한 사업에 대한 다른 기업보다 우위에 있는 점이 무엇인지에 대하여 기재하여야 한다. 이는 외부기관에 제출, 투자자 유치 시 투자를 할 것인가를 결정하는 중요한 자료로 활용될 수 있다. 또한, 창업자 자신의 아이템이 새로운 사업이라는 모습을 보여주는 역할을 한다.

(5) 마케팅 전략(4P 전략)

마케팅 전략(4P 전략)	
제품 전략 (Product)	• 명품 프로그램 운영(일본의 효소욕, 아유르베다, 발효 한방 화장품) • 자연주의를 추구하는 제품 구성 • 장비의 차별화를 통한 고객 만족
가격 전략 (Price)	• 2080 여성들을 위한 중저가 프로그램 제공 • 고소득층을 위한 별도 프로그램의 고가격 전략
유통 전략 (Place)	• 편안하고 품격 있는 컨셉(concept)을 통해 고급스러운 분위기 연출 • 프로그램 관련 피부미용 재료의 도매상 역할을 통한 유통비용 감소
촉진 전략 (Promotion)	• 개업 후 1개월간 고객 체험을 위한 가격 70% 할인 행사 • 고객카드 발급을 통한 할인 유도 • 1개월 동안 집중적으로 아파트와 주택가 주변 광고전단 배포

4P 전략은 제품, 가격, 유통(장소), 촉진의 4가지 전략으로서 판매하고 있는 상품 및 서비스에 관한 사항에 대하여 기재한다.

① **제품 전략(Product):** 제품 전략은 판매하고 있는 상품 및 서비스에 대한 속성으로서 고객에게 제공될 상품 및 서비스를 어떤 것으로 제공할 것인지에 관한 내용을 기재한다.

② **가격 전략(Price):** 판매하고자 하는 상품 및 서비스에 대한 가격을 얼마 정도로 할 것인지를 기재하는데 고가, 중가, 저가 등 표적 고객에 따라 가격은 달라져야 한다.

③ **유통 전략(Place):** 해당 상품에 대한 구매경로 및 판매경로 혹은 구매처, 판매처 등을 기재한다.

④ **촉진 전략(Promotion):** 촉진은 상품 및 서비스가 많이 팔릴 수 있도록 하는 행동으로서 광고 및 홍보 전략에 대하여 기재한다.

7) 판매계획 재무분석

(1) 판매계획

(단위: 천 원)

품목	금액	산출 근거(월 기준)
A 프로그램	4,000	20명 × 200(월 5회)
B 프로그램	5,000	20명 × 250(월 5회)
C 프로그램	6,000	20명 × 300(월 3회)
기타 미용	7,400	스킨케어, 마사지 등
합계	22,400	

① **품목:** 사업을 추진하면서 판매를 위해 취급할 품목을 기재한다.

② **금액:** 평균 1일 구입할 양의 금액 × 1개월 동안 구입할 일수를 기준으로 계산된 금액을 기재한다.

③ **산출근거:** 월평균 고객 수 × 프로그램별 단가를 기재한다.

(2) 추정 손익계산서

추정 손익계산서는 기업의 향후 성장 가능성을 예측해 볼 수 있는 가장 중요한 재무제표이다. 연도별 매출 규모는 얼마나 되며, 당기순이익은 어느 정도 실현되어 기업의 목표 수익 달성이 가능한가를 예측할 수 있다. 앞으로의 예상 손익계산을 통해 중·장기적인 목표 수립에 도움이 될 뿐만 아니라 기업의 목표 달성에 전체 조직원이 공유할 수 있는 자료가 된다.

① 향후 성장 가능성과 목표 수익의 달성 가능성을 예측하는 자료로 작성한다.

② 추정 제조원가명세서를 바탕으로 작성한다.

③ 고용 계획 및 인건비 변동을 반영하여 작성한다.

④ 감가상각 및 무형자산의 상각비를 고려하여 작성한다.

⑤ 영업 외 비용 중 이자 비용은 명세서를 작성하여 추정한다.

⑥ 법인세 비용을 고려하여 작성한다.

⑦ 현금 흐름표와 연결하여 자금 추정한다.

⑧ 손익분기점 분석에 이용할 수 있도록 작성한다.

⑨ 목표 수익을 달성하기 위하여 비용을 줄이기 위한 계획을 반영한다.

(단위: 천 원)

항목 \ 월	실적	추정	
	당월	당월+1	당월+2
매출액	20,400	30,000	35,000
매출원가	3,000	5,000	6,000
매출총이익	17,400	25,000	29,000
판매비와 일반관리비	9,800	12,900	15,300
1. 인건비	5,800	5,800	8,000
2. 임차료	2,500	2,500	2,500
3. 광고선전비	200	1,000	500
4. 감가상각비	300	300	300
5. 기타 경비	1,000	3,300	4,000
영업이익	7,600	12,100	13,700
영업 외 비용	135	135	135
1. 지급이자	135	135	135
세전순이익	7,465	11,965	13,365

※ 지급이자: 소상공인 창업지원 자금상황 이자를 의미함.

※ 감가상각: 실내장식 비용과 시설 및 장비 구매비에 대한 5년 감가상각비를 계산한 금액임.

※ 당기순이익: 세전순이익에서 소득세 등 각종 세액(약 10%)를 공제한 후의 이익이 당기순이익임.

(3) 손익분기점 분석

(단위: 원)

구분	산출방식(월 기준)	금액
매출액(S)	• 판매(매출)계획 금액	20,400,000
변동비(V)	• 매출원가: 3,000,000 • 광고선전비: 200,000 • 기타 경비: 1,000,000	4,200,000
고정비(F)	• 월 임차료: 2,500,000 • 직원급여: 5,800,000 • 이자비용: 135,000 • 감가상각비: 300,000	8,735,000
변동 비율	(V/S)×100	20.5%
손익분기점 매출액	F/(1−V/S)	10,987,421
손익분기점 비율	(손익분기점 매출액/실제 매출)×100	53.8%

① **고정비:** 생산량의 증감에 관계없는 비용(예: 이자 비용, 건물 임차료, 감가상각비, 급여, 연구개발비 등)

② **변동비:** 생산량의 증감에 따라 변동하는 비용(예: 원료, 보조원료, 동력비, 운송비, 외주비, 판매수수료 등)

③ 고정비와 변동비가 분해되면 손익분기점 매출액은 공식에 의해 산출된다.

(4) 현금 흐름 분석

현금 흐름은 기업의 유동성과 관련한 것으로 창업기업의 자금 사정이 얼마나 원활한가를 볼 수 있도록 항목의 내용을 빠짐없이 작성한다. 현금 관리에서 가장 중요한 것은 현금 잔액이 부족하지 않도록 하는 것으로, 경영자는 항상 현금 유입과 유출 항목을 빠짐없이 기록하며, 작성 시 분기별 혹은 월별로 작성할 수 있다.

(단위: 천 원)

구분		당월	차월
현금 유입	보유현금 상품매출액	9,200 20,400	16,965 30,000
	계(①)	29,600	46,965
현금 유출	임대보증금 재료비 광고선전비 직원급여 이자비용 기타 비용	2,500 3,000 200 5,800 135 1,000	2,500 5,000 1,000 5,800 135 3,300
	계(②)	12,635	17,935
기말잔액(①-②)		16,965	29,030

8) 사업추진 일정

추진계획	월별											
	1	2	3	4	5	6	7	8	9	10	11	12
사업 타당성 분석	■	■										
사업계획서 작성			■									
점포입지 선정				■	■	■						
사업자등록증 신청							■					
실내장식 공사								■	■			
인력충원										■	■	
개업홍보												■
개업												■

사업추진 일정 계획표는 창업기업의 경우 업종 선정, 사업계획서 작성에서부터 법인 설립 및 설립등기, 사업자등록 신청, 법인 설립 신고, 사업장 입지선정, 임대계약 체결, 각종 인 · 허가 신청, 자금조달 신청, 개업 준비까지의 창업 관련 제반 사항의 추진 일정 및 기간을 체계적으로 수립하여 계획 사업 추진에 차질이 없도록 작성한다.

Chapter 07

창업 자금계획과 창업 형태

창업 자금계획과 창업 형태 07

1. 자금과 관련된 용어

현실적으로 사업을 시작하려고 할 때 가장 큰 일 중의 하나가 사업자금조달인데, 창업자금은 창업에 필요한 시설자금뿐만 아니라 창업 후의 운영자금과 여유 자금까지 포함해야 한다.

자금과 관련된 용어를 자본과 혼용하기도 하지만 그 외에도 비슷한 용어들이 많이 있으므로 먼저 각 용어에 대하여 정확히 이해하도록 하자.

① **자금(Funds)**: 기업에서 운용되는 자본과 부채를 포함한 일체의 통화증권이다.

② **총자본(Total Capital)**: 기업의 자산총액과 같은 개념으로 기업주가 출자한 금액과 잉여금, 차입금 및 모든 신용을 포함한다.

③ **자본(Capital)**: 자기 자본과 같은 개념으로 주주들이 투자한 금액과 적립한 잉여금까지를 포함한 금액을 말한다. (자본금+잉여금+자본조정)

④ **자본금(Equity)**: 개인기업인 경우 출자원금, 법인인 경우 보통주와 우선주 등을 발행하여 자기 자본을 조달한 전체 주식의 액면 총액을 말한다.

⑤ **운전자본(Working Capital)**: 기업의 일상적인 운영에 필요한 금액으로 유동자산에서 유동부채를 차감한 금액을 말하며 운전자금이라고도 한다.

⑥ **타인 자본(Debt Capital)**: 재무상태표상 대변의 부채를 말하며, 장·단기의 모든 차입과 채무를 포함한다. (총자본-자기 자본=타인 자본)

⑦ **고정자본**(Fixed Capital): 자기 자본과 부채 중 장기부채를 합한 것으로 일반적으로 이 이상 비유동자산에 투입하면 유동성에 문제가 있다.

⑧ **경영자본**(Business Capital): 기업이 사업을 운영하고 성장하기 위해 필요한 모든 자원을 의미한다. 즉, 기업이 보유하고 있는 자산 중에서 사업 활동에 직접적으로 사용되는 부분이라고 할 수 있다. (총자산-건설 중인 자산-투자자산)

⑨ **자산구조**(Assets Structure): 개인이나 기업이 보유하고 있는 다양한 자산들의 구성 비율과 형태를 의미한다. 마치 레고 블록을 가지고 집을 지을 때 어떤 종류의 블록을 얼마나 사용하는지에 따라 집의 모양과 기능이 달라지는 것처럼, 자산구조는 개인이나 기업의 재무 상태와 미래를 결정하는 중요한 요소이다.

⑩ **자본구조**(Capital Structure): 장기자금의 원천 중 타인 자본과 자기 자본의 구성 비율로 평가한다.

⑪ **재무구조**(Financial Structure): 자금이 어떻게 조달되어 어떻게 운용되었는가를 나타내는 재무상태표의 차변과 대변의 균형 상황을 나타낸다. 즉, 한 개인이나 기업의 자산, 부채, 자본이 어떤 비율로 구성되어 있는지를 나타내는 개념이다.

⑫ **투자와 융자**(Investment & Loan): 자금의 공급자가 투입된 자금의 대가로 주식 등의 소유권을 가지게 되면 투자이고, 일정한 계약에 의하여 상환받을 권리와 확정 이자를 받기로 하면 융자(차입)라 한다.

2. 창업 자금계획

1) 창업자금의 의의

창업자금은 새로운 사업을 시작하기 위해 필요한 모든 자금을 의미한다. 즉, 사업 아이템을 구체화하고, 사업체를 설립하고, 운영하기 위해 필요한 자금을 통틀어 일컫는 말이다. 아무리 좋은 기술, 좋은 아이템을 가지고 있다 하더라도 실제로 사업을 추진하는 데 필요한 자금이 부족하다면 지금까지 준비해 온 아이템을 포기 또는 변경하든가 사업 규모를 변경할 수밖에 없다. 창업의 성패는 인간적 능력에 달린 것이 아니라 자금의 동원 능력에 달려 있다.

대부분의 창업자는 그들이 창업하려는 분야에서 이미 전문가인 경우가 많다. 전문 분야에서 오랫동안 종사한 경험이 있어, 자신감을 가지고 성공할 것을 기대하며 창업을 하게 된다. 그러나 현실적으로는 창업 후에 얼마되지 못하고 폐업하는 경우가 많다. 이는 창업자의 경영관리 미숙과 시장 확보의 실패 또는 급변하는 사업 환경에 능동적으로 대처하지 못하는 등 여러 가지 이유가 있을 수 있겠지만, 사업 실패의 결정적인 원인은 창업자금의 부족이 대부분이다.

통상적으로 창업 때 자기 자본 대 타인 자본 비율이 70% 대 30%로 출발하여 창업 후에 30% 대 70%가 되는 경향이 있는데, 미국의 경우 30% 대 70%로 시작하여 70% 대 30% 되는 경향이 있다. 자기 자본이 100%인 경우 지나친 의욕과 자신감으로 신충치 못한 판단으로 위기를 자초할 가능성이 있고, 자기 자본보다 외부 차입금이 많으면 자금압박과 초조함으로 인한 심리적인 압박감이 높아서 잘못된 판단을 하는 경우도 있다.

실제 소상공인시장진흥공단에서 조사한 자료에 의하면, 소상공인 창업 과정의 애로사항 중 1위는 자금조달의 문제(44%)로 나타났다. 이러한 애로사항을 해결하기 위해 필요자금을 정확하게 추정하고 구체적인 조달 방법을 취해야 한다.

2) 창업자금 조달계획

창업자금 조달계획은 마치 건물의 설계도와 같다. 탄탄한 계획 없이 창업을 시작한다면, 예상치 못한 어려움에 부딪혀 실패할 가능성이 높아지게 된다. 대부분의 사업 실패 원인은 궁극적으로 자금 부족으로 귀결된다는 사실을 고려할 때 정확한 소요자금의 추정은 그만큼 사업 실패를 예방하는 데 도움을 준다. 따라서 사업 규모는 자금조달 능력과 연계하여 검토해야 한다. 소요자금 추정은 창업 과정과 창업 이후로 나누어서 추진하는 것이 합리적이다. 따라서 자금의 조달계획은 창업 진행 과정에서 소요되는 자금과 창업 이후에 발생하게 될 자금계획을 동시에 세워 추진하는 것이 바람직하다. 창업자금 조달계획은 다음과 같다.

① 예상 업종에 따른 소요자금을 예측한다

창업에 필요한 자금은 창업 준비자금, 고정자금, 운전자금으로 나눌 수 있다.

- 창업 준비자금은 업종과 입지를 정하고 본격적으로 사업을 개시하기 이전까지의 자금
- 고정자금은 점포에 드는 비용 즉 점포임대비, 신축비, 구입비 등
- 운전자금은 월임대료, 종업원 인건비, 재고비, 광고비, 접대비 및 기타 경비

② 자금 조달은 장기적인 계획하에 준비한다

사업과정에서 상품의 구입이나 일상적으로 지출하는 인건비나 관리비 등의 자금조달은 사업운영 과정에서 해결할 수 있지만 인테리어 교체나 점포의 확장 등 어느 정도 예견이 되는 자금 소요를 대비해 장기자금을 쌓아둘 필요가 있다.

③ 창업자금은 1.5배 이상 준비한다

필요한 자금 규모를 너무나 빠듯하게 준비했다가 낭패를 당하는 경우가 있다. 실제로 사업을 시작하다 보면 미처 생각지도 않았던 비용지출이 발생하고 정상화되기까지의 시간이 길어지면 어느 정도의 여유자금이 필요하기 때문이다. 이러한 상황을 사전에 방지하기 위해서는 약간 넉넉한 정도의 자금을 예측하고 준비할 필요가 있다.

④ 최소한 사업장의 임대는 자기 자본으로 한다

사업장 임대만은 자기 자본으로 해야 하는 이유는 매월 지출되는 사업장 임대료에 점포를 얻기 위해 빌린 돈의 이자 부담까지 더해진다면 손익을 맞추기 쉽지 않기 때문이다.

⑤ 창업 정책자금을 최대한 활용한다

창업 정책자금은 정부가 창업을 장려하고, 중소기업을 육성하기 위해 지원하는 자금이다. 저금리로 대출받거나, 보증을 통해 자금을 조달할 수 있도록 지원하며, 창업 아이템 개발, 시장진출 등을 위한 다양한 지원 프로그램을 제공함으로써 이를 최대한 활용한다.

3. 창업자금의 조달

1) 자금의 조달

자금조달이란 사업을 시작하거나 운영하기 위해 필요한 자금을 마련하는 것을 의미한다. 창업자금의 원활한 조달은 계획사업의 성공에 큰 영향을 미친다. 창업을 하고 기업을 운영하는 데 적정한 자금 규모는 어느 정도인지를 결정하는 것은 쉬운 일이 아니므로 다음과 같은 점을 고려해야 한다.

① 기업을 시작하기 위해 필요한 자금을 항목별로 모두 기록·점검하였는가? 특히 영업비용에 대한 적당한 여유자금, 생활비 및 처음 시작할 때 실패할 경우를 대비한 예비자금 항목도 모두 고려하였는가?

② 최소한 향후 3년간의 추정 재무제표와 현금 흐름표를 작성하였는가?

③ 재무계획과 예측에 대하여 금융기관 및 전문가와 의논하였는가?

④ 필요한 자금 규모를 결정하면서 표준 자본비율을 기준으로 하였는가?

⑤ 친척이나 친구로부터 초기 자금의 많은 부분을 조달한 경우라도, 기업을 그들의 우정 어린 간섭으로부터 독립적으로 운영할 수 있다고 확신하였는가?

2) 창업자금의 유형

창업을 준비하는 사람들이 가장 궁금해하는 부분 중 하나가 바로 '창업자금'일 것이다. 창업 아이템이 아무리 좋더라도, 이를 실현시킬 자금이 없다면 꿈을 펼칠 수 없기 때문이다. 창업자금은 크게 자기 자본과 타인 자본으로 나눌 수 있으며, 현금이 아닌 현물이나 시설도 포함된다.

(1) 자기 자금 조달계획

창업에 따른 적정 자기 자본 비율은 창업자의 자금조달 능력, 업종, 성장 수익성 등에 따라 다르기 때문에 일률적으로 정하기는 어려우나 안정적인 사업 궤도의 진입을 위해서는 자기 자금의 규모를 50% 이상으로 확보하는 것이 좋다.

먼저 상품지식, 거래처 확보, 경영 시스템의 안정 등의 사업기반을 안정적으로 다진 후에 그 사업에 대해 자신이 생기면 자금을 더 늘려서 사업 규모를 확대하더라도 늦지 않다.

(2) 타인 자금 조달계획

전체 소요자금 중에서 자기 자금을 제외한 나머지 부분은 모두 타인 자금으로 조달해야 한다. 금융기관의 대출이나 개인적으로 아는 사람을 통한 사채가 일반적인데 차입처에 따라 자금을 빌려주는 조건이 상이하다. 타인 자금을 조달할 때 반드시 검토해야 할 사항은 다음과 같다.

① 필요한 차입금의 규모는 정확하게 계산하였는가?
② 담보나 보증은 가능한가?
③ 상환목표는 수립되어 있는가?
④ 금융기관의 선택은 적절한가?

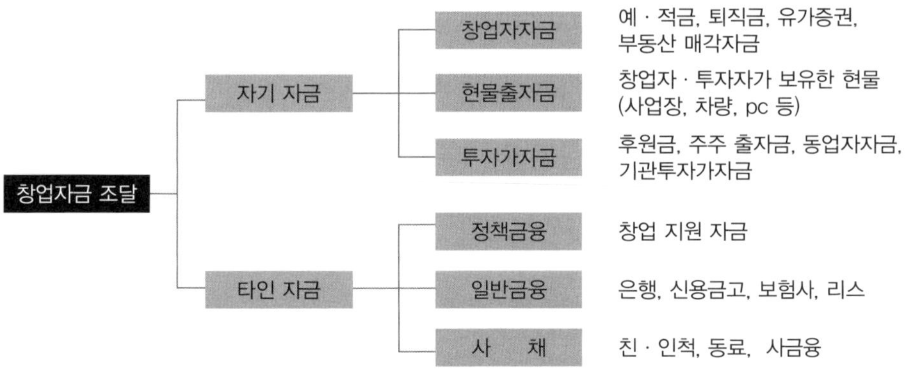

그림 7-1 창업자금의 유형

창업에 필요한 자금은 크게 시설자금과 운전자금으로 나눌 수 있다. 시설자금은 사무실 임대 또는 매입, 공장 건설 또는 임대, 생산설비 구입, 사무용품 및 집기 비품 구입 등이 있고, 운전자금은 사업을 시작한 후 물건을 팔아서 현금이 들어올 때까지 기업운영에 필요한 재료비, 인건비, 임대료, 마케팅 비용, 운송비 등이 있다. 시설자금은 자기 자본이나 장기차입금 등으로 조달하는 것이 유리하다. 단기차입금 등에 의한 조달은 자금의 유동성 부족을 초래하여 사업자금의 압박요인이 된다.

표 7-1 창업자금의 형태

구분	세부 항목	설명	주요 특징
시설자금	사무실 임대/매입	사무 공간 확보	장기 투자, 부동산 자산
	공장 건설/임대	생산 시설 확보	장기 투자, 부동산/설비 자산
	생산설비 구입	제품 생산을 위한 설비 투자	장기 투자, 유형 자산
	사무용품 구입	사무 업무에 필요한 물품 구입	단기 투자, 비품 자산
운전자금	재료비	제품 생산에 필요한 원자재 구입	지속적인 지출
	인건비	직원급여 지급	지속적인 지출
	임대료	사무실, 공장 등 임대료 지급	지속적인 지출
	마케팅 비용	제품 홍보 및 판매 활동 비용	지속적인 지출
	운송비	제품 운송 비용	지속적인 지출

3) 창업자금의 조달방법

창업 초기 단계의 창업자가 부족한 자금을 조달하는 방법은 창업자 본인이나 가족들이 자금을 모아 창업하는 경우가 대부분이다. 법인의 경우에는 주주 및 투자자의 출자금을 통해 자금을 마련하거나 지인, 금융기관, 신용보증기금, 정부출연기관, 벤처캐피털(venture capital) 등을 통해 자금을 조달할 수 있다.

(1) 직접금융 조달방식

직접금융이란 기업이 금융기관을 거치지 않고, 투자자에게 직접 주식이나 채권을 발행하여 자금을 조달하는 방식을 말하며, 직접금융 방식의 대표적인 방법으로 주식의 발행과 회사채 발행 등 2 가지를 들 수 있다.

① 주식 발행

- 신주 발행: 기존에 발행되지 않은 새로운 주식을 발행하여 자금을 조달하는 방식이다.
- 유상증자: 기존 주주들에게 우선적으로 신주를 발행하여 자금을 조달하는 방식이다.
- 기업공개(IPO): 주식을 처음으로 일반 투자자에게 공개하여 자금을 조달하는 방식이며, IPO는 기업의 성장 단계에서 가장 큰 규모의 자금을 조달할 수 있는 방법 중 하나이다.

② 채권 발행

- 회사채: 기업이 직접 발행하는 채권으로, 투자자에게 이자를 지급하고 만기 시 원금을 상환하는 방식이다.
- 전환사채(CB): 일정 조건하에서 주식으로 전환할 수 있는 채권을 말하며, 투자자는 채권의 안정적인 수익과 함께 주가 상승에 따른 추가적인 수익을 기대할 수 있다.
- 신주인수권부사채(CB): 채권과 함께 신주를 인수할 수 있는 권리가 부여된 채권을 말하며, 투자자는 채권의 이자와 함께 신주 인수를 통해 추가적인 수익을 얻을 수 있다.

③ 창업자 개인 자금

창업자가 직접 가지고 있는 현금, 부동산, 또는 다른 자산을 활용하여 창업 자금을 조달하는 것이 특징이다. 자기 소유 자금으로 창업한 경우 외부로부터 자금을 끌어 쓸 때에 비해 이자 부담과 원리금 상환 부담을 줄일 수 있어 사업이 안정적이다.

(2) 간접금융 조달방식

간접금융이란 자금을 필요로 하는 기업과 자금을 빌려주고 싶은 개인이나 기업 사이에 금융 중개 기관이라는 다리가 놓여 자금이 이동하는 방식을 말하며, 간접금융 방식의 대표적인 방법으로는 은행 차입, 매입채구, 어음 발행 등을 들 수 있다.

① 은행 대출

- 가장 일반적인 방식: 은행이 예금을 받아 기업에 빌려주는 가장 기본적인 방식이다.
- 종류: 단기 운전자금 대출, 시설자금 대출, 프로젝트 파이낸싱 등 다양한 형태가 있다.
- 특징: 상환 기간과 금리가 정해져 있으며, 담보 또는 보증이 요구되는 경우가 많은 편이다.

② 할인어음 할인

- 상업어음 할인: 기업이 거래처에 물건을 판매하고 받은 어음을 은행에 할인하여 현금을 확보하는 방식이다.
- 특징: 만기 전에 어음을 할인하기 때문에 할인율이 적용되며, 기업의 신용도가 중요하다.

③ 보증보험

- 보험 계약: 보험회사가 보험료를 받아 운용하고, 그중 일부를 기업에 투자하거나 대출해 주는 방식이다.
- 종류: 생명보험, 손해보험 등 다양한 보험 상품을 통해 자금을 조달할 수 있다.
- 특징: 장기적인 자금조달이 가능하며, 보험금 지급 의무를 부담해야 한다.

④ **증권사 펀드**

- 집합 투자: 증권사가 다수의 투자자로부터 자금을 모아 주식, 채권 등에 투자하는 방식이다.
- 종류: 주식형 펀드, 채권형 펀드, 혼합형 펀드 등 다양한 유형이 있다.
- 특징: 전문가가 자산을 운용하며, 분산 투자를 통해 위험을 줄일 수 있다.

⑤ **신탁**

- 신탁 계약: 위탁자가 재산을 수탁자에게 맡기고, 수탁자가 그 재산을 운용하여 이익을 얻는 방식이다.
- 종류: 투자 신탁, 부동산 신탁 등 다양한 유형이 있다.
- 특징: 목적에 따라 다양한 형태로 운용될 수 있으며, 전문적인 자산관리가 가능하다.

⑥ **정부출연기관**

중소기업청, 중소기업진흥공단, 테크노파크, 디지털산업진흥원, 소상공인시장 진흥공단, 등 정부기관이나 정부출연기관의 기업지원 정책자금으로 자금을 조달할 수 있다. 이들 기관은 기존 중소기업들뿐만 아니라 예비 창업자나 창업 초기 기업들에 대해서도 다양한 지원사업을 하고 있으므로 이들 기관의 홈페이지 사업공고를 수시로 참고 및 활용할 필요가 있다.

4) 자금조달 시 검토사항

(1) 직접금융 조달 시 검토해야 할 사항

직접금융은 기업이 금융기관을 거치지 않고, 투자자에게 직접 주식이나 채권을 발행하여 자금을 조달하는 방식이다. 직접금융 조달 시 검토해야 할 주요 사항은 다음과 같다.

① 투자자 확보

- 투자자 유형: 개인 투자자, 기관 투자자 등 다양한 투자자의 특성과 투자 목적을 파악해야 한다.
- 투자 유치 채널: 크라우드 펀딩, 엔젤투자, 벤처캐피탈 등 다양한 채널을 활용할 수 있는 방안을 모색해야 한다.
- IR 활동: 투자자들에게 기업의 가치를 효과적으로 전달할 수 있는 IR(Investor Relations) 활동을 체계적으로 수행해야 한다.

② 법적 절차 및 규제

- 증권 발행 절차: 증권 발행에 필요한 법적 절차를 숙지하고, 관련 법규를 준수해야 한다.
- 금융감독원 신고: 금융감독원에 증권 발행 신고를 하고, 필요한 절차를 이행해야 한다.
- 정보 공개 의무: 투자자에게 정확하고 투명한 정보를 제공해야 한다.

③ 기업가치 평가

- 기업가치 산정 방법: DCF법, 상대 가치법 등 다양한 방법을 활용하여 기업 가치를 정확하게 평가해야 한다.
- 외부 전문가 활용: 회계법인, 투자은행 등 외부 전문가의 도움을 받아 객관적인 기업가치 평가를 진행해야 한다.

④ 투자 계약

- 투자 조건: 투자금액, 지분율, 투자 시기, 투자 조건 등을 명확하게 계약에 명시해야 한다.
- 의결권: 투자자에게 부여되는 의결권 범위를 정확히 설정해야 한다.
- 경영권 변동 가능성: 투자 유치 후 경영권 변동 가능성을 고려해야 한다.

⑤ **투자 후 관리**

- 투자자와의 소통: 투자자들과 지속적으로 소통하고, 투자금 사용 내역을 투명하게 공개해야 한다.
- 성과 공유: 투자자들에게 기업의 성장과 성과를 공유하고, 투자 가치를 높여야 한다.

(2) 간접금융 조달 시 검토해야 할 사항

간접금융은 금융기관을 통해 자금을 조달하는 방식으로, 기업의 성장에 필요한 자금을 확보하는 데 중요한 역할을 한다. 하지만 효과적인 자금조달을 위해서는 다양한 요소를 신중하게 검토해야 하고, 주요 사항은 다음과 같다.

① **금융기관 선정**

- 신용도: 안정적인 자금 운용 능력을 갖춘 신용도 높은 금융기관을 선택해야 한다.
- 대출 조건: 금리, 상환 기간, 담보 요구 여부 등 다양한 대출 조건을 비교하여 유리한 조건을 제시하는 곳을 선택해야 한다.
- 관계 형성: 장기적인 거래를 위해 금융기관과의 신뢰 관계를 구축하는 것이 상당히 중요하다.

② **담보 제공**

- 담보 자산: 부동산, 유형 자산, 무형 자산 등 다양한 담보 자산을 활용할 수 있다.
- 담보 평가: 담보 자산의 가치를 정확하게 평가하고, 담보 비율을 결정해야 한다.

③ **대출 상환계획**

- 현금 흐름 분석: 기업의 현금 흐름을 분석하여 원활한 상환이 가능한지 확인해야 한다.

- 상환계획 수립: 상환 일정과 방법을 구체적으로 계획하고, 예상치 못한 상황에 대비한 비상계획을 수립해야 한다.

④ 대출 조건 협상

- 금리 협상: 금리 인하를 위해 다양한 금융기관과 협상을 진행해야 한다.
- 상환 기간 조정: 사업 특성에 맞게 상환 기간을 조정하는 것을 고려해야 한다.
- 만기 연장: 경영 상황에 따라 만기를 연장할 수 있는 조건을 협상해야 한다.

⑤ 금융상품 비교

- 대출 상품: 일반 대출, 시설자금 대출, 운전자금 대출 등 다양한 대출 상품을 비교하여 적합한 상품을 선택해야 한다.
- 보증 상품: 신용보증기금이나 기술보증기금 등의 보증 상품을 활용하여 대출 조건을 개선할 수 있다.

⑥ 리스크 관리

- 금리 변동 위험: 금리 변동에 따른 이자 부담 증가에 대비해야 한다.
- 환율변동 위험: 외화 대출의 경우 환율변동에 따른 손실 가능성을 고려해야 한다.

⑦ 정부 지원정책 활용

- 중소기업 지원정책: 정부에서 제공하는 중소기업 지원정책을 활용하여 유리한 조건으로 자금을 조달할 수 있는 방법을 활용한다.

⑧ 법률 자문

- 계약 검토: 대출 계약서를 꼼꼼히 검토하고, 법률 전문가의 자문을 구해 계약에 문제가 발생하지 않도록 한다.

5) 자금조달 시 검토사항

(1) 자기 자본 중심의 창업

① 장점

- 높은 자율성: 기업의 의사결정에 있어 높은 자율성을 확보할 수 있다.
- 빠른 의사 결정: 외부 투자자의 개입 없이 빠르게 의사 결정을 내릴 수 있다.
- 낮은 비용부담: 외부 투자유치에 따른 수수료나 지분율 희석 부담이 없는 편이다.

② 단점

- 자금 부족: 초기 자본이 부족하여 사업 확장에 어려움을 겪을 수 있다.
- 위험 부담 증가: 모든 사업 실패의 위험을 창업자가 감수해야 한다.

③ 적합한 경우

- 소규모 사업: 초기 투자금이 적은 소규모 사업에 적합하다.
- 기술력 기반 사업: 기술력을 바탕으로 빠르게 시장에 진출하고자 하는 경우에 적합하다.

(2) 타인 자본 중심의 창업

① 장점

- 빠른 성장: 외부 투자를 통해 대규모 자금을 확보하여 사업을 빠르게 확장할 수 있다.
- 전문성 확보: 투자자의 네트워크와 노하우를 활용하여 사업을 발전시킬 수 있다.

② 단점

- 자율성 감소: 투자자의 의견을 수렴해야 하므로 의사 결정에 제약을 받을 수 있다.

- 지분 희석: 투자 유치를 위해 지분을 내주어야 하므로 기업의 소유권이 희석될 수 있다.

③ **적합한 경우**

- 고성장 산업: 빠른 성장이 예상되는 산업에서 경쟁 우위를 확보하고 싶은 경우에 적합하다.
- 기술 집약적 산업: 기술 개발에 많은 자금이 필요한 산업에 적합하다.

(3) 정부 지원자금 활용 창업

① **장점**

- 저렴한 자금조달: 정부 지원자금은 일반 대출보다 낮은 금리로 이용할 수 있다.
- 다양한 지원 프로그램: 창업 초기 기업을 위한 다양한 지원 프로그램을 활용할 수 있다.

② **단점**

- 제한적인 자금 규모: 지원자금 규모가 제한적일 수 있다.
- 조건 부여: 정부 지원금을 받기 위해 일정한 조건을 충족해야 한다.

③ **적합한 경우**

- 사회적 기업: 사회적 가치를 창출하는 기업으로 인정받아 정부 지원을 받을 수 있다.
- 기술기반 스타트업: 기술력을 인정받아 정부 연구개발 지원사업에 참여할 수 있다.

(4) 크라우드 펀딩(다수자금제공) 활용 창업

① **장점**

- 다수의 투자자 확보: 많은 사람들에게 기업을 알리고, 다수의 투자자를

확보할 수 있다.

- 마케팅 효과: 크라우드 펀딩을 통해 기업의 인지도를 높일 수 있다.

② **단점**

- 불확실성: 투자 유치에 실패할 가능성이 존재하는 경우가 있다.
- 규제: 크라우드 펀딩 관련 규제를 준수해야 한다.

③ **적합한 경우**

- 아이디어 상품: 독특한 아이디어를 가진 제품이나 서비스를 개발하는 경우에 적합하다.
- 팬덤기반 사업: 특정 팬덤을 가진 분야에서 사업을 시작하는 경우에 적합하다.

Chapter 08

창업기업과 프랜차이즈 창업

창업기업과 프랜차이즈 창업 08

1. 창업기업의 설립

기업의 설립 유형은 개인기업과 법인기업으로 나눌 수 있다. 소자본 창업의 경우 일반적으로 개인기업으로 창업하는 경우가 대부분이지만 기업 규모나 예상 매출 등을 고려하여 법인기업으로 출발할 때도 있다. 개인기업과 법인기업은 설립 단계부터 자금조달, 세금까지 차이가 있으므로 자신에게 가장 적합한 기업형태가 무엇인지 파악하는 것이 중요하다. 개인기업과 법인기업의 정의와 장단점을 파악하여 어떤 유형이 적합한지 살펴보자.

1) 개인기업

개인기업은 개인이 기업의 소유자이면서 경영자인 경우를 말한다. 개인기업은 권리 능력에 아무런 제한이 없기 때문에 연령·성별·능력 등에 관계없이 누구나 설립할 수 있다.

개인기업은 별도의 회사 설립 절차 없이 사업개시일로부터 20일 내에 관할 세무서에 사업자등록증 신청만으로 설립이 가능하다. 개인기업은 설립 절차가 비교적 쉽고 간단하여 소규모 자본으로 사업을 하기에 적합한 기업이다. 또한 초기 자본조달에 어려움이 없으며, 소유와 경영이 분리되어 있지 않아 이윤 발생 시 모두 개인에게 귀속되는 장점이 있다.

(1) 개인기업의 장점

① **설립 절차가 간단:** 법인 설립에 비해 절차가 간소하여 빠르게 사업을 시작할 수 있다.

② **경영의 자유도가 높음:** 사업주가 모든 의사 결정을 독자적으로 할 수 있어 유연한 경영이 가능하다.

③ **세금 계산이 간편:** 법인세가 아닌 종합소득세를 적용받아 상대적으로 세금 부담이 적을 수 있다.

④ **사업주가 이익을 독점:** 발생하는 모든 이익을 사업주가 독점할 수 있다.

⑤ **소규모 사업에 적합:** 소규모 사업의 경우, 법인 설립에 따른 추가적인 비용과 절차를 줄일 수 있다.

(2) 개인기업의 단점

① **무한 책임:** 사업주가 사업의 모든 채무에 대해 자신의 전 재산으로 책임을 져야 한다.

② **자금조달이 어려움:** 법인에 비해 신용도가 낮아 투자 및 자금조달이 어려울 수 있다.

③ **사업주 사망 시 사업 중단 가능성:** 사업주가 사망하면 사업이 자동으로 중단될 수 있다.

④ **성장에 한계:** 사업 규모가 커지면 경영관리가 어려워지고, 전문 인력 확보에도 어려움을 겪을 수 있다.

⑤ **사업 승계가 어려움:** 사업을 다음 세대에 승계하기가 쉽지 않다.

(3) 개인기업의 설립 요건

① **인·허가의 취득:** 개인 사업을 시작하려면 사업자등록과 함께 해당 사업에 필요한 인·허가를 취득해야 한다. 인 · 허가는 사업의 종류와 규모에 따라 달라지며, 이를 제대로 준비하지 않으면 불법 영업으로 이어져 행정 처분을 받을 수 있기 때문에 해당 관청이나 지방자치단체에서 인 · 허가를 받아야 한다.

② **사업자등록:** 신규로 사업을 시작하는 경우는 사업장마다 사업 시작일로부터 20일 이내에 사업장 소재지 관할 세무서에 사업자등록 신청서를 제출하고, 필요한 서류를 함께 제출해야 한다. 등록에 필요한 서류는 신청서, 사업계획서, 임대차 계약서, 주민등록등본이 필요하다.

③ **기타 신고사항:** 사업자 등록이 끝나면 법적으로 사업을 시작할 수 있는 자격이 되었지만, 사업을 영위하는 데 필요한 근로자 명부, 임금 대장의 작성, 취업규칙의 작성, 국민연금, 의료보험, 산업재해보험 및 고용보험 등 행정 절차상 필요한 사항을 신고하여야 한다.

(4) 개인기업의 설립 절차

사업개시
재화와 용역의 공급 시작

사업자등록
소재지의 관할 세무서에 등록

인 · 허가 취득
해당 업종의 소관부처에서 인 · 허가 취득

사업계획 수립
사업규모 · 기업 형태 등 결정

사업 아이템 선정
예비 아이템 선정 · 사업 타당성 조사

2) 법인기업

법인기업은 기업 자체가 법인격을 가지고 권리와 의무의 주체가 되며 기업의 소유자로부터 분리되어 존재할 수 있는 기업이다. 초기 투자 유치가 필요한 개인기업보다는 법인기업이 자금조달 부문에서 쉬우므로 법인기업으로 설립하는 것이 유리하다. 일반적으로 개인기업으로 시작하여 법인기업으로 전환하는 것도 가능하다.

법인기업을 설립하는 경우는 개인기업 설립보다 복잡한 절차를 거쳐야 하며, 법인설립등기 및 사업자등록신청으로 설립한다. 법인기업은 주주 및 임원 구성, 정관 작성, 자본금 납입, 법인 설립등기, 등록면허세 등 설립비용이 발생한다. 법인기업은 인·허가, 등록 등을 요하는 경우 추가적인 절차가 필요하다. 법인기업은 주식, 사채발행 등 자금조달이 쉽고 대규모 자본 형성이 쉬우며, 개인기업에 비하여 기업공신력이 높다. 또한, 법인기업은 관련 법령 적용으로 개인기업보다 행정 및 회계 처리가 복잡하다.

(1) 법인기업의 장점

① **유한 책임:** 주주는 투자한 자본의 한도 내에서만 책임을 지므로, 개인 재산이 회사의 부채에 대해 위험에 노출되는 것을 방지할 수 있다.

② **자금조달 용이:** 주식발행을 통해 다수의 투자자로부터 자금을 조달할 수 있어 개인기업보다 자금조달이 용이하다.

③ **신용도 향상:** 법인은 개인보다 신용도가 높아 금융기관에서 대출을 받거나 사업 파트너를 확보하기 유리하다.

④ **영속성:** 법인은 설립된 목적을 달성하거나 해산하기 전까지는 계속 존속하게 되고, 주주가 변경되더라도 법인 자체는 유지된다.

⑤ **전문 경영인 확보:** 전문 경영인을 고용하여 경영을 위임할 수 있다.

⑥ **사업 승계 용이:** 주식을 상속하거나 양도함으로써 사업 승계가 용이하다.

⑦ **세제 혜택:** 법인세율이 소득세율보다 낮은 경우가 많아 절세 효과를 볼 수 있다(단, 세법 개정에 따라 달라질 수 있으므로 전문가와 상담 필요).

⑧ **대외 신뢰도 향상:** 법인은 개인사업자보다 대외적인 신뢰도가 높아 고객이나 거래처 확보에 유리하다.

(2) 법인기업의 단점

① **설립 절차가 복잡:** 개인기업에 비해 설립 절차가 복잡하고 시간이 많이 소요된다.

② **운영 비용 증가:** 법인 운영에 필요한 비용(회계 감사, 법인세 등)이 추가로 발생한다.

③ **법적 규제 강화:** 법인은 상법 등 다양한 법률의 규제를 받는다.

④ **의사 결정 과정이 복잡:** 주주총회 등을 거쳐 의사 결정을 해야 하므로 의사 결정 과정이 복잡할 수 있다.

⑤ **소유와 경영의 분리:** 소유주와 경영자가 분리될 경우, 소유주는 경영에 참여하기 어려울 수 있다.

(3) 법인기업의 설립요건

① **자본금**

- 최저 자본금 규정 폐지: 과거에는 최저 자본금이 정해져 있었지만, 현재는 폐지되어 자유롭게 자본금을 설정할 수 있다.
- 실질 자본: 다만, 자본금은 실제 사업 운영에 필요한 자본으로 충당되어야 한다.

② **주주**

- 1인 이상: 법인 설립을 위해서는 최소 1명 이상의 주주가 필요하다.
- 주식 소유: 주주는 회사의 주식을 소유하고, 이를 통해 회사를 운영하고 이익을 배당받을 권리를 갖는다.

③ **이사**

- 1인 이상: 법인을 대표하고 회사의 업무를 집행하는 이사를 1명 이상

선임해야 한다.

- 대표이사: 이사 중 1명을 대표이사로 선임하여 회사를 대표하게 한다.

④ **정관**

- 회사의 기본 규약: 회사의 목적, 자본금, 주식, 이사의 권한과 의무 등 회사 운영에 필요한 모든 사항을 규정한 문서를 작성한다.
- 필수 기재 사항: 「상법」에서 정한 필수 기재 사항을 빠짐없이 기재해야 한다.

⑤ **사업목적**

- 명확한 사업목적: 회사가 영위할 사업의 종류와 내용을 명확하게 규정한다.
- 목적 사업 변경: 사업목적은 정관 변경을 통해 변경할 수 있다.

⑥ **주소**

- 본점 소재지: 회사의 주된 사무소의 소재지를 정해야 한다.

⑦ **설립등기**

- 등기소에 신청: 위의 요건을 갖추고 정해진 서류를 준비하여 등기소에 법인 설립등기를 신청한다.
- 등기 완료: 등기가 완료되면 법인격이 부여되고, 법인등기부 등본을 발급받는다.

(4) 법인기업의 설립 절차

법인설립 계획 수립

사업목적, 자본금 주주 구성

정관 작성

회사의 기본 규약인 정관을 작성

주식 발행

주식을 발행하고 주주명부 작성

임원 선임

이사, 감사 등 임원을 선임

등기 신청

필요한 서류를 가지고 등기소에 법인설립 등기 신청

사업자등록

법인등기부등본을 가지고 세무서에 사업자등록

3) 개인기업과 법인기업의 비교

(1) 법률 형태상의 비교

기업의 법률적 형태에 있어서 중요한 것은 개인기업과 회사 형태의 기업이다. 개인기업은 기업이 완전한 법인격이 없으므로 소유자에게 종속되는 기업이고, 회사 형태의 기업은 완전한 법인격을 가지고 스스로의 권리와 의무의 주체가 되며 기업의 소유자로부터 분리되어 영속성이 존재할 수 있는 기업이다.

일반적인 회사의 형태는 주식회사이며 합자회사, 합명회사 및 유한회사는 거의 없다고 보아도 무방하다. 그러나 회사의 개념에는 들어가지 않으나 개인사업자 형태의 개인기업이 많이 존재한다.

구분	개인기업	법인기업
장점	• 설립등기가 필요없고 사업자등록만으로 사업 개시가 가능하므로 기업 설립이 용이 • 기업이윤 전부를 기업주가 독점할 수 있음 • 창업비용과 창업자금이 비교적 적게 소요되어 소자본을 가진 창업자도 창업 가능 • 일정 규모 이상으로는 성장하지 않는 중소규모의 사업에 안정적이고 적합 • 기업 활동에 있어 자유롭고, 신속한 계획 수립, 계획 변경 등이 용이 • 개인기업은 인적 조직체로서 제조방법, 자금 운용상의 비밀유지가 가능	• 대표자는 회사 운영에 대해 일정한 책임을 지며, 주주는 주금납입을 한도로 채무자에 대해 유한 책임을 짐 • 사업 양도 시에는 주식을 양도하면 되므로 주식양도에 대하여 원칙적으로 낮은 세율의 양도소득세가 부과됨. 또한, 주식을 상장 후에 양도하면 세금이 없음 • 일정 규모 이상으로 성장 가능한 유망사업의 경우에 적합 • 주식회사는 신주 발행 및 회사채 발행 등을 통한 다수인으로부터 자본조달이 용이 • 대외공신력과 신용도가 높기 때문에 영업수행과 관공서, 금융기관 등과의 거래에 있어서도 유리
단점	• 대표자는 채무자에 대하여 무한책임을 짐 • 대표자가 바뀌는 경우에는 폐업을 하고, 신규로 사업자등록을 해야 하므로 기업의 계속성이 단절됨 • 사업 양도 시에는 양도된 영업권 또는 부동산에 대하여 높은 양도소득세가 부과됨	• 설립 절차가 복잡하고 최소한 5천만 원 이상의 자본금이 있어야 설립이 가능 * 주식회사인 벤처기업의 설립 자본은 2천만 원 이상임 • 대표자가 기업자금을 개인용도로 사용하면 회사는 대표자로부터 이자를 받아야 하는 등 세제상의 불이익이 있음

(2) 과세상의 비교

개인기업은 「소득세법」의 적용을 받으므로 과세기간은 매년 1월 1일부터 12월 31일까지이며, 과세소득은 총수입에서 필요경비를 공제한 금액이 되며, 대차대조표 공고의무가 없다.

이에 반해, 법인은 「법인세법」의 적용을 받고, 그 과세기간은 정관과 규칙에서 정하는 회계기간에 따라 달라지며 과세소득은 익금총액에서 손금총액을 공제한 금액이다.

내용	개인기업	법인기업
과세근거법	• 소득세법	• 법인세법
과세기간	• 매년 1월 1일부터 12월 31일까지	• 정관에 정하는 회계기간
과세소득	• 총 수입금액—필요경비	• 익금의 총액—손금의 총액
과세범위	• 특정 소득에 대해서는 종합과세를 하지 않고 원천징수만으로 분리과세	• 분리과세가 인정되지 않음
이중과세 여부	• 하나의 원천소득에 대해 이중과세가 되지 않음	• 법인에게 법인세 과세 후, 주주의 배당에 대해 소득세 과세
세율구조	• 세율: 10%~40%로 누진 적용 • 주민세: 소득세의 10%	• 세율: 16%~28% • 주민세: 법인세의 10%
납세지	• 개인기업의 주소지	• 법인등기부등본상의 본점/주사무소
기장의 의무	• 수입 금액에 따라 일기장의무자, 간이장부의무자, 복식부기의무자로 구분	• 수입금액에 관계없이 복식부기의무자
외부감사제도	• 적용되지 않음	• 자산총액이 60억 원 이상인 경우, 공인회계사의 감사를 받음

(3) 회계 처리상의 비교

① 대표자의 인건비

법인의 대표이사는 고용관계에 의하여 근로를 제공하므로 그 대가인 임원 보수와 상여금을 손금에 산입한다. 이에 반해, 개인기업의 대표는 사업의 경영 주체로서 고용관계에 있지 아니하므로 급여를 지급받을 수 없다. 급여를 지급받아도 그것은 출자금의 인출에 불과하므로 필요경비에 산입하지 아니한다.

② 퇴직급여충당금 설정

「법인세법」은 1년 이상 근속한 모든 임직원에 대해 퇴직급여충당금을 설정할 수 있다. 따라서, 대표이사도 퇴직급여충당금의 대상이 될 수 있으나 개인

기업의 대표는 「소득세법」상 퇴직급여충당금 설정 대상이 아니다.

③ 이연자산의 종류

「법인세법」은 법인의 이연자산을 창업비, 개업비, 신주발행비, 연구개발비, 사용수익기부 자산가액 등 6가지로 인정하고 있으나, 개인사업자는 설립등기가 필요없고, 신주를 발행하지 못하므로 「소득세법」은 개인기업의 이연자산을 개업비, 연구개발비, 사용수익 기부자산가액 등 3가지만 인정하고 있다.

④ 대손충당금 설정 대상

「법인세법」은 대손충당금 설정 대상 채권을 소비대차계약에 의한 대여금과 미수금을 포함하고 있으나, 「소득세법」은 사업과 관련된 채권만 대손충당금 설정대상으로 규정하고 있으므로 소비대차계약에 의한 대여금과 정상적인 사업거래에서 발생하지 않는 투자자산, 유형자산 처분미수금은 대손충당금을 설정할 수 없다.

⑤ 기타 차이

출자금의 자금인출에 대한 인정이자 익금산입, 시설개체 기술낙후로 인한 생산설비의 폐기손실 손금산입, 양도자산 상각부인액 손금산입, 이자비용 손금불산입 부인규정, 일시상각 충당금 설정 등에 있어서 회계 처리상에 상당한 차이가 있다.

2. 프랜차이즈 창업

1) 프랜차이즈 사업의 의의

프랜차이즈(Framchise) 사업은 가맹사업본부(Franchisor)와 가맹점(Franchisee)이 계약에 의해 상품 공급, 조직, 교육, 영업, 관리, 점포 개설 등의 노하우를 브랜드와 함께 제공하며 상생하는 사업을 영위해 나가는 형태이다. 가맹본부가 상품의 개발, 상품의 판매권, 상호사용권, 경영기술의 제공 및 판매촉진 등의 운영에 대한 정보제공과 영업활동을 해주고 가맹점은 일정한 사용료(Royalty)를 내고 그 효과를 얻고 판매에만 전념하는 영업 형태이다.

가맹사업본부는 가맹점 확장으로 인하여 가맹비, 사용료(Royalty), 상품판매이익 등을 수입으로 확보할 수 있어서 이해당사자 모두 이익이 될 수 있다. 그러므로 프랜차이즈 사업은 본사 및 가맹점이 상호 신뢰성을 가지고 건전하게 잘 운영해 나간다면 서로에게 이익을 줄 수 있는 사업 시스템이다.

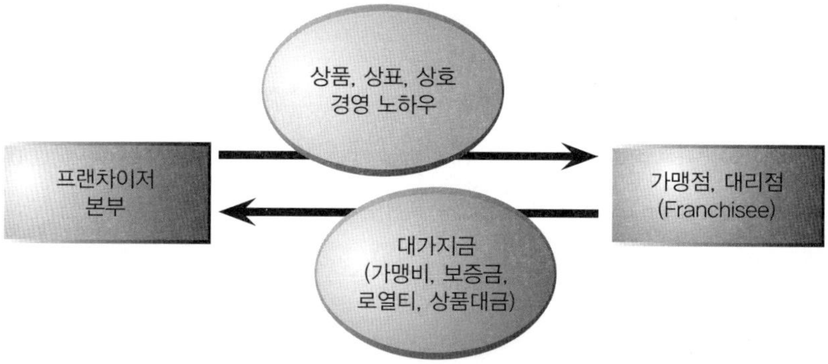

그림 8-1 프랜차이즈 시스템

(1) 프랜차이즈(Franchise, 가맹사업)

「가맹사업법」에 의해 특정 상품이나 서비스를 제공하는 본사(가맹본부)가 자신의 상표, 영업 노하우, 시스템 등을 다른 사업자(가맹점주)에게 제공하고, 가맹점주는 이를 활용하여 사업을 운영하는 계약 관계이다.

(2) 프랜차이즈 시스템(Franchise system)

하나의 브랜드를 중심으로 여러 개의 사업체가 동일한 상품이나 서비스를 제공하는 사업 모델을 가능하게 하는 체계를 말하며, 본사(가맹본부)가 개발한 노하우, 브랜드, 시스템 등을 가맹점주에게 제공하여 가맹점주가 이를 활용하여 사업을 운영하는 것이다.

(3) 프랜차이저(Franchisor, 가맹사업자)

특정 상품이나 서비스에 대한 독자적인 브랜드, 운영 노하우, 시스템 등을 갖고 있고, 이를 다른 사업자(가맹점주)에게 제공하는 자(가맹본부)를 말한다.

(4) 프랜차이지(Franchisee, 가맹계약자)

이미 잘 알려진 브랜드의 상품이나 서비스를 판매하는 사업을 운영하는 사람 또는 기업을 말한다. 즉, 가맹점주라고도 부르며, 프랜차이즈 본사(가맹본부)와 계약을 맺고 본사가 제공하는 시스템, 브랜드, 노하우 등을 활용하여 사업을 운영하는 것(가입자)이다.

2) 체인의 형태

(1) 직영 체인(Regular Chain)

① **정의:** 본사가 직접 운영하는 체인점을 말한다.

② **특징**

- 모든 점포가 본사 소유이며, 본사에서 직접 관리한다.
- 표준화된 상품과 서비스를 제공하며, 브랜드 이미지를 통일적으로 관리한다.
- 신속한 의사 결정과 효율적인 운영이 가능하다.

③ **예시:** 스타벅스 리저브 로스터리, 애플 스토어 등 대형 기업의 프리미엄 매장

(2) 프랜차이즈 체인(Franchise Chain)

① **정의:** 본사가 가맹점주에게 브랜드 사용권을 주고, 가맹점주가 직접 운영하는 체인점이다.

② **특징**

- 본사는 브랜드, 시스템, 상품 등을 제공하고, 가맹점주는 이를 활용하여 사업을 운영하는 경우이다.
- 가맹점주는 자율성을 가지지만, 본사의 기준을 따라야 한다.

• 빠른 시장 확장이 가능하며, 다양한 지역에서 동일한 품질의 상품과 서비스를 제공할 수 있다.

③ **예시:** 치킨 프랜차이즈, 커피 프랜차이즈 등 일반적인 프랜차이즈 형태

(3) 자발적 체인(Voluntary Chain)

① **정의:** 독립적인 소매상들이 공동의 이익을 위해 연합하여 만든 체인점이다.

② **특징**

• 각 가맹점은 독립적인 사업주이지만, 공동 구매, 공동 광고 등을 통해 시너지 효과를 창출할 수 있다.

• 본사는 가맹점을 지원하고, 공동 브랜드를 관리하지만, 프랜차이즈 체인처럼 강력한 통제력을 행사하지는 않는다.

③ **예시:** 지역 슈퍼마켓 연합, 동네 빵집 연합 등

표 8-1 각 체인의 비교

내용	직영 체인	프랜차이즈 체인	자발적 체인
소유주	• 기업 본사	• 가맹점주	• 각 가맹점주
운영	• 본사 직접 운영	• 가맹점주 운영	• 가맹점주 자율 운영
브랜드 관리	• 본사 중심	• 본사 중심	• 공동 관리
시스템	• 표준화된 시스템	• 본사 시스템 준수	• 상대적으로 자유로운 시스템
장점	• 빠른 의사 결정, 브랜드 이미지 통일	• 빠른 시장 확장, 다양한 지역 진출	• 자율성, 공동 이익
단점	• 높은 초기 투자 비용, 유연성 부족	• 자율성 제한, 로열티 부담	• 통일성 부족, 경쟁 심화

3) 프랜차이즈 유형

(1) 사업 형태에 따른 분류

① **제품 유통형 프랜차이즈:** 본사가 생산한 제품을 가맹점에 공급하고, 가맹점은 이를 판매하는 형태(예: 자동차 부품 판매점, 식품 유통점)

② **사업형 프랜차이즈:** 본사가 개발한 사업 시스템 전체를 가맹점에 제공하는 형태(예: 패스트푸드점, 커피숍, 학원 등)

(2) 운영 시스템에 따른 분류

① **직영 체인:** 본사가 직접 운영하는 체인점으로, 높은 수준의 표준화와 통제가 가능(예: 스타벅스 리저브 로스터리)

② **프랜차이즈 체인:** 본사가 가맹점주에게 브랜드 사용권을 주고, 가맹점주가 직접 운영하는 체인점(예: 치킨 프랜차이즈, 커피 프랜차이즈)

③ **자발적 체인:** 독립적인 소매상들이 공동의 이익을 위해 연합하여 만든 체인점(예: 지역 슈퍼마켓 연합)

(3) 지역 권한 범위에 따른 분류

① **마스터 프랜차이즈:** 특정 지역에 대한 독점적인 권한을 부여받아, 해당 지역 내에서 하위 가맹점을 모집하고 관리하는 형태

(4) 제공 서비스에 따른 분류

① **제품 판매형:** 제품을 생산하거나 구매하여 가맹점에 공급하고, 가맹점은 이를 판매하는 형태

② **서비스 제공형:** 서비스를 제공하는 형태로, 미용실, 학원 등이 해당

(5) 기타 분류

① **취업형 프랜차이즈:** 가맹점에서 근무하는 직원에게 일자리를 제공하는 형태

② **투자형 프랜차이즈:** 부동산 등에 투자하여 수익을 창출하는 형태

4) 프랜차이저와 프랜차이지의 장단점

(1) 프랜차이저의 장점

① **빠른 시장 확장:** 자본 투자 없이도 빠르게 사업을 확장하고 성장시킬 수 있다. 가맹점주들이 각 지역에 직접 매장을 오픈하며, 브랜드 인지도를 높이고 시장점유율을 확대할 수 있다.

② **규모의 경제 실현:** 대량 구매를 통한 원자재 비용 절감, 공동 마케팅 등 규모의 경제를 실현하여 수익성을 높일 수 있다.

③ **안정적인 수입:** 가맹비, 로열티 등을 통해 안정적인 수입을 확보할 수 있다.

④ **브랜드 가치 제고:** 일관된 품질과 서비스를 제공하여 브랜드 이미지를 강화하고, 소비자들의 신뢰를 얻을 수 있다.

⑤ **전문 경영 시스템 구축:** 프랜차이즈 시스템을 구축하며, 효율적인 경영 시스템을 갖출 수 있다.

(2) 프랜차이저의 단점

① **가맹점 관리의 어려움:** 다수의 가맹점을 관리해야 하므로, 각 가맹점의 특성과 문제점을 파악하고 해결하는 것이 어려울 수 있다.

② **브랜드 이미지 손상 위험:** 일부 가맹점의 완전히 통제하기가 어려워 부실 운영으로 인해 브랜드 이미지가 손상될 수 있다.

③ **법적 분쟁 가능성:** 가맹점주와의 계약 관련 분쟁이 발생할 수 있으며, 관련 법규를 준수해야 할 의무가 있다.

④ **마케팅 비용부담:** 브랜드 인지도를 높이고 경쟁 우위를 확보하기 위해 지속적인 마케팅 비용을 투자해야 한다.

⑤ **시장 변화에 대한 적응:** 시장 환경 변화에 빠르게 대응하고, 프랜차이즈 시스템을 개선해야 할 필요성이 있다.

(3) 프랜차이지의 장점

① **안정적인 사업 운영:** 이미 검증된 사업 모델을 이용하기 때문에 실패 위험을 줄일 수 있고 안정적으로 사업을 시작할 수 있다.

② **빠른 시장진출:** 잘 알려진 브랜드를 활용하여 빠르게 시장에 진출할 수 있고, 가치가 높은 브랜드를 활용할 수 있는 것은 프랜차이즈 시스템의 큰 장점이다.

③ **대량 구매에 의한 원가절감:** 본사를 통해 대량으로 물품을 구매하여 원가를 절감할 수 있고, 많은 프랜차이지가 구매함에 따라 구매가격의 인하를 가져온다.

④ **체계적인 시스템 제공:** 본사에서 제공하는 체계적인 시스템(교육훈련, 공동광고)을 통해 효율적으로 사업을 운영할 수 있다.

(4) 프랜차이지의 단점

① **초기 투자 비용:** 가맹비, 인테리어 비용 등 상당한 초기 투자 비용이 필요하다.

② **독자적 경영권 제한:** 프랜차이지가 되면 프랜차이저의 경영정책에 따라서 경영 활동을 해야 한다. 따라서 본사의 시스템과 기준을 따라야 하므로, 자율적인 의사 결정이 어려울 수 있다.

③ **로열티 지불:** 매출액의 일정 비율을 로열티로 지불해야 한다.

④ **경쟁 심화:** 동일한 브랜드의 다른 가맹점과의 경쟁이 발생할 수 있다.

⑤ **본사의 정책 변화:** 본사의 정책 변화에 따라 운영 방식을 변경해야 하는 경우도 있다.

5) 프랜차이즈 창업과 독립 창업

창업을 준비하는 예비 창업자에게 아이템 선정과 함께 프랜차이즈 형태로 운영할 것인지 또는 독립 점포를 운영할 것인지 결정해야 하는 일이 중요하다. 최근에는 프랜차이즈 창업이 확산되는 경향이 뚜렷하다.

체인점 창업이냐 독립점 창업이냐 하는 점포운영 형태를 결정하는 것은 업종을 선택하는 일과 떨어져 생각할 수 없는데, 그것은 업종마다 운영 형태가 정해져 있기 때문이다.

패스트푸드점이나 특별한 노하우와 브랜드 인지도가 필요한 업종은 독립점 창업이 어려운 것이 사실이어서 프랜차이즈 형태가 유리하고, 특별한 노하우 필요 없이 상품의 구매 경로만 잘 알고 있으면 되는 업종이나, 약간의 경험과 노력만 있으면 할 수 있는 업종은 독립 창업 형태가 유리하다.

표 8-2 프랜차이즈 창업과 독립 창업의 비교

구분	프랜차이즈 창업	독립 창업
창업 방식	• 다른 사람이 만들어 놓은 시스템 이용	• 본인이 직접 점포를 오픈
사업 형태	• 초보 사업자에게 유리함	• 경험자에게 유리함
창업 비용	• 가맹비, 보증금, 로열티 같은 부대 비용과 옵션이 추가됨	• 창업 비용 절감(본부에 지불하는 비용 절감)
마진율	• 낮음	• 높음
상호	• 본부 브랜드 사용	• 독자적인 상호 개발
인테리어	• 본부의 통일된 컨셉	• 창업자의 독자적인 컨셉
상품구매	• 본부가 공급	• 독자적인 구매처 확보
경영 노하우	• 본부가 경영 노하우 제공	• 독자적인 경영 노하우 개발
경영 대처 능력	• 본부의 통일된 의사결정으로 신속한 대응 불가능	• 고객 요구나 시장 변화에 신속한 대응 가능
성장 가능성	• 가맹점 수 확대를 통한 성장 가능성이 높음	• 성공할 경우 프랜차이즈 본부로 도약이 가능함
홍보마케팅	• 본부의 공동 마케팅 지원	• 독자적인 홍보전략 구사
상권조사	• 본부에서 입지조건 또는 상권조사 조언	• 창업자 스스로 판단
창업소요기간	• 창업기간 단축	• 창업기간이 오래 걸림

6) 프랜차이즈 창업의 성공요소

(1) 상표인지도

① **브랜드 인지도 향상:** 소비자들이 쉽게 알아볼 수 있는 강력한 브랜드 이미지를 구축할 필요성이 있다.

② **긍정적인 브랜드 이미지 형성:** 품질, 서비스, 가치 등 긍정적인 이미지를 통해 소비자의 신뢰를 얻어야 한다.

③ **차별화된 브랜드 스토리:** 경쟁 브랜드와 차별화되는 독특한 브랜드 스토리를 만들어 소비자의 기억에 오래 남도록 해야 한다.

④ **효과적인 마케팅 전략:** TV 광고, SNS 마케팅, 오프라인 홍보 등 다양한 채널을 활용하여 브랜드 인지도를 높여야 한다.

(2) 운영 시스템 확립

① **표준화된 운영 매뉴얼:** 모든 가맹점에서 동일한 품질의 상품과 서비스를 제공할 수 있도록 표준화된 운영 매뉴얼을 구축해야 한다.

② **효율적인 물류 시스템:** 원자재를 안정적으로 공급하고, 재고 관리를 효율적으로 할 수 있는 시스템을 구축해야 한다.

③ **철저한 교육 시스템:** 가맹점주와 직원들에게 체계적인 교육을 제공하여 서비스 품질을 유지해야 한다.

④ **IT 시스템 활용:** POS 시스템, CRM 시스템 등 IT 시스템을 활용하여 운영 효율성을 높여야 한다.

(3) 지속적인 지원

① **가맹점 교육:** 지속적인 교육 프로그램을 통해 가맹점주와 직원들의 역량을 강화해야 한다.

② **마케팅 지원:** 공동 마케팅 프로그램을 통해 가맹점의 매출 증대를 지원해야 한다.

③ **현장 지원:** 가맹점 방문을 통해 문제점을 파악하고 개선 방안을 모색해야 한다.

④ **신제품 개발 및 메뉴 개선:** 시장 트렌드에 맞춰 새로운 메뉴를 개발하고, 기존 메뉴를 개선해야 한다.

7) 프랜차이즈 본부의 기능

프랜차이즈는 우수한 경영기술과 비결을 가진 프랜차이저를 본사로 하고, 자본과 노력을 제공하는 프랜차이지를 가맹점으로 하여 쌍방의 계약으로 일체감 있는 조직으로 결속한 사업 형태이다. 프랜차이즈 본사는 가맹점에게 가맹료와 로열티 등을 받는 대신 가맹점을 위해서 다음과 같은 역할을 한다.

(1) 시스템 개발

본사의 가장 중요한 기능은 원자재 개발, 제품 및 서비스 개발, 교육 훈련, 판매촉진 등 각각의 기능을 통합하여 프랜차이즈 상품을 만들어 내는 일이다.

(2) 원자재 개발

경쟁력 있는 제품을 소비자에게 판매하기 위해 본사에서 우수한 원자재를 개발해야 한다. 또한, 프랜차이즈 시스템의 본사는 지속적으로 질 좋은 원자재를 각 가맹점에 공급해 주어야 하므로 합리적인 공급 체계를 갖추어야 한다.

(3) 제품 및 서비스 개발

소비자가 선호하는 차별화된 제품과 서비스 매뉴얼 개발은 프랜차이즈 시스템의 성공을 위한 필수조건이다. 경쟁력 있는 독자적인 제품과 서비스 체계를 갖춘다면 프랜차이즈 본사로서는 가맹점 확보를 할 수 있고, 가맹점은 많은 고객을 확보할 수 있으므로 안정적인 운영이 가능하다.

(4) 교육과 훈련

교육과 훈련은 프랜차이즈 본사가 가맹점 경영주에게 창업에 앞서 또는 필요시 실시하는 것으로 교육의 질과 내용이 중요하다. 아무리 본사에서 훌륭한 프랜차이즈 상품을 개발하더라도 가맹점에서 판매 활동을 잘하지 못한다면 고객을 확보할 수 없을 것이다.

(5) 판촉 활동

점포의 형태, 레이아웃, 인테리어 등은 가맹점 개점 시 지원되는 사항이다. 또한, 개점 이후에 변화하는 시장 환경에 대처하고 영업이익을 높이기 위한 판매촉진 지원활동을 하게 된다. 이 활동은 프랜차이즈 본부와 가맹점들 전체의 이미지와 매출에 영향을 줄 수 있다.

(6) 법률 및 행정지원

프랜차이즈 본사는 단순히 브랜드와 상품을 제공하는 것을 넘어, 가맹점이 안정적으로 사업을 운영할 수 있도록 다양한 지원을 제공한다. 그중에서도 법률 및 행정 지원은 가맹점이 겪을 수 있는 법적인 문제나 행정적인 어려움을 해결하고, 안정적인 사업 운영을 돕는 중요한 역할을 한다.

8) 프랜차이즈 창업의 절차

프랜차이즈 창업은 검증된 사업 모델을 활용하여 안정적인 수익을 창출할 수 있는 매력적인 사업 기회이다. 하지만 프랜차이즈 본사가 결정된 후 가맹을 위한 요령이나 절차는 업종 및 본사의 성격에 따라 차이가 있다. 성공적인 프랜차이즈 창업을 위해서는 체계적인 준비와 절차를 거쳐야 하는데, 일반적인 절차는 다음과 같다.

(1) 아이템 선정 및 시장 조사

① **아이템 선정:** 본인의 관심 분야, 경험, 시장성 등을 종합적으로 고려하여 적합한 프랜차이즈 아이템을 선정한다.

② **시장 조사:** 선정된 아이템의 시장 규모, 경쟁 상황, 트렌드 등을 면밀히 분석한다.

(2) 프랜차이즈 브랜드 선정

① **브랜드 정보 수집:** 여러 프랜차이즈 브랜드의 정보를 수집하고 비교 분석하여 결정한다.

② **본사 방문:** 직접 본사를 방문하여 시스템, 지원 체계, 가맹점 성공 사례 등을 확인한다.

③ **가맹 계약서 검토:** 가맹 계약서 내용(로열티 비용, 개설 비용, 임대 계약서, 지적재산 관리)을 꼼꼼히 검토하고, 법률 전문가의 자문을 받아 계약을 하는 것이 좋다.

(3) 상권분석 및 입지선정

① **상권분석:** 목표 상권의 인구, 소득 수준, 경쟁업체 현황 등을 분석한다.

② **입지선정:** 분석 결과를 바탕으로 최적의 입지를 선정한다.

(4) 가맹 계약 체결

① **계약조건 협상:** 가맹비, 로열티, 물품 공급 조건 등을 협상하고 계약서를 작성한다.

② **계약 체결:** 최종 계약서에 서명하고 계약금을 지불한다.

(5) 점포 인테리어 및 설비 구축

① **인테리어 시공:** 본사에서 제공하는 디자인 가이드 라인에 따라 인테리어를 시공한다.

② **설비 구축:** 필요한 설비를 구축하고, 본사에서 제공하는 교육을 받는다.

(6) 오픈 준비 및 교육

① **오픈 준비:** 오픈 전 최종 점검을 하고, 오픈 행사를 준비한다.

② **교육 이수:** 본사에서 제공하는 교육 프로그램에 참여하여 제품, 서비스, 운영 시스템 등에 대한 교육을 받는다.

(7) 오픈 및 운영

① **오픈:** 모든 준비를 마치고 가맹점을 오픈한다.

② **운영:** 본사의 지원을 받아 가맹점을 운영하고, 브랜드 이미지를 유지하고 고객 만족도를 높이는 데 주력해야 한다.

9) 프랜차이즈 사업 선택 시 점검사항

프랜차이즈 사업은 검증된 시스템과 브랜드 인지도를 활용하여 안정적인 수익을 얻을 수 있는 매력적인 창업 아이템이다. 하지만 성공적인 프랜차이즈 사업을 위해서는 신중한 선택이 필요하다. 다음은 프랜차이즈 사업 선택 시 꼼꼼하게 점검해야 할 사항들이다.

(1) 프랜차이즈 본사 분석

① **기업의 역사와 규모:** 오랜 기간 동안 안정적으로 운영되어 온 기업인지, 충분한 자본력을 갖추고 있는지 확인해야 한다.

② **가맹점 수:** 성공적인 가맹점 수는 본사의 시스템과 지원 체계가 안정적임을 보여주는 지표이다.

③ **법적 문제:** 소송, 가맹 계약 관련 분쟁 등 법적 문제가 있는지 확인해야 한다.

④ **재무 상태:** 본사의 재무 상태를 확인하여 안정적인 수익을 창출하고 있는지 확인해야 한다.

⑤ **교육 및 지원 시스템:** 가맹점주 교육 프로그램, 운영 시스템 지원, 마케팅 지원 등 본사에서 제공하는 지원 내용을 꼼꼼히 확인해야 한다.

(2) 브랜드 경쟁력 분석

① **브랜드 인지도:** 소비자에게 잘 알려진 브랜드인지, 차별화된 경쟁력을 갖추고 있는지 확인해야 한다.

② **시장 경쟁력:** 해당 시장에서의 경쟁력을 분석하고, 지속적인 성장 가능성을 평가해야 한다.

③ **트렌드 반영:** 시장 트렌드를 반영하여 지속적으로 변화하고 발전하는 브랜드인지 확인해야 하고 계속적으로 수요가 창출될 수 있는지를 점검한다.

(3) 가맹 계약조건 꼼꼼히 확인

① **가맹비, 로열티:** 가맹비, 로열티 등 비용부담이 적절한지 확인해야 한다.

② **계약 기간:** 계약 기간, 해지 조건 등을 꼼꼼히 확인해야 한다.

③ **물품 공급:** 물품 공급 조건, 품질 보증 등을 확인해야 한다.

④ **마케팅 지원:** 본사에서 제공하는 마케팅 지원 내용을 확인해야 한다.

(4) 상권분석 및 입지선정

① **상권분석:** 목표 상권의 인구, 소득 수준, 경쟁업체 현황 등을 분석한다.

② **입지선정:** 본사에게만 의지하지 말고 자신의 책임하에 입지를 결정해야 한다. 추가로, 본사의 상권분석 지원 여부를 확인하는 것이 좋은 방법이다.

(5) 기존 가맹점 방문 및 상담

① **성공적인 가맹점 사례:** 본사의 성공적인 가맹점 사례를 확인하고, 가맹점주들의 만족도를 파악해야 한다.

② **실패 사례:** 가맹점의 실패 사례가 있는지 확인하고, 그 원인을 분석할 필요성이 있다.

(6) 전문가의 도움

가맹 계약서 검토, 세무 상담 등 전문가(변호사, 회계사 등)의 도움을 받아 신중하게 결정하고 처리한다.

(7) 본인의 상황과 목표 고려

① **자본:** 초기 투자 비용, 운영자금 등을 충분히 확보하고 있는지 확인해야 한다.

② **경험:** 프랜차이즈 사업 경험이 부족하다면 본사의 지원이 충분한지 확인

해야 한다.

③ **목적:** 단기적인 수익 창출, 장기적인 사업 확장 등 본인의 목적을 확정하고 그것에 맞는 본사를 선택해야 한다.

(8) 경쟁 브랜드 비교 분석

경쟁 브랜드와 비교 분석하여 본인에게 가장 적합한 브랜드를 선택해야 한다.

(9) 충분한 시간을 갖고 신중하게 결정

충분한 시간을 갖고 정보를 수집하고, 신중하게 비교 분석하여 최종 결정을 내려야 한다.

10) 프랜차이즈 가맹계약 체결 시 검토사항

프랜차이즈 가맹 계약은 가맹점주와 가맹점의 권리와 의무를 명시하고 앞으로 발생될 수 있는 제반 문제점을 처리하는 방법을 문서상으로 기록하여 남기는 것이다. 성공적인 프랜차이즈 사업을 위해서는 계약 체결 전에 다음과 같은 사항들을 검토할 필요성이 있다.

(1) 가맹비, 로열티 및 기타 비용

① **가맹비:** 가맹비의 구성 항목과 지불 방법을 명확히 확인해야 한다.

② **로열티:** 매출액 대비 로열티 비율, 지불 시기 등을 정확히 파악하고, 경쟁 브랜드와 비교해 적정성을 판단해야 한다.

③ **광고 판촉비:** 광고 판촉비의 사용처와 지불 방법을 명확히 하고, 본사의 마케팅 전략을 확인해야 한다.

④ **기타 비용:** 물품 공급 비용, 교육 비용 등 기타 발생할 수 있는 비용을 미리 파악하여 예산을 수립해야 한다.

(2) 계약 기간 및 해지 조건

① **계약 기간:** 계약 기간이 너무 길거나 짧지 않은지, 자동 갱신 조항은 없는지

확인해야 한다.

② **해지 조건:** 본사와 가맹점 각각의 해지 사유와 절차를 명확히 확인하고, 불합리한 조항은 없는지 검토해야 한다.

③ **계약 해지 시 보상:** 계약 해지 시 발생할 수 있는 손해배상, 시설 투자비 회수 등에 대한 조항을 확인해야 한다.

(3) 영업 지역 및 상권

① **영업 지역:** 영업 가능 지역과 경쟁점 현황을 파악하여 수익성을 예측해야 한다.

② **상권 보호:** 본사가 다른 가맹점의 개설을 제한하여 상권을 보호해 주는 조항이 있는지 확인해야 한다.

(4) 물품 공급 조건

① **물품 품질:** 공급받는 물품의 품질, 가격, 배송 조건 등을 명확히 확인해야 한다.

② **물품 구매 의무:** 반드시 본사에서 물품을 구매해야 하는 의무가 있는지, 다른 공급처를 이용할 수 있는지 확인해야 한다.

(5) 교육 및 지원

① **교육 프로그램:** 본사에서 제공하는 교육 프로그램의 내용과 횟수를 확인하고, 실질적인 도움이 될 수 있는지 판단해야 한다.

② **경영 지원:** 매출 분석, 마케팅 지원, 시스템 지원 등 본사에서 제공하는 경영 지원 내용을 확인해야 한다.

(6) 정보 공개 서류

① **가맹 정보 공개서:** 가맹 정보 공개서를 꼼꼼히 읽고, 본사의 재무 상태, 소송이력 등을 확인해야 한다.

② **가맹점 운영 실적:** 기존 가맹점의 매출액, 수익률 등을 확인하여 사업성을

판단해야 한다.

(7) 기타 조항

① **특허권, 상표권:** 브랜드 사용 조건, 특허권, 상표권 등 지적재산권 관련 조항을 확인해야 한다.

② **분쟁 해결:** 분쟁 발생 시 해결 절차와 방법을 명확히 규정하고 있는지 확인해야 한다.

③ **강제 규정:** 본사의 일방적인 의사 결정으로 가맹점이 불리한 상황에 처할 수 있는 조항은 없는지 확인해야 한다.

11) 정보공개서 주요 기재 및 확인사항

① 가맹본부의 일반 현황에 대한 설명

② 가맹본부 및 그 임원의 법 위반 사실에 대한 설명

③ 가맹점사업자의 부담에 대한 설명

④ 가맹점사업자의 영업 활동에 대한 조건 및 제한에 대한 설명

⑤ 가맹본부의 가맹사업 현황에 대한 설명

⑥ 소요 기간 및 절차

⑦ 교육·훈련 프로그램

중점적으로 확인해야 할 사항은 (표 8-3)과 같다.

표 8-3 정보공개서 기재사항 중 중점 확인사항

기재사항	세부 검토사항
가맹본부의 재무 정도	• 자본이 부채 대비 충분한지, 영업이익과 당기순이익이 개선되고 있는 추세인지 여부
임원의 사업경력 및 임직원수	• 가맹사업 전문가가 포함되어 있는지, 가맹점수 대비 직원수가 충분한지 여부
가맹사업 개시일	• 가맹사업 운영기간이 단기간인지, 장기간인지 여부
최근 3년간 가맹점수 변동 현황	• 직영점을 운영하는지, 가맹점수가 증가하는 추세인지, 폐점률이 높지 않은지 여부
가맹점사업자 평균 매출액	• 창업 예정지 인근의 매출액 현황은 어떠한지, 산정근거는 객관적인지 여부
임원의 법 위반 사실	• 공정위의 시정조치, 민사소송 패소 및 형의 선고 사실이 있는지 여부
가맹점사업자의 비용부담	• 가맹금이 얼마인지, 반환사유는 무엇인지, 가맹금 외에 추가로 부담하는 비용이 있는지 여부
거래상대방 구속	• 가맹본부가 구입을 강제하는 품목은 무엇인지, 본부를 통하지 않고 직접 물품을 구입할 경우 불이익이 있는지 여부
영업지역 보호	• 영업지역을 독점적으로 보장하고 있는지 여부
경업금지	• 계약종료 후 가맹점사업자가 동종 업종 등에 종사하지 못하는 기간 · 업종 · 지역이 어느 정도인지 여부

Chapter ***09***

전자상거래와 인터넷 비즈니스

전자상거래와 인터넷 비즈니스 09

1. 전자상거래

1) 전자상거래의 의의

전자상거래(Electronic Commerce: EC)는 개인과 조직, 기관 등을 포함하는 모든 경제 주체들이 다양한 전자적 매체 특히, 인터넷을 이용하여 상품이나 서비스 구매, 발주, 정보 교환 등의 거래행위를 효율적으로 수행하도록 지원하는 사업이다.

넓은 의미로는 기업이나 소비자가 컴퓨터 통신망상에서 행하는 광고, 발주, 상품과 서비스의 구매 등 모든 경제활동을 뜻한다. 그러나 흔히 말하는 전자상거래란 인터넷을 통해 소비자와 기업이 상품과 서비스를 사고파는 협의의 개념을 의미한다. 오스틴 대학의 윈스톤 교수에 따르면, 전자상거래는 네트워크를 통한 상품의 구매와 판매로 정의될 수 있다. 전자상거래는 쇼핑, 금융 등 인터넷 가상공간(Cyberspace)을 통해 시간적 · 공간적 한계를 뛰어넘어 실현되기 때문에 실물 위주의 경제 체제에 혁명적 변화를 불러올 것이다. 자주 사용되는 용어인 쇼핑몰은 다른 사람과 상호작용할 수 있는 상점이라는 의미이다. 즉 거리를 걸어 다니면서 가게의 상품을 보는 개념을 인터넷에 적용하고자 하는 것이다. 전자상거래는 일반적으로 인터넷 쇼핑몰에서의 상품 검색부터 배달까지 약 8단계를 거쳐 이루어진다.

표 9-1 전자상거래와 전통적 상거래의 차이

항목	전자상거래	전통적 상거래
거래 환경	• 온라인	• 오프라인
상품 정보 제공	• 상세하고 다양한 정보 제공	• 제한적인 정보 제공
구매 과정	• 온라인 결제, 배송	• 매장 방문, 현금 결제
배송	• 택배, 퀵 서비스	• 직접 수령 또는 택배
고객 서비스	• 온라인 채널	• 오프라인 채널
가격	• 상대적으로 저렴	• 다양
다양성	• 매우 다양	• 상대적으로 적음
편의성	• 높음	• 낮음

2) 전자상거래의 특성

전자상거래는 기존의 오프라인 상거래와는 다른 독특한 특징을 가지고 있다. 이러한 특징들은 전자상거래가 빠르게 성장하고 우리 삶 깊숙이 들어오게 된 주요 원인이기도 하다.

(1) 시간과 공간의 제약 없음

① **24시간, 365일 운영:** 오프라인 매장의 영업시간 제한 없이 언제든지 상품을 구매할 수 있다.

② **전 세계 대상:** 물리적인 공간의 제약 없이 전 세계 어디에서든 거래가 가능하다.

(2) 다양한 상품 및 서비스

① **무한한 상품 목록:** 오프라인 매장의 제한된 공간과 달리, 전자상거래는 다양한 종류의 상품을 무한대로 제공할 수 있다.

② **맞춤형 상품 제공:** 개인의 취향과 구매 이력을 분석하여 맞춤형 상품을 추천할 수 있다.

(3) 저렴한 가격

① **유통 단계 축소:** 중간 유통 단계를 줄여 소비자에게 더 저렴한 가격으로 상품을 제공할 수 있다.

② **가격 비교 용이:** 다양한 쇼핑몰의 가격을 쉽게 비교하여 최저가 상품을 찾을 수 있다.

(4) 상세한 상품 정보 제공

① **텍스트, 이미지, 동영상:** 상품에 대한 상세한 정보를 텍스트, 이미지, 동영상 등 다양한 형태로 제공하여 소비자의 구매 결정을 돕는다.

② **고객 리뷰:** 다른 소비자들의 구매 후기를 통해 상품에 대한 정보를 얻을 수 있다.

(5) 편리한 결제 시스템

① **다양한 결제 수단:** 신용카드, 계좌이체, 간편 결제 등 다양한 결제 수단을 제공한다.

② **안전한 결제 시스템:** 보안 시스템을 통해 안전하게 결제할 수 있다.

(6) 맞춤형 마케팅

① **데이터 기반 마케팅:** 소비자의 구매 데이터를 분석하여 개인 맞춤형 마케팅을 진행하고 개선한다.

② **타깃 마케팅:** 특정 고객층을 대상으로 맞춤형 광고를 통해 소비자를 유치한다.

(7) 빠른 배송

① **다양한 배송 옵션:** 빠른 배송, 당일 배송 등 다양한 배송 옵션을 제공한다.

② **실시간 배송 조회:** 배송 현황을 실시간으로 확인할 수 있다.

(8) 24시간 고객 서비스

① **온라인 채팅, 이메일 등:** 온라인 채팅, 이메일 등을 통해 언제든지 고객 서비스를 받을 수 있다.

② **자주 묻는 질문(FAQ):** 자주 묻는 질문에 대한 답변을 빠르게 찾을 수 있다.

3) 전자상거래의 유형

전자상거래는 단순히 물건을 사고파는 것을 넘어, 다양한 주체 간의 복잡한 상호작용을 통해 이루어지는 광범위한 경제활동이다. 전자상거래는 거래 주체에 따라 크게 몇 가지 유형으로 나눌 수 있다.

(1) 기업과 고객 간 거래

① **기업과 고객 간 거래(Business-to-Consumer: B2C 또는 C2B):** 기업이 고객에게 제품 및 서비스를 제공하거나 반대로 고객이 기업에게 제품 및 서비스를 주문하는 수단으로 거래가 이루어지는 형태

② **특징:** 다양한 상품, 편리한 결제 시스템, 맞춤형 마케팅 등

③ **예시:** 의류, 전자제품, 식품 등 다양한 상품을 판매하는 온라인 쇼핑몰(쿠팡, 아마존, 지마켓 등)

(2) 기업과 기업 간 거래

① **기업 간 거래(Business-to-Business: B2B):** 기업 간에 상품, 원재료, 부품 등의 거래 활동이 이루어지는 형태

② **특징:** 대량 구매, 협상, 맞춤형 제품 개발 등

③ **예시:** 원자재, 부품, 소프트웨어 등을 판매하는 기업 간 거래 플랫폼(도매 사이트, 산업용 장비 판매 사이트 등)

(3) 고객과 고객 간 거래

① **고객과 고객 간 거래**(Consumer-to-Consumer: C2C): 개인이 다른 개인에게 직접 상품이나 서비스를 판매하는 형태

② **특징**: 개인 간 직거래, 중고 물품 거래, 공동 구매 등

③ **예시**: 중고 거래 플랫폼, 커뮤니티 마켓, 번개장터 등

(4) 기업과 정부 간 거래

① **기업과 정부 간 거래**(Business-to-Government: B2G): 기업과 정부기관 간의 거래 형태

② **특징**: 공공물자 또는 행정 물품의 조달, 세금의 부과 및 납부, 정부공문서의 발급

(5) 그 이외의 유형

① **정부와 고객 간 거래**(Government-to-Consumer: G2C): 정부가 개인 소비자에게 서비스를 제공하는 형태

② **소셜 커머스**(Social Commerce): 소셜 미디어를 활용하여 상품을 판매하는 형태

③ **드롭쉬핑**(Dropshipping): 재고를 보유하지 않고, 다른 공급자의 제품을 주문받아 직접 배송하는 형태

2. 인터넷 비즈니스 창업 절차

인터넷 비즈니스 창업은 단순히 온라인 쇼핑몰을 만드는 것을 넘어, 아이디어 구상부터 사업 운영까지 다양한 단계를 거치게 된다. 일반적인 창업 절차는 다음과 같다.

1) 인터넷 비즈니스 사업계획

(1) 아이템 선정 및 시장 조사

① **독창적인 아이템 발굴:** 경쟁력 있는 상품이나 서비스를 선정하여 차별화된 가치를 제공해야 한다.

② **시장 규모 및 성장 가능성:** 해당 아이템의 시장 규모를 파악하고, 미래 성장 가능성을 예측한다.

③ **고객 니즈 분석:** 타깃 고객의 니즈를 정확히 파악하여 상품 또는 서비스를 개발한다.

④ **SWOT 분석:** 사업 아이템의 강점(Strengths), 약점(Weaknesses), 기회(Opportunities), 위협(Threats)을 분석하여 사업 가능성을 평가한다.

(2) 사업성 분석

① **수익 모델 설정:** 어떻게 수익을 창출할 것인지 구체적인 계획을 세운다(예: 상품 판매, 광고, 구독료 등)

② **비용 분석:** 사업 운영에 필요한 초기 투자 비용, 운영 비용 등을 상세히 분석한다.

③ **손익분기점 계산:** 수익과 비용이 일치하는 시점을 예측하여 사업의 안정성을 평가한다.

④ **시장 규모 분석:** 시장 규모를 정확하게 파악하는 것은 사업의 성공 가능성을 예측하고, 효과적인 사업전략을 수립하는 데 있어 매우 중요하다.

(3) 경쟁력 분석

① **경쟁 업체 분석:** 주요 경쟁 업체의 강점과 약점을 분석하여 차별화 전략을 수립한다.

② **시장점유율:** 경쟁 시장에서 자사가 차지할 수 있는 점유율을 예측한다.

③ **SWOT 분석:** SWOT 분석에 의한 강점과 약점, 기회와 위협요인을 고려하여 적절한 경쟁 우위 전략을 도출한다.

(4) 사업계획서 작성

사업계획서는 창업 팀, 아이템, 마케팅 전략, 추정재무제표, 향후 발전계획 등을 체계적으로 다음과 같은 내용을 포함하여 작성해야 한다.

- Executive Summary: 사업 개요, 목표, 주요 내용을 간략하게 요약
- 회사 소개: 회사의 비전, 미션, 핵심 가치 등을 제시
- 제품/서비스 소개: 상품 또는 서비스의 특징과 차별성을 설명
- 시장분석: 시장 규모, 성장 가능성, 경쟁 환경 등을 분석
- 마케팅 전략: 고객 확보 및 유지를 위한 마케팅 계획
- 운영계획: 조직 구성, 인력 계획, 시스템 구축 등
- 재무계획: 예상 매출, 비용, 손익계산 등
- 팀 구성: 팀원들의 역할과 경험 등

2) 인터넷 비즈니스 시스템 구성

(1) 네트워크(Network)

시스템의 다양한 구성요소들을 연결하고, 데이터를 주고받는 통로 역할을 한다.

① **인터넷 연결:** 비즈니스 시스템이 인터넷에 안정적으로 연결되어야 고객과의 소통, 데이터 전송, 정보 공유가 가능하다.

② **내부 네트워크:** 사무실 내부의 컴퓨터, 서버, 네트워크 장비를 연결하여 효율적인 업무 환경을 구축한다.

③ **클라우드 네트워크:** 클라우드 서비스를 이용하여 데이터 저장, 컴퓨팅 자원 활용 등을 할 수 있다.

④ **VPN:** 원격 근무자나 지사와 안전하게 연결하여 데이터를 송수신할 수 있는 가상 사설망이다.

(2) 하드웨어(Hardware)

① **서버:** 웹 사이트, 데이터베이스, 이메일 등 다양한 서비스를 제공하는 핵심 장비이다.

③ **네트워크 장비:** 스위치, 라우터, 방화벽 등 네트워크를 구성하고 관리하는 장비이다.

④ **클라이언트 컴퓨터:** 직원들이 사용하는 데스크톱, 노트북, 모바일 기기 등이 있다.

⑤ **저장 장치:** 데이터를 저장하는 하드디스크, SSD, NAS 등이다.

(3) 소프트웨어(Software)

① **운영체제(OS):** 컴퓨터 시스템을 관리하고 제어하는 기본 소프트웨어이다(예: Windows, Linux, macOS).

② **웹 서버:** 웹 사이트를 구동하고 사용자에게 웹 페이지를 제공하는 소프트웨어이다(예: Apache, Nginx).

③ **데이터베이스:** 데이터를 체계적으로 저장하고 관리하는 소프트웨어이다(예: MySQL, Oracle).

④ **웹 애플리케이션:** 웹 사이트의 기능을 구현하는 소프트웨어이다(예: 쇼핑몰, CMS, CRM).

⑤ **보안 소프트웨어:** 시스템을 보호하고 데이터 유출을 방지하는 소프트웨어이다(예: 방화벽, 백신).

⑥ **클라우드 서비스:** 클라우드 환경에서 다양한 서비스를 제공하는 소프트웨어이다(예: AWS, Azure, Google Cloud).

(4) 기타 시스템

① **결제 시스템:** 신용카드, 계좌이체 등 다양한 결제 수단을 연동하여 안전하게 결제를 처리하는 시스템(Payment Gateway: PG)과 소비자 보호를 위한 전자결제 보증시스템(Electronic Settlement Guarantee: ESG) 등이 있다.

② **물류 시스템:** 재고관리, 입출고 관리 등 물류 관련 업무를 효율적으로 처리하는 창고 관리 시스템(Warehouse Management system: WMS)과 배송 계획, 운송비 계산 등을 자동화하는 운송관리 시스템(Transportation Management System: TMS) 등이 있다.

③ **고객관리 시스템(Customer Relationship Management: CRM):** 고객의 구매 이력, 선호도 등을 데이터베이스에 저장하여 개인화된 마케팅에 활용하기 위한 시스템이다.

3) 인터넷 비즈니스 운영

인터넷 비즈니스를 성공적으로 운영하기 위해서는 단순히 상품을 판매하는 것을 넘어, 고객의 편의를 위한 다양한 시스템을 구축해야 한다. 특히 결제, 택배, 반품 및 재고 관리 등은 고객 만족도에 직접적인 영향을 미치는 중요한 요소이다.

(1) 결제 방법

인터넷 비즈니스 창업을 하는 경우 가장 문제시될 수 있는 부분이 결제 시스템이다.

① **신용카드 결제:** 가장 일반적인 결제 방식으로, PG(Payment Gateway)를 통해 안전하게 처리되는 결제방식이다.

② **실시간 계좌이체:** 은행 계좌에서 바로 결제가 이루어지는 방식으로, 실시간으로 결제 확인이 가능하다.

③ **휴대폰 결제:** 간편하게 휴대폰으로 결제할 수 있는 결제방식이다.

④ **간편 결제:** 카카오페이, 네이버페이 등 다양한 간편 결제 서비스를 연동하여 고객의 편의성을 향상시킨다.

⑤ **후불 결제:** 일정 기간 후에 결제하는 방식으로, 신뢰도 높은 고객에게만 제공하는 경우가 많다.

⑥ **결제 시스템 선택 시 고려사항:** 결제 방식별 수수료를 비교하여 합리적인 선택을 하고, 고객의 개인정보를 안전하게 보호할 수 있는 보안 시스템을 고려하여 고객이 쉽고 빠르게 결제할 수 있도록 다양한 결제 수단을 제공해야 한다.

(2) 택배 방법

① **택배사 선택:** 다양한 택배사를 비교하여 가격, 배송 속도, 서비스 품질 등을 고려하여 선택한다.

② **배송 상품의 특성 고려:** 상품의 크기, 무게, 품질에 따라 적절한 택배사를 선택하게 되는데, 가볍고 적은 물량은 우편 배송, 배송 물량이 많거나 무거운 것은 전문택배회사를 이용하는 경우가 많다.

③ **배송 추적 시스템:** 고객이 언제든지 배송 현황을 확인할 수 있도록 배송 추적 시스템을 제공한다.

④ **해외 배송:** 해외 고객을 위한 국제 배송 서비스를 제공한다.

⑤ **택배 시스템 선택 시 고려사항:** 상품가격과 배송 비용을 합리적으로 책정하여 고객 부담을 줄일 수 있도록 하고, 고객이 빠르게 상품을 받아볼 수 있도록 빠른 배송 서비스를 제공하고, 반품 및 교환이 발생할 경우 편리하게 처리할 수 있는 시스템을 구축해야 한다.

(3) 반품 및 재고 관리

① **반품 및 환불:** 명확한 반품 정책을 마련하고, 고객만족 기회로 활용하여 단골고객을 확보할 수 있도록 한다.

② **반품 처리 과정:** 반품 접수부터 환불까지의 과정을 간소화하여 고객 불편을 최소화한다.

③ **재고 관리 시스템:** 고객에게 재고 유무, 주문 대기시간, 환불 처리사항 등을 실시간으로 제공하여, 재고 부족으로 인한 판매 손실을 방지한다.

④ **불량품 처리:** 불량품 발생 시 빠르게 교환 또는 환불 처리를 한다.

⑤ **반품 및 재고 관리 시스템 선택 시 고려사항:** 반품률을 낮추기 위한 다양한 방안을 모색하고, 재고 회전율을 높여 재고 비용을 절감하며, 시즌별 상품 특성을 고려하여 재고를 관리할 수 있도록 한다.

3. 인터넷 비즈니스의 장단점과 사업전략

인터넷 비즈니스는 시간과 공간의 제약 없이 사업을 운영할 수 있다는 점에서 많은 사람들이 선호하는 편이다. 하지만 장점만 있는 것은 아니며, 성공적인 인터넷 비즈니스를 위해서는 다양한 요소들을 고려할 필요성이 있다.

1) 인터넷 비즈니스의 장단점

(1) 인터넷 비즈니스의 장점

① 시간(24시간)과 공간(world wide)의 제약이 없다.

② 소비자는 다양한 제품/서비스 비교, 기업은 관리비용(유통비, 인건비)을 절감할 수 있다.

③ 판매점포, 입지조건에 대한 제약이 없고, 건물임대료와 부대비용을 최소화할 수 있다.

④ 대금결제가 간편하고, 기업은 간접비용을 절감할 수 있다.

⑤ 소비자와 고객 간에 양방향 의사소통 가능하므로 고객만족(소비자)과 광고(기업)가 일대일로 원활하게 이루어진다.

⑥ 시장 변화에 빠르게 대응하고 새로운 비즈니스 모델을 시도할 수 있다.

(2) 인터넷 비즈니스의 단점

① 제품이나 서비스의 대금을 전자지불 시스템에 의해 결제할 경우 개인정보 누출 피해가 발생할 수 있다.

② 국가 간의 거래로 인한 관세 등의 법적 조치가 미흡하다.

③ 고객이 상품을 직접 만져보고 확인할 수 없어, 반품이나 교환에 대한 분쟁이 발생할 수 있다.

④ 제품이나 서비스 판매가 인터넷 이용자들 중심으로 편중될 가능성이 있다.

⑤ 물리적인 상품을 판매하는 경우, 배송 및 물류 관리에 대한 부담이 있을 수 있다.

2) 인터넷 비즈니스 사업전략

(1) 마케팅 전략

전통적인 마케팅 전략의 4P(price, product, promotion, place)에 4A(any way, any product, any time, any where)를 추가하여 효율적인 마케팅 활동을 수행할 수 있는 전략을 수립해야 한다.

① **타깃 고객 설정:** 정확한 타깃 고객을 설정하고, 그들의 특성과 니즈를 파악하여 맞춤형 마케팅을 진행해야 한다.

② **콘텐츠 마케팅:** 블로그, 유튜브 등을 통해 양질의 콘텐츠를 제공하여 고객을 유입하고 브랜드 인지도를 높일 수 있도록 한다.

③ **SEO(Search Engine Optimization):** 검색 엔진 최적화를 통해 웹 사이트를 노출시키고 유기적인 트래픽을 확보한다.

④ **SNS 마케팅:** 페이스북, 인스타그램 등 다양한 소셜 미디어 채널을 활용하여 고객과 소통하고 팬덤을 구축하도록 한다.

⑤ **이메일 마케팅:** 고객 데이터를 기반으로 맞춤형 이메일을 발송하여 재구매를 유도하도록 한다.

⑥ **페이드 광고:** 검색 광고, 배너 광고 등 유료 광고를 통해 빠르게 고객을 확보할 수 있도록 한다.

(2) 기술전략

인터넷 비즈니스 시스템 구축(네트워크, 하드웨어, 소프트웨어, 기타)을 어떻게 구성할 것인가 하는 문제에 대한 전략을 수립한다.

① **웹 사이트 구축:** 사용자 친화적인 웹 사이트를 구축하고, 모바일 환경에 최적화하여 고객의 불편을 해소한다.

② **웹 애플리케이션 개발:** 필요한 기능을 가진 웹 애플리케이션을 개발하여 비즈니스의 효율성을 높이도록 한다.

③ **클라우드 서비스 활용:** 클라우드 기반 서비스를 활용하여 시스템 유지보수 비용을 절감하고 확장성을 높일 수 있도록 한다.

④ **데이터 분석:** 웹 분석 도구를 활용하여 고객 데이터를 분석하고, 마케팅 전략에 반영하도록 한다.

⑤ **보안 강화:** 끊임없이 변화하는 사이버 위협에 대응하여 안전한 시스템을 구축하도록 한다.

(3) 투자전략

자금조달 원천(정부의 벤처지원자금, 엔젤, 금융기관 대출, 벤처캐피털) 등의 투자 자원 마련을 위한 창업 준비 과정에서 창업 후까지 구체적인 전략 수립이 필요하다.

① **마케팅 투자:** 효과적인 마케팅 채널에 투자하여 브랜드 인지도를 높이고 매출을 증대시킨다.

② **R&D 투자:** 새로운 상품이나 서비스 개발에 투자하여 지속적인 성장을 도모하도록 한다.

③ **인력 투자:** 우수한 인재를 확보하고 교육하여 기업 경쟁력을 강화해 나가도록 한다.

④ **시스템 투자:** 최신 기술을 도입하여 시스템을 고도화하고 효율성을 높이도록 한다.

⑤ **M&A:** 경쟁력 강화를 위해 다른 기업과의 M&A를 고려할 필요성이 있다.

(4) 운영전략

인터넷 비즈니스 시스템, 고객 서비스, 조직 구성원, 자금조달, 외부 환경(경쟁업체, 기술 변화, 정부정책, 금융환경) 등의 종합적인 운영전략을 수립한다.

① **시스템 구축 및 관리전략:** 웹 사이트, 결제 시스템, 물류 시스템, 고객관리 시스템, 재고 관리 시스템을 도입하고 구축하도록 한다.

② **고객 서비스 전략:** 고객 문의에 신속하고 응대하고, 고객 데이터를 분석하여 맞춤형 서비스를 제공하고, 제품에 문제가 발생할 경우 신속하게 처리할 수 있도록 한다.

③ **조직원 구성원 관리전략:** 사업 규모와 성장 단계에 맞춰 적합한 인력을 구

성하고, 긍정적인 조직 문화를 조성하여 직원들의 만족도를 높이고, 공정한 성과평가 시스템을 구축하고, 성과에 따른 보상 시스템을 운영하도록 한다.

④ **자금조달 전략:** 정부의 벤처지원자금, 엔젤 투자, 금융기관 대출, 벤처캐피털 투자 등을 유치하여 사업자금을 확보하고, 다수의 투자자로부터 소액의 자금을 모집하는 크라우드 펀딩을 통한 자금을 모집한다.

⑤ **경쟁 업체 분석 및 대응전략:** 경쟁 업체의 강점과 약점을 분석하고 차별화된 경쟁 우위를 확보하고, 시장 트렌드를 분석하고 미래 시장 변화에 대비할 수 있도록 한다.

⑥ **기술 변화 및 정부 정책에 대한 대응전략:** 새로운 기술을 적극적으로 도입하여 경쟁력을 강화하고, 관련 법규를 준수하고 정부 정책 변화에 유연하게 대응하고, 산업 동향을 지속적으로 파악하고 변화에 빠르게 적응해 나간다.

4. 수익 창출 방식에 따른 인터넷 비즈니스 모델의 유형

인터넷의 발전과 함께 비즈니스 모델 또한 다양화되고 있다. 기존의 오프라인 비즈니스 모델과는 달리, 인터넷 비즈니스는 저렴한 비용으로 전 세계 고객에게 접근할 수 있다는 장점을 가지고 있다.

1) 판매형

판매형은 현재 대부분을 차지하고 있는 대표적인 모델이다. 상품을 온라인상에 진열하여 고객들에게 판매하는 형태로 현실의 오프라인 비즈니스 상점과 비슷한 형태이다. 중간 유통과정을 거치지 않고 직접 판매를 시행함으로써 저렴한 가격으로 상품을 판매할 수 있는 장점이 있으나 제품의 구색을 갖추는 데 고객의 특성을 고려하기 힘들고 화면상으로 실물을 확인해야 하는 한계가 있다.

- 자체 제작 상품 판매: 제조업체가 직접 생산한 상품을 온라인으로 판매하는 방식(예: 아마존, 쿠팡)
  - 장점: 높은 마진율, 브랜드 이미지 강화
  - 단점: 물류, 재고 관리 부담
- 디지털 상품 판매: eBook, 음악, 소프트웨어 등 디지털 콘텐츠를 판매하는 방식(예: 멜론, 애플 앱스토어)
  - 장점: 제작 비용이 저렴하고, 복제가 어려워 높은 마진율을 기대할 수 있음
  - 단점: 저작권 문제, 불법 복제 문제

2) 중개형

고객과 고객 사이에서 상품을 중개해 주는 모델로 요즘 각광을 받고 있는 경매 모델은 오프라인에서 공급자 중심으로 이루어지던 상행위를 인터넷을 이용하여 고객들이 모든 권한을 행사할 수 있는 서비스를 제공하고 있다. 대량생산에 의한 밀어내는 마케팅에서 고객들이 원하는 상품, 가격, 수량만 생산하여 공급하는 형태이다.

- 제3자 판매 중개: 개인이나 다른 기업이 생산한 상품을 대신 판매하고 수수료를 받는 방식(예: 이베이, 쿠팡)
  - 장점: 다양한 상품을 빠르게 판매할 수 있음
  - 단점: 판매자 관리, 배송 문제 발생 가능성

3) 광고형

기업들의 광고, 온라인상에서 수행하려는 전략적 측면이나 마케팅 측면, 사이트 부흥을 위한 프로모션 등의 자료를 제공해 주거나 대항하여 실시해 주는 모델로 인터넷 기업들이 성공하는 데 필요한 고객 확보와 고객 인지도를 높이기 위한 홍보 또는 자료를 조사하는 역할을 하여 수익구조를 취하는 형태이다.

- 배너 광고: 웹사이트에 배너 형태의 광고를 노출하고 클릭당 과금하는 방식

- 검색 광고: 검색 엔진에서 특정 키워드를 검색할 때 상단에 노출되는 광고 방식(예: 구글 애드워즈)
- 콘텐츠 광고: 유튜브, 페이스북 등 플랫폼에서 동영상이나 게시글 사이에 노출되는 광고 방식
  - 장점: 광고주 입장에서 타겟 고객에게 효과적으로 노출 가능
  - 단점: 사용자 경험을 저해할 수 있음

4) 구독형

기업들의 고객으로부터 정기적인 요금을 받는 경우이다. 대표적인 사례로는 넷플릭스(Netflix)가 있으며, 온라인 스트리밍 서비스를 통해 고객들로부터 월간 요금을 받아 수익을 창출하는 형태이다.

- 정기 구독: 특정 서비스나 콘텐츠를 정기적으로 이용하고 비용을 지불하는 방식(예: 넷플릭스, 유튜브 프리미엄)
  - 장점: 안정적인 수익 창출, 고객 충성도 향상
  - 단점: 콘텐츠 경쟁 심화, 고객 이탈 가능성

5) 프리미엄

기본 서비스를 무료로 제공하고, 추가 기능이나 향상된 서비스를 유료로 제공하는 경우이다. 대표적인 사례로는 슬랙(Slack)이 있으며, 기본적인 커뮤니케이션 기능을 무료로 제공하고, 고급 기능을 유료로 제공하여 수익을 창출하는 형태이다.

- 기본 서비스 무료 제공: 기본적인 서비스는 무료로 제공하고, 고급 기능이나 추가적인 서비스는 유료로 제공하는 방식(예: 드롭박스, 슬랙)
  - 장점: 많은 사용자 확보 가능
  - 단점: 무료 사용자 비율이 높아 수익성이 낮을 수 있음

6) 플랫폼

다수의 생산자와 소비자가 연결되어 상호작용하며 가치를 창출하는 기업과 산업 생태계 기반의 장이다. 서로 다른 최신 기술들을 조합해 판매자와 구매자가 연결된 시장을 형성하게 된다.

- 양면 시장: 생산자와 소비자를 연결하여 플랫폼 이용료를 받는 방식(예: 우버, 에어비앤비)
  - 장점: 네트워크 효과를 통해 빠르게 성장 가능
  - 단점: 플랫폼 규제 강화, 경쟁 심화

5. 인터넷 비즈니스 활성화 방안

1) 기업 측면에서 활성화 방안

인터넷 비즈니스는 현대사회에서 필수적인 요소로 자리매김하며, 기업의 성장과 발전에 있어 중요한 역할을 하고 있다. 기업들이 인터넷 비즈니스를 통해 더욱 효율적으로 운영하고 경쟁 우위를 확보하기 위해서는 다양한 활성화 방안을 모색해야 한다.

(1) 인터넷 마케팅 강화

① **SEO/SEM:** 검색 엔진 최적화 및 검색 광고를 통해 웹 사이트 노출을 극대화하고, 타깃 고객에게 효과적으로 전달될 수 있게 한다.

② **SNS 마케팅:** 페이스북, 인스타그램 등 다양한 채널을 활용하여 고객과 소통하고 브랜드 인지도를 높이도록 한다.

③ **콘텐츠 마케팅:** 블로그, 유튜브 등을 통해 고객에게 유용한 정보를 제공하고, 브랜드 인지도를 높인다.

④ **인플루언서 마케팅:** 특정 분야의 영향력 있는 인물을 활용하여 제품을 홍보한다.

⑤ **이메일 마케팅:** 개인화된 메시지를 통해 고객과의 관계를 강화하고, 재구매를 유도하도록 한다.

(2) DB 마케팅 활성화

① **고객 데이터 수집 및 분석:** 고객의 구매 이력, 선호도 등을 분석하여 개인 맞춤형 마케팅을 수행한다.

② **CRM 시스템 도입:** 고객 관계 관리 시스템을 통해 고객과의 소통을 강화하고, 데이터를 체계적으로 관리하도록 한다.

② **RFM 분석:** Recency, Frequency, Monetary 분석을 통해 고객을 세분화하고, 타깃 마케팅을 진행한다.

(3) 다양한 상품과 상품 콘텐츠 제공

① **상품 다변화:** 고객의 다양한 니즈를 충족시키기 위해 상품 라인업을 확대하고, 차별화된 상품을 개발한다.

② **상품 상세 페이지 최적화:** 고품질 이미지, 상세 설명, 고객 리뷰 등을 제공하여 구매 결정을 유도하도록 한다.

③ **추천 시스템 도입:** 고객의 구매 이력과 관심사를 기반으로 관련 상품을 추천한다.

(4) 쉬운 사용자 인터페이스 구축

① **직관적인 디자인:** 전체 화면 구성에서 사용자가 쉽게 이해하고 사용할 수 있는 디자인을 적용한다.

② **빠른 로딩 속도:** 웹 사이트 로딩 속도를 최적화하여 사용자 경험을 향상시킨다.

③ **모바일 최적화:** 모바일 환경에서도 편리하게 이용할 수 있도록 반응형 웹 디자인을 적용하여 신뢰도와 판매율을 향상시킬 수 있도록 한다.

(5) 멀티미디어 콘텐츠 개발

① **고품질 이미지 및 영상 제작:** 상품의 특징을 효과적으로 전달할 수 있는 고품질의 이미지와 영상 콘텐츠(출판, 음반 영상 등)를 제작하여 제공한다.

② **데모 영상 제공:** 제품 사용법을 직관적으로 보여주는 데모 영상을 제공하여 구매 결정을 돕도록 한다.

③ **라이브 방송:** 실시간으로 고객과 소통하며 제품을 소개하고, 궁금증을 해소할수 있도록 한다.

(6) 브랜드 인지도 확립

① **브랜드 전략 수립:** 명확하고 차별화된 브랜드 이미지를 구축하고, 일관된 메시지를 전달한다.

② **스토리텔링 마케팅:** 브랜드 스토리를 통해 고객과의 감성적인 연결을 형성할 수 있도록 한다.

③ **오프라인 마케팅:** 전시회, 팝업 스토어 등 오프라인 채널을 활용하여 브랜드 노출을 확대한다.

(7) 새로운 비즈니스 모델 개발

① **구독 모델:** 정기적인 구매를 유도하여 안정적인 수익을 창출하도록 한다.

② **플랫폼 모델:** 다양한 사용자를 연결하여 새로운 가치를 창출한다.

③ **O2O 모델:** 온라인과 오프라인을 연계하여 시너지를 효과를 창출한다.

(8) 보안 문제 해결

① **보안 시스템 구축:** 침입 탐지 시스템, 방화벽 등을 통해 데이터 유출을 방지한다.

② **보안 교육:** 임직원 대상 보안 교육을 실시하여 보안 의식을 고취시킨다.

③ **최신 보안 기술 도입:** 지속적으로 보안 기술을 업데이트하여 새로운 위협에 대응하도록 한다.

(9) 효율적인 물류 시스템 구축

① **WMS(Warehouse Management System) 도입:** 물류 관리 시스템을 도입하여 재고 관리 효율성을 높인다.

② **배송 파트너십:** 상품 주문 및 배송 처리를 위해 다양한 배송 업체와 협력하여 빠르고 정확한 배송 서비스를 제공해야 한다.

③ **드론 배송 등 신기술 도입:** 미래 물류 시스템 변화에 대비하여 새로운 기술을 도입할 필요성이 있다.

(10) 가상 공동체 형성

① **온라인 커뮤니티 구축:** 고객들이 자유롭게 소통하고 정보를 공유할 수 있는 공간을 제공하여 인터넷쇼핑몰과 고객을 동시에 만족할 수 있도록 한다.

② **이벤트 및 프로모션:** 온라인 커뮤니티를 활용하여 다양한 이벤트를 진행하고, 고객 참여를 유도한다.

2) 정부 측면에서 활성화 방안

인터넷 비즈니스는 현대사회의 핵심 성장 동력으로 자리매김하며, 국가 경제 발전에 기여하고 있다. 정부는 이러한 인터넷 비즈니스의 성장을 촉진하고, 관련 산업 생태계를 조성하기 위해 다양한 정책을 추진해야 한다.

(1) 규제 개선 및 투명한 비즈니스 환경 조성

① **불필요한 규제 완화:** 인터넷 비즈니스의 성장을 저해하는 불필요한 규제를 완화하고, 행정 절차를 간소화한다.

② **법적 안정성 확보:** 인터넷 거래 관련 법률 및 제도를 정비하여 기업들이 안심하고 사업을 추진할 수 있는 환경을 조성한다.

③ **데이터 보호 강화:** 「개인정보 보호법」 등 관련 법률을 강화하여 데이터 유출 등의 위험을 방지하고, 소비자 신뢰를 확보한다.

(2) 디지털 인프라 구축 및 확산

① **초고속 인터넷망 확대:** 전 국민이 안정적인 초고속 인터넷 환경을 이용할 수 있도록 인프라 투자를 확대한다.

② **5G 상용화 촉진:** 5G 네트워크 구축을 가속화하여 차세대 서비스 개발을 지원하고, 산업 경쟁력을 강화하도록 한다.

③ **데이터 센터 구축:** 클라우드 서비스, 빅데이터 분석 등을 위한 데이터 센터 구축을 지원한다.

(3) 중소기업 지원 및 창업 생태계 조성

① **금융지원 확대:** 중소기업의 디지털 전환을 위한 저금리 대출 및 보증 지원을 확대한다.

② **R&D 지원 강화:** 인터넷 비즈니스 관련 기술 개발을 위한 R&D 투자를 확대하고, 기술사업화를 지원한다.

③ **창업 지원 프로그램 확대:** 스타트업 창업을 위한 교육 프로그램, 멘토링, 투자 유치 지원 등을 강화한다.

(4) 인력 양성 및 교육

① **디지털 인재 양성:** 소프트웨어 개발, 데이터 분석 등 디지털 분야 인재 양성을 위한 교육 프로그램을 확대하도록 한다.

② **재직자 교육 지원:** 기업의 디지털 전환을 위해 재직자 교육을 지원하고, 디지털 역량 강화를 위한 프로그램을 운영한다.

③ **대학 교육과 산업현장의 연계 강화:** 산학협력을 통해 현장 중심의 교육을 강화하고, 인재 수급 미스매치를 해소할 수 있도록 한다.

(5) 국제 협력 강화

① **국제 표준화 참여:** 국제적인 인터넷 표준화 활동에 적극적으로 참여하여 우리나라 기업의 글로벌 경쟁력을 강화한다.

② **해외시장 진출 지원:** 해외시장 진출을 위한 정보 제공, 네트워킹 지원 등을

통해 중소기업의 해외 진출을 지원한다.

③ **디지털 경제협력 강화:** 주요 국가들과의 디지털 경제협력을 강화하여 글로벌 디지털 경제를 선도한다.

(6) 데이터 기반 정책 수립

① **데이터 개방 확대:** 공공 데이터를 개방하여 민간의 창의적인 서비스 개발을 촉진할 수 있도록 한다.

② **데이터 플랫폼 구축:** 다양한 데이터를 통합하고 분석할 수 있는 플랫폼을 구축하여 데이터 기반 정책 수립을 지원한다.

③ **데이터 활용 촉진:** 데이터 활용을 위한 제도적 기반을 마련하고, 데이터 기반 비즈니스 모델 개발을 지원한다.

(7) 사회적 가치 창출

① **포용적 성장 지원:** 디지털 기술을 활용하여 사회적 약자를 위한 서비스를 개발하고, 디지털 격차 해소를 위한 노력을 기울여야 한다.

② **환경 보호를 위한 기술 개발 지원:** 친환경 기술 개발을 지원하고, 디지털 기술을 활용한 환경문제 해결을 위한 노력을 해야 한다.

③ **윤리적 AI 개발 촉진:** 윤리적인 AI 개발을 위한 가이드라인을 마련하고, AI 기술의 오남용을 방지할 수 있도록 한다.

Chapter 10

창업 준비

창업 준비 10

1. 창업 준비

창업 준비를 잘하고 여러 가지 어려운 과정을 원만히 처리하고도 창업의 마무리 단계인 개업 준비를 철저히 하지 못하여 큰 시련에 봉착하는 경우가 많다.

개업을 하기 위해서는 짧은 기간에 많은 것을 준비해야 하므로 간혹 한두 가지를 빼놓을 수 있다. 이를 방지하기 위해서는 체크리스트를 작성해 각 단계별로 소요기간을 정하고 일의 우선순위를 결정하여 할 일을 적어 놓아야 한다.

일반적으로 개업 준비 절차는 간판, 인테리어, 집기, 설비 구입 및 배치, 직원이나 아르바이트 채용, 개업 홍보, 사업자등록 신청, 영업 시작 등으로 이루어지고 있으나, 경우에 따라서는 절차의 선후가 바뀌거나 동시에 이루어질 수도 있다.

사업장 개업 전 반드시 개업 리허설이 필요하다. 최소한 개업 3일 전부터 전 종업원을 출근시켜 고객 응대 교육을 실시하여 서비스의 품질을 높이고 각자의 맡은 바 업무를 숙지시켜야 한다.

특히 업종별로 상품과 메뉴에 대한 숙지, 근무 자세, 전화 받는 요령, 복장, 고객안내, 고객의 불만 처리요령 등에 대하여 종업원의 교육이 필요하다. 오픈 전까지는 연습이 있을지 몰라도 개업 이후에는 연습이란 없기 때문에 철저히 준비해야 한다. 이제는 실전이기 때문에 그동안 열심히 준비했음에도 부족한 건 없는지 마지막 점검이 필요하다.

1) 점포 구하기

(1) 점포 구하기 행동지침

① 상권 규모가 크고 잠재 고객의 수요가 많은 곳을 찾는다.

② 자금 사정을 고려하여 크기와 입지를 선정해야 한다.

③ 점포 앞을 지나다니는 유동인구의 통행량을 조사하고, 보행자들의 동선도 조사해야 한다.

④ 점포 모양이 정방형이고, 전면이 넓고 잘 보이는 점포를 고른다.

⑤ 잘 나가는 상권이라도 비어 있는 점포가 있는지 확인한다.

⑥ 후보지를 비교 분석하여 최적의 조건을 갖춘 곳을 선택한다.

⑦ 근저당 설정이 되어 있는지, 권리금이 있는지 살펴보아야 한다.

⑧ 후보지에 현장 방문하여 주변 환경, 건물 상태, 교통 여건 등을 꼼꼼히 확인한다.

⑨ 상권의 변화 가능성과 시장의 규모나 구매 잠재력을 고려해서 판단한다.

(2) 피해야 할 점포

① 주변에 큰 규모의 같은 업종이 있는 곳은 피하라. 소비자들은 같은 조건이라면 작고 누추한 곳보다는 크고 화려한 곳을 선호한다.

② 상권이 확대되는 곳은 주의하라. 상권이 확대되는 곳은 대형유통시설이 들어서거나 새로운 역세권이 형성되는 경우에는 일반주택이 상가주택으로 변하면서 상권이 활성화되는 점도 있지만 대개의 경우 상권의 범위만 넓어지고 고객이 분산돼 경쟁만 치열해지므로 주의가 필요하다.

③ 언덕 위에 있는 상점은 피하라. 언덕 위에 위치한 상점은 평지에 있는 상점보다 인기가 없다.

④ 맞은편에 상점이 없는 경우는 피하라. 고궁, 학교, 관청, 아파트 등 맞은편에 상점이 없는 경우 늘 조용하고 썰렁하기까지 하다.

⑤ 유동인구가 그냥 흐르는 곳은 피하라. 유동인구가 많더라도 목적지를 향해 가는 사람이 대부분이라면 장사에 도움이 되지 않는 경우가 많다.

⑥ 업종이나 주인이 자주 바뀌는 상점은 피하라. 장사가 잘되고 돈벌이가 좋다면 왜 주인이 자주 바뀌겠는가.

⑦ 빈 가게나 공터가 많은 곳은 피하라. 빈 가게가 많은 곳은 그만큼 장사가 되지 않는다는 증거다.

⑧ 건물주가 유사 업종에 장사하는 건물은 피하라. 장사가 잘되면 건물주가 욕심을 내는 경우가 있다.

⑨ 임대료나 권리금이 유난히 싼 상점은 꼼꼼히 살펴라. 임대료와 권리금이 싸다고 무조건 장사가 잘되지 않는 가게라고는 할 수 없다.

2) 점포 입지

점포 입지를 선정할 때 중요한 것은 창업 정보나 입지에 관한 지침서보다 정확한 수요층 분석과 업종분석이다. 유동인구가 많은 상권이 좋겠지만 유동인구도 연령별, 성별, 소비성향별 특색을 잘 파악해야 한다. 아무리 좋은 상품이나 서비스를 가지고 있다 하더라도, 고객이 쉽게 접근할 수 없는 곳에 위치한다면 매출 증대에 어려움을 겪을 수 있다. 따라서 신중한 입지선정을 통해 고객과의 접점을 늘리고, 경쟁 우위를 확보하는 것이 무엇보다 중요하다.

점포 입지선정 시 고려해야 할 사항은 다음과 같다.

① **통행량 분석:** 점포에 들어오거나 점포 앞을 통과하는 사람의 수를 분석

- 일일 평균 통행량: 해당 지역을 지나다니는 사람들의 수를 파악하여 잠재고객 수를 예측한다.
- 연령대별, 성별 통행량: 주요 타깃 고객층의 통행량을 분석하여 효과적인 마케팅 전략을 수립한다.
- 시간대별 통행량: 피크 시간대와 비수 시간대의 통행량을 비교하여 영업 시간을 결정하고, 효율적인 운영 전략을 수립한다.

② **주변 점포 분석:** 주변 점포의 영향을 받기 때문에 호혜적인 사업인가, 피해를 주는 사업인가를 분석

- 동종 업종 점포: 경쟁 점포의 수, 입지, 강점과 약점을 분석하여 차별화

전략을 수립한다.

- 이종 업종 점포: 보완적인 관계를 맺을 수 있는 이종 업종 점포와의 시너지 효과를 기대할 수 있다.
- 상권의 특성: 주변 상권의 분위기, 주요 고객층, 상권의 성장 가능성 등을 고려한다.

③ **접근의 용이성 분석:** 사람의 통행이 잦은 동선상에 위치해야 하고 건널목, 지하철 출입구 등 고객 유인에 유리한 지점인지 확인

- 대중교통: 버스 정류장, 지하철역 등 대중교통 이용의 편리성을 고려한다.
- 자동차: 주차공간의 유무와 접근성을 고려하여 자동차 이용 고객의 편의를 도모한다.
- 보행자: 보행로의 폭, 안전성 등을 고려하여 보행자의 접근성을 높인다.

④ **점포의 가시성 분석:** 사람의 눈에 잘 보이는 곳으로 장애물이 없는 곳인지 분석

- 외부 노출도: 도로변, 건물 입구 등 눈에 잘 띄는 위치에 자리 잡아 고객 유입을 촉진한다.
- 간판 및 디자인: 독특하고 매력적인 간판 디자인으로 고객의 시선을 사로잡을 수 있도록 한다.
- 조명: 밝고 눈에 잘 띄는 조명을 사용하여 야간에도 가시성을 높인다.

⑤ **점포의 과거 경력 분석:** 과거에 장사가 잘된 곳인지, 실패하고 나간 곳인지를 분석

- 전 임차인: 이전에 해당 점포를 운영했던 사업의 종류와 성과를 파악한다.
- 문제점: 과거에 발생했던 문제점(불친절, 불결, 부당한 가격)을 파악하고, 개선 방안을 모색한다.
- 장점: 이전 사업의 장점을 활용하여 새로운 사업에 접목하도록 한다.

3) 점포계약

점포계약은 사업의 안정적인 운영을 위해 반드시 꼼꼼하게 준비해야 하는

절차이다. 잘못된 계약으로 인해 발생할 수 있는 불필요한 분쟁과 손해를 사전에 예방할 필요성이 있다. 점포를 계약하기 전에 토지등기부등본, 건물등기부등본, 토지대장, 건축물관리대장 및 도시계획확인원 등의 공부서류를 확인하는 것이 매우 중요하다. 계약은 법적 구속력을 가져 향후 분쟁 시 주요한 판단 기준이 되므로 주의를 기울여야 한다.

(1) 점포 임대차 계약 시 확인해야 할 사항

① 공부서류 확인

- 등기부등본: 소유권, 저당권 등 건물에 설정된 권리관계를 확인한다.
- 건축물대장: 건물의 구조, 용도, 면적 등을 확인한다.
- 토지대장: 토지의 소유권, 지목, 면적 등을 확인한다.
- 건축물 사용승인서: 건축물의 사용 승인 여부를 확인한다.

② 점포에 들어가는 자금 규모 확인

- 보증금: 보증금의 규모와 반환 조건을 확인한다.
- 월세: 월세의 금액, 지급 시기, 인상률 등을 확인한다.
- 관리비: 관리비 항목과 금액을 확인한다.
- 인테리어 비용: 인테리어 비용 예상 금액과 누가 부담하는지 확인한다.
- 기타 비용: 광고비, 홍보비 등 추가적으로 발생할 수 있는 비용을 고려한다.

③ 건물의 용도 확인

- 용도 제한: 건물의 용도가 임대하고자 하는 업종에 적합한지 확인한다.
- 용도 변경 가능성: 용도 변경이 필요한 경우 가능 여부와 절차를 확인한다.

④ 목적물 확인

- 면적: 계약서에 기재된 면적과 실제 면적이 일치하는지 확인한다.
- 하자: 건물에 하자가 있는지 꼼꼼하게 확인하고, 하자 보수에 대한 책임

소재를 명확히 한다.

- 시설: 임대하는 시설의 상태를 확인하고, 필요한 시설 개선에 대한 비용 부담 주체를 명확히 한다.

⑤ 점포의 적합성 확인

- 입지조건: 유동인구, 주변 상권, 교통편의 시설 등을 고려하여 점포의 입지가 적합한지 판단한다.
- 경쟁 점포: 주변에 경쟁 점포가 많은지, 경쟁력을 확보할 수 있는지 확인한다.
- 법규 준수: 관련 법규를 준수하여 영업할 수 있는지 확인한다.

⑥ 채권 확보 대책 확인

- 보증금: 보증금을 충분히 확보하여 임대인의 채무 불이행에 대비한다.
- 계약서: 계약서에 채권 확보를 위한 조항을 명확히 기재한다.
- 법적 절차: 필요한 경우 법적 절차를 통해 권리를 행사할 수 있도록 준비한다.

⑦ 계약서 작성 시 확인

- 계약 내용: 계약서에 기재된 모든 내용을 꼼꼼히 확인하고, 이해하기 어려운 부분은 전문가에게 문의한다.
- 특약 사항: 특약 사항이 있다면 명확하게 기재하고, 법적 효력을 갖도록 한다.
- 서명 및 날인: 계약서에 정확한 날짜와 당사자의 서명 및 날인을 받는다.

⑧ 세부 내용 확인

- 임대료 지급 방법: 임대료 지급 방법, 시기, 장소 등을 명확히 한다.
- 관리비 부담: 관리비 항목과 부담 비율을 명확히 한다.

- 계약 해지 조건: 계약 해지 사유와 절차를 명확히 한다.
- 보증금 반환 조건: 보증금 반환 시기와 방법을 명확히 한다.
- 시설 투자: 시설 투자 비용의 회수 방안과 시설물 인수 조건을 명확히 한다.

(2) 점포계약 전에 확인해야 할 사항

① 점포 내부에서 확인해야 할 사항

- 전용면적의 실 평수 직접 확인
- 점포의 전면 길이와 바닥 모양 및 방향
- 주차시설 유무와 사용료
- 건물 및 영업 시설의 노후 상태
- 수도, 도시가스, 창고 및 화장실 등

② 점포 외부에서 확인해야 할 사항

- 유동인구, 경쟁 점포의 규모와 영업 형태 등
- 임대보증금 및 월세, 관리비, 공과금 등 임대가격 비교
- 상권 내 세대별 소득 수준, 업종의 라이프 사이클 등 배후조건

(3) 점포계약 시 주의사항

① 권리 유무 확인

- 등기부등본: 건물의 소유권, 저당권 등 권리관계를 정확히 확인해야 한다. 특히, 임대인이 건물의 소유주인지, 다른 사람에게 임대할 권한이 있는지 반드시 확인해야 한다.
- 임대차 계약서: 이전 임차인과의 계약 내용을 확인하여 미납된 임대료나 하자 보수 문제 등이 없는지 확인해야 한다.

② 건물주의 의도 파악

- 임대 기간: 단기간에 계약을 해지하고 싶어 하는 건물주라면 향후 사업

운영에 어려움이 발생할 수 있다. 장기적인 안목으로 임대를 고려하는 건물주인지 확인해야 한다.

- 건물 관리: 건물 관리에 소홀하거나 임대인과의 소통이 원활하지 않은 경우 불편함을 겪을 수 있다. 건물의 관리 상태를 직접 확인하고, 건물주와의 소통 방식을 미리 파악하는 것이 좋다.

③ 목적물의 상태 확인

- 누수: 천장, 벽면 등에 누수가 있는지 꼼꼼히 확인해야 한다. 누수는 장기적으로 건물의 손상을 야기할 수 있으며, 영업에 지장을 줄 수 있다.
- 시설 상태: 전기, 수도, 냉난방 시설 등이 정상적으로 작동하는지 확인해야 한다.
- 소음 및 진동: 주변 환경으로 인한 소음이나 진동이 심한 경우, 영업에 방해가 될 수 있다.

④ 점포 위치 및 업종의 적합성

- 층수: 지하층이나 고층의 경우, 접근성이 떨어지거나 고객 유입이 어려울 수 있다. 업종의 특성에 맞는 적절한 층수를 선택해야 한다.
- 주변 상권: 주변 상권의 구성과 유동인구를 분석하여 해당 상권에 적합한 업종인지 판단해야 한다.

⑤ 건물주의 신용 및 채권 확보

- 건물주의 신용: 건물주의 신용 상태를 확인하여 임대료 미납이나 계약 불이행 등의 문제가 발생할 가능성을 줄여야 한다.
- 채권 확보: 보증금 외에 추가적인 채권 확보 방안을 마련하는 것이 좋다. 예를 들어, 임대차 보증보험 가입 등을 고려할 수 있다.

⑥ 계약 시 주의사항

- 계약서 내용: 계약서에 모든 조건이 명확하게 기재되어 있는지 꼼꼼히

확인하고, 불리한 조항은 수정을 요구해야 한다.

- 직접 계약: 건물주와 직접 계약을 체결하고, 계약서에 건물주 본인의 이름으로 작성되어 있는지 확인해야 한다.
- 전문가 상담: 법률 전문가와 상담하여 계약서 내용을 검토하고, 필요한 경우 법적 조언을 구하는 것이 좋다.

4) 상호등록

사업을 준비하는 예비 창업자에게 상호는 매우 중요한 역할을 한다. 상호등록은 사업체의 이름을 법적으로 보호받기 위해 공식적으로 등록하는 절차이고, 사업을 운영하는 데 있어서 매우 중요한 역할을 한다. 또한, 상호 자체가 하나의 자산으로 인정받게 되며 상표와 함께 브랜드 가치를 높이는 역할을 한다. 상호를 등록하면 다양한 마케팅 활동에서 활용 가능하고, 명확한 상호는 광고나 판촉 활동에서 소비자들의 관심을 더 쉽게 끌 수 있다. 상호를 통해 고유한 아이덴티티를 형성하고 유지할 수 있다. 따라서 상호등록은 법적 보호와 브랜드 가치 제고를 위해 꼭 필요한 절차라 할 수 있고, 상호를 명확히 등록함으로써 비즈니스 운영에 있어 보다 안정적이고 신뢰성 있는 기반을 마련할 수 있다.

(1) 상호, 상표, 서비스표

① 상호(Trade Name)

- 정의: 상인(자연인 또는 법인)이 영업상 자기를 나타내기 위해 사용하는 명칭이다. 즉, 사업체의 이름이라고 생각하면 된다.
- 예시: (주)네이버, 카카오, 스타벅스 코리아 등
- 기능: 사업체의 정체성을 나타내고, 다른 사업체와 구별하는 역할을 한다.
- 등록: 상호는 「상표법」에 의해 보호되는 대상은 아니지만, 「상업등기법」에 따라 등록해야 한다.

② 상표(Trademark)

- 정의: 자신의 상품과 타인의 상품을 식별하기 위하여 사용하는 표장(기

호, 문자, 도형 등)이다. 즉, 상품의 출처를 나타내는 표시라고 생각하면 된다.

- 예시: 코카콜라, 애플 로고, 나이키 스우시 등
- 기능: 특정 상품이 어떤 회사에서 만들어졌는지 소비자에게 알려주는 역할을 한다.
- 등록: 「상표법」에 의해 보호받기 위해 특허청에 등록해야 한다.

③ 서비스표(Service Mark)

- 정의: 서비스업을 영위하는 상인이 자기의 서비스업을 타인의 서비스업과 식별하기 위하여 사용하는 표장을 말한다. 즉, 서비스의 출처를 나타내는 표시라고 생각하면 된다.
- 예시: 네이버페이, 카카오톡, 스타벅스 리워드 등
- 기능: 특정 서비스가 어떤 회사에서 제공되는지 소비자에게 알려주는 역할을 한다.
- 등록: 상표와 마찬가지로 「상표법」에 의해 보호받기 위해 특허청에 등록해야 한다.

표 10-1 **상호, 상표, 서비스표의 비교**

구 분	상 호	상 표	서비스표
의 미	• 사업체 이름	• 상품의 출처	• 서비스의 출처
등 록	• 상업등기법	• 상표법	• 상표법
보 호	• 상표법에서는 직접 보호 대상은 아니지만, 부정경쟁방지법 등에 의해 보호될 수 있음	• 상표법에 의해 보호	• 상표법에 의해 보호
예 시	• ㈜ 삼성전자	• 삼성 로고, 갤럭시	• 삼성페이

(2) 상호 작명 시 주의할 점

① 업종과의 연관성이 있어야 한다.

- 사업의 특징이나 제공하는 서비스를 명확하게 나타내는 단어를 사용하여 고객이 쉽게 연관 지을 수 있도록 한다.
- 예시: '카페베네'(커피), '배달의민족'(음식 배달)

② 기억하기 쉽고 발음하기 편한 단어를 사용해야 한다.

- 간결하고 짧은 단어를 사용하여 고객이 쉽게 기억하고 부를 수 있도록 한다.
- 복잡하거나 어려운 단어는 피하고, 발음이 부드럽고 귀에 익는 단어를 선택한다.

③ 독창성과 차별성이 있어야 한다.

- 경쟁 업체와 차별화되는 독창적인 이름을 선택하여 기억에 오래 남도록 한다.
- 유사한 이름을 사용하는 경우 혼동을 야기할 수 있으므로, 특허청 상표 검색을 통해 중복 여부를 확인한다.

④ 긍정적인 이미지를 연상될 수 있도록 한다.

- 사업의 이미지와 부합되는 긍정적인 의미를 가진 단어를 사용하여 좋은 인상을 심어준다.
- 예시: '행복', '즐거움', '신뢰' 등

⑤ 법적 문제 발생 가능성을 고려해야 한다.

- 타인의 상표권을 침해하거나, 부정적인 의미를 내포하는 단어는 사용하지 않는다.
- 법적인 문제를 예방하기 위해 전문가의 도움을 받는 것이 좋다.

⑥ **다양한 매체에서의 활용 가능성을 고려해야 한다.**

- 로고 디자인, 명함, 웹 사이트 등 다양한 매체에서 활용했을 때 어울리는지 확인한다.
- 특히, 외국어로 표기했을 때 어색하지 않은지 확인하는 것이 중요하다.

5) 점포 인테리어

(1) 점포 설계의 방향

점포형 창업은 제품의 품질, 가격, 서비스 그리고 고객의 특성에 맞는 점포의 디자인 등이 적절히 조화를 이루어야 성공 창업이 가능하다. 따라서 점포를 임대하기 전에 자신의 사업에 맞는 입지 공간인지 아닌지를 먼저 판단해야 한다. 점포 실내장식은 보통 평수에 따라 실내장식 공사비를 예측할 수 있지만 임대할 건물에 따라 창업자가 원하는 점포 개념(concept)을 디자인(design)할 수 없는 예도 있고, 특별히 비용이 많이 들어가는 공간일 수도 있다. 건축물 내부공간과 사업내용을 잘 반영해 효율적인 매장으로 꾸미기 위해서는 건축물 내부공간과 사업내용 등을 정확히 분석한 후 디자인, 실내장식 등을 결정해야 한다. 다음은 점포 설계에 대한 몇 가지 방향을 제시하였다.

① **브랜드 이미지를 반영한 디자인:** 점포의 인테리어는 브랜드 이미지를 반영해야 한다. 예를 들어, 고급스러운 브랜드라면 고급스러운 인테리어를, 캐주얼한 브랜드라면 캐주얼한 인테리어를 선택하는 것이 좋다.

② **고객의 편의성을 고려한 디자인:** 점포의 인테리어는 고객이 쉽게 둘러볼 수 있도록 설계되어야 한다. 예를 들어, 넓은 통로를 만들거나, 상품을 깔끔하게 진열하는 것이 좋다.

③ **고객의 흥미를 끄는 디자인:** 점포의 인테리어는 고객의 흥미를 끄는 디자인이어야 한다. 예를 들어, 독특한 소품을 사용하거나, 흥미로운 디스플레이를 설치하는 것이 좋다.

(2) 외부 인테리어

점포의 외부 인테리어는 고객을 효과적으로 끌어들이기 위한 수단이다. 따라서 목표 고객에게 특별한 점포의 느낌을 줄 수 있도록 해야 한다.

① **입구:** 고객이 처음으로 접하는 부분이므로, 시선을 끌고 친근한 느낌을 주는 디자인을 중요하다. 예를 들어, 밝은 색상을 사용하거나, 녹색 식물을 배치하는 것이 좋다.

② **간판:** 가게의 이름과 위치를 알리는 역할을 하므로, 가독성이 좋고 눈에 띄는 디자인을 하는 것이 중요하다. 간판을 보고 업종, 영업 여부 등이 순간적으로 구별되지 않으면 간판의 기능을 다 하지 못하는 것인 만큼, 통행인의 눈에 쉽게 띄도록 하기 위해서는 통행량과 통행인이 흐르는 방향 등을 파악하여 가장 적합한 설치 위치를 결정해야 한다.

③ **창문:** 가게 내부를 보여주는 역할을 하므로, 깔끔하고 정돈된 모습을 유지하는 것이 중요하다. 이를 통해 고객이 상품에 관심을 가져야 한다.

(3) 내부 인테리어

내부 인테리어는 고객이 점포 안으로 들어왔을 때 구매 욕구를 높일 수 있도록 설계되어야 한다. 상품이 더욱 매력적으로 보이도록 배열하는 것이 기본이다.

① **레이아웃:** 고객이 쉽게 둘러볼 수 있도록 설계되어야 한다. 예를 들어, 넓은 통로를 만들거나 상품을 깔끔하게 진열하는 것이 중요하다.

② **조명:** 가게의 분위기를 결정하는 중요한 요소이다. 따뜻하고 부드러운 조명을 사용하면 편안한 분위기를 연출할 수 있다. 조명은 물건을 돋보이게 할 뿐만 아니라 부분 집중조명을 사용할 경우 진열된 상품을 강조한다.

③ **색상:** 가게의 이미지를 결정하는 중요한 요소이다. 브랜드 컬러를 사용하거나, 고객이 좋아할 만한 색상을 사용하는 것이 좋다. 특히, 젊은 층을 상대로 하는 점포일수록 파격적인 색깔을 사용하는 것이 좋다.

6) 사업자등록

사업자등록은 사업을 시작하거나 운영하는 개인이나 법인이 국세청에 사업 사실을 신고하고 사업자로 등록하는 절차이다. 이는 국가에서 사업 활동을 관리하고 세금을 징수하기 위한 제도이다.

(1) 사업자등록의 개요

① **사업자:** 독립적으로 영리를 목적으로 하는 경제활동을 하는 자를 의미한다. 즉, 돈을 벌기 위해 스스로 사업을 하는 사람이나 법인을 말한다. 「부가가치세법」에서는 영리 목적의 유무를 불구하고 사업상 독립적으로 재화 또는 용역을 공급하는 자를 사업자라 하고 부가가치세를 납부할 의무를 부여하고 있다.

② **사업자등록:** 납세의무자에 해당하는 사업자를 정부(세무관서)의 대장에 등록하는 것을 말하는데, 신규로 사업을 개시하는 자는 사업장마다 사업개시일로부터 20일 이내에 필요한 서류를 첨부하여 사업자등록신청서를 관할 세무서장에게 제출하여야 한다. 사업자등록 방법은 세무서를 직접 방문해서 신청하거나 홈택스를 이용하여 인터넷으로 간편하게 신청할 수 있다.

③ **사업자가 등록하지 않는 경우:** 관할 세무서장이 조사하여 직권으로 등록시킬 수 있으며 사업 개시 전 등록신청을 받은 세무서장은 신청자가 사업을 사실상 개시하지 아니할 것이라고 인정되는 때는 등록을 거부할 수도 있다. 이렇게 사업자등록의무를 이행하지 않을 시엔 불법 영업으로 간주하여 「부가가치세법」상 미등록가산세가 부과되며, 기타 세액공제 등의 혜택을 받을 수 없다.

(2) 사업자등록 신청 시 필요한 구비서류

① 사업자등록신청서 1부(국세청 자료실 또는 세무서 민원 봉사실)

② 개인의 경우 본인 주민등록증 지참, 법인은 법인등기부 등본 1부

③ 사업허가증, 등록증, 신고필증 사본 1부(허가, 등록 또는 신고해야 하는 경우)

④ 법인설립등기 전 또는 사업허가 전에 등록을 하고자 하는 경우는 법인 설립을 위한 발기인 주민등록등본 또는 사업허가신청서 사본이나 사업계획서 첨부

⑤ 사업장을 임차한 경우 임대차계약서 사본 1부, 본인 건물인 경우에는 건물등 기부 등본(상가건물의 일부분을 임차한 경우 해당 부분의 도면)

⑥ 2인 이상이 공동 사업을 하려는 경우 공동 사업을 증명하는 동업계약서 등

표 10-2 사업자등록신청서(개인사업자용)

■ 부가가치세법 시행규칙 [별지 제4호서식] <개정 2024. 3. 22.>

홈택스(www.hometax.go.kr)에서도 신청할 수 있습니다.

사업자등록 신청서(개인사업자용)
(법인이 아닌 단체의 고유번호 신청서)

※ 사업자등록의 신청 내용은 영구히 관리되며, 납세 성실도를 검증하는 기초자료로 활용됩니다.
아래 해당 사항을 사실대로 작성하시기 바라며, 신청서에 본인이 자필로 서명해 주시기 바랍니다.
※ [ ]에는 해당하는 곳에 √표를 합니다.

(앞쪽)

접수번호	처리기간	2일(보정 기간은 불산입)

1. 인적사항

상호(단체명)	연락처	(사업장 전화번호)
성명(대표자)		(주소지 전화번호)
주민등록번호		**(휴대전화번호)**
(단체)부동산등기용등록번호		(FAX 번호)
사업장(단체) 소재지		층 호
사업장이 주소지인 경우 주소지 이전 시 사업장 소재지 자동 정정 신청		([ ]여, [ ]부)

2. 사업장 현황

업 종	주업태		주종목		주생산 요소		주업종 코드	**개업일**	종업원 수
	부업태		부종목		부생산 요소		부업종 코드		

사이버몰 명칭		사이버몰 도메인	

사업장 구분	자가	타가	사업장을 빌려준 사람 (임대인)			임대차 명세		
	면적	면적	성 명 (법인명)	사업자 등록번호	주민(법인) 등록번호	임대차 계약기간	(전세) 보증금	월세(차임)
	㎡	㎡				. . . ~ . . .	원	원

허가 등 사업 여부	[ ]신고 [ ]등록 [ ]허가 [ ]해당 없음	주류면허	면허번호	면허신청
				[ ]여 [ ]부
개별소비세 해당 여부	[ ]제조 [ ]판매 [ ]입장 [ ]유흥	사업자 단위 과세 적용 신고 여부	[ ]여 [ ]부	
사업자금 명세 (전세보증금 포함)	자기자금 원	타인자금	원	
간이과세 적용 신고 여부	[ ]여 [ ]부	간이과세 포기 신고 여부	[ ]여 [ ]부	
전자우편주소		국세청이 제공하는 국세정보 수신동의	[ ]문자(SMS) 수신에 동의함(선택) [ ]전자우편 수신에 동의함(선택)	

그 밖의 신청사항	확정일자 신청 여부	공동사업자 신청 여부	사업장소 외 송달장소 신청 여부	양도자의 사업자등록번호 (사업양수의 경우에만 해당함)
	[ ]여 [ ]부	[ ]여 [ ]부	[ ]여 [ ]부	
신탁재산 여부	[ ]여 [ ]부	신탁재산의 등기부상 소재지 또는 등록부상 등록지		

210mm×297mm[백상지(80g/㎡) 또는 중질지(80g/㎡)]

(뒤쪽)

3. 사업자등록 신청 및 사업 시 유의사항 (아래 사항을 반드시 읽고 확인하시기 바랍니다)

가. 다른 사람에게 사업자명의를 빌려주는 경우 사업과 관련된 각종 세금이 명의를 빌려준 사람에게 나오게 되어 다음과 같은 불이익이 있을 수 있습니다.

1) 조세의 회피 및 강제집행의 면탈을 목적으로 자신의 성명을 사용하여 타인에게 사업자등록을 할 것을 허락하거나 자신 명의의 사업자등록을 타인이 이용하여 사업을 영위하도록 한 자는 「조세범 처벌법」 제11조제2항에 따라 1년 이하의 징역 또는 1천만원 이하의 벌금에 처해집니다.

2) 소득이 늘어나 국민연금과 건강보험료를 더 낼 수 있습니다.

3) 명의를 빌려간 사람이 세금을 못 내게 되면 체납자가 되어 소유재산의 압류·공매처분, 체납명세의 금융회사 등 통보, 출국규제 등의 불이익을 받을 수 있습니다.

나. 다른 사람의 명의로 사업자등록을 하고 실제 사업을 하는 것으로 확인되는 경우 다음과 같은 불이익이 있을 수 있습니다.

1) 조세의 회피 또는 강제집행의 면탈을 목적으로 타인의 성명을 사용하여 사업자등록을 하거나 타인 명의의 사업자등록을 이용하여 사업을 영위한 자는 「조세범 처벌법」 제11조제1항에 따라 2년 이하의 징역 또는 2천만원 이하의 벌금에 처해집니다.

2) 「부가가치세법」 제60조제1항제2호에 따라 사업 개시일부터 실제 사업을 하는 것으로 확인되는 날의 직전일까지의 공급가액 합계액의 1%에 해당하는 금액을 납부세액에 더하여 납부해야 합니다.

3) 「주민등록법」 제37조제10호에 따라 다른 사람의 주민등록번호를 부정하게 사용한 자는 3년 이하의 징역 또는 3천만원 이하의 벌금에 처해집니다.

다. 귀하가 재화 또는 용역을 공급하지 않거나 공급받지 않고 세금계산서 또는 계산서를 발급하거나 발급받은 경우 또는 이와 같은 행위를 알선·중개한 경우에는 「조세범 처벌법」 제10조제3항 또는 제4항에 따라 3년 이하의 징역 또는 공급가액에 부가가치세의 세율을 적용하여 계산한 세액의 3배 이하에 상당하는 벌금에 처해집니다.

라. 신용카드 가맹 및 이용은 반드시 사업자 본인 명의로 해야 하며 사업상 결제목적 외의 용도로 신용카드를 이용할 경우 「여신전문금융업법」 제70조제3항제2호부터 제6호까지의 규정에 따라 3년 이하의 징역 또는 2천만원 이하의 벌금에 처해집니다.

창업자 멘토링 서비스	신청 여부	[ ]여 [ ]부

※ 세무대리인을 선임하지 못한 경우 신청 가능하며, 서비스 제공 요건을 충족하지 못한 경우 서비스가 제공되지 않을 수 있음

대리인이 사업자등록신청을 하는 경우에는 아래의 **위임장을 작성하시기 바랍니다.**

위 임 장	본인은 사업자등록 신청과 관련한 모든 사항을 아래의 대리인에게 위임합니다. 본 인: (서명 또는 인)		
대리인 인적사항	성명	주민등록번호	전화번호	신청인과의 관계

위에서 작성한 내용과 실제 사업자 및 사업내용 등이 일치함을 확인하며, 「부가가치세법」 제8조제1항·제3항, 제61조제3항, 같은 법 시행령 제11조제1항·제2항, 제109조제4항, 같은 법 시행규칙 제9조제1항·제2항 및 「상가건물 임대차보호법」 제5조제2항에 따라 사업자등록 ([ ]일반과세자[ ]간이과세자[ ]면세사업자[ ]그 밖의 단체) 및 확정일자를 신청합니다.

년 월 일

신청인: (서명 또는 인)

위 대리인: (서명 또는 인)

세무서장 귀하

신고인 제출서류	1. 사업허가증 사본, 사업등록증 사본 또는 신고확인증 사본 중 1부(법령에 따라 허가를 받거나 등록 또는 신고를 해야 하는 사업의 경우에만 제출합니다) 2. 임대차계약서 사본 1부(사업장을 임차한 경우에만 제출합니다) 3. 「상가건물 임대차보호법」이 적용되는 상가건물의 일부분을 임차한 경우에는 해당 부분의 도면 1부 4. 자금출처명세서 1부(금지금 도매·소매업, 과세유흥장소에서의 영업, 액체연료 및 관련제품 도매업, 기체연료 및 관련제품 도매업, 차량용 주유소 운영업, 차량용 가스 충전업, 가정용 액체연료 소매업, 가정용 가스연료 소매업, 재생용 재료 수집 및 판매업을 하려는 경우에만 제출합니다) 5. 신탁계약서 1부 6. 주택임대사업을 하려는 경우 「소득세법 시행규칙」 별지 제106호서식의 임대주택 명세서 1부 또는 임대주택 명세서를 갈음하여 「민간임대주택에 관한 특별법 시행령」 제4조제5항에 따른 임대사업자 등록증 사본 1부	수수료 없음

유의사항

사업자등록을 신청할 때 다음 각 호의 사유에 해당하는 경우에는 붙임의 서식 부표에 추가로 적습니다.

1. 공동사업자가 있는 경우
2. 사업장 외의 장소에서 서류를 송달받으려는 경우
3. 사업자 단위 과세 적용을 신청하려는 경우(2010년 이후부터 적용)

210㎜×297㎜[백상지(80g/㎡) 또는 중질지(80g/㎡)]

■ 부가가치세법 시행규칙 [별지 제4호서식 부표 1] <개정 2021. 3. 16.>

[ ] 공동사업자 명세
[ ] 서류를 송달받을 장소

※ [ ]에는 해당되는 곳에 √표를 합니다.

1. 인적사항

상호(단체명)

성명(대표자)

주민등록번호

사업장(단체) 소재지

2. 공동사업자 명세

출자금	원	성립일		
성명	주민등록번호	지분율	관계	출자공동사업자여부

* 소득분배비율과 지분율이 다른 경우에는 소득분배비율을 적습니다.
* 출자공동사업자란 「소득세법 시행령」 제100조제1항에 따라 경영에는 참여하지 않고 출자만 하는 공동사업자를 말합니다.

3. 서류를 송달받을 장소

「국세기본법」 제9조 및 같은 법 시행령 제5조에 따라 사업장이 아닌 다음 장소에서 서류를 송달받고자 합니다.
이 신청서로 등록신청한 사업장에 대하여 발생되는 고지서나 신고안내문 등의 송달주소로 활용됩니다.

- 구분 : [ ] 1.주민등록상 주소 [ ] 2.기타 (전화번호 :)

※ 주민등록상 주소를 선택한 경우 「주민등록법」 제16조에 따라 주소가 이전되면 송달주소가 이전된 주소로 자동으로 변경되는 것에 동의하는 경우 아래의 동의함에 체크하여 주시기 바랍니다.

[ ] 동의함 [ ] 동의하지 않음

송달받을 장소	주소
	전화번호
사유	

210㎜×297㎜[백상지(80g/㎡) 또는 중질지(80g/㎡)]

■ 부가가치세법 시행규칙 [별지 제4호서식 부표 2] <개정 2021. 3. 16.>

사업자 단위 과세 사업자의 종된 사업장 명세서(개인사업자용)

※ [ ]에는 해당되는 곳에 √표를 합니다.

종된 사업장 일련번호 ( )	상 호			사업장 소재지		종된 사업장 개설일	업종	주업태	주종목	업종코드
				층 호				부업태	부종목	업종코드
	확정일자 신청	도면 첨부	자가 면적	타가 면적	사업장을 빌려준 사람 (임대인)			임대차명세		
					성명 (법인명)	사업자 등록번호	주민(법인) 등록번호	임대차 계약기간	(전세) 보증금	월세
	여[ ] 부[ ]	여[ ] 부[ ]	㎡	㎡					원	원

종된 사업장 일련번호 ( )	상 호			사업장 소재지		종된 사업장 개설일	업종	주업태	주종목	업종코드
				층 호				부업태	부종목	업종코드
	확정일자 신청	도면 첨부	자가 면적	타가 면적	사업장을 빌려준 사람 (임대인)			임대차명세		
					성명 (법인명)	사업자 등록번호	주민(법인) 등록번호	임대차 계약기간	(전세) 보증금	월세
	여[ ] 부[ ]	여[ ] 부[ ]	㎡	㎡					원	원

종된 사업장 일련번호 ( )	상 호			사업장 소재지		종된 사업장 개설일	업종	주업태	주종목	업종코드
				층 호				부업태	부종목	업종코드
	확정일자 신청	도면 첨부	자가 면적	타가 면적	사업장을 빌려준 사람 (임대인)			임대차명세		
					성명 (법인명)	사업자 등록번호	주민(법인) 등록번호	임대차 계약기간	(전세) 보증금	월세
	여[ ] 부[ ]	여[ ] 부[ ]	㎡	㎡					원	원

종된 사업장 일련번호 ( )	상 호			사업장 소재지		종된 사업장 개설일	업종	주업태	주종목	업종코드
				층 호				부업태	부종목	업종코드
	확정일자 신청	도면 첨부	자가 면적	타가 면적	사업장을 빌려준 사람 (임대인)			임대차명세		
					성명 (법인명)	사업자 등록번호	주민(법인) 등록번호	임대차 계약기간	(전세) 보증금	월세
	여[ ] 부[ ]	여[ ] 부[ ]	㎡	㎡					원	원

종된 사업장 일련번호 ( )	상 호			사업장 소재지		종된 사업장 개설일	업종	주업태	주종목	업종코드
				층 호				부업태	부종목	업종코드
	확정일자 신청	도면 첨부	자가 면적	타가 면적	사업장을 빌려준 사람 (임대인)			임대차명세		
					성명 (법인명)	사업자 등록번호	주민(법인) 등록번호	임대차 계약기간	(전세) 보증금	월세
	여[ ] 부[ ]	여[ ] 부[ ]	㎡	㎡					원	원

210㎜×297㎜[백상지(80g/㎡) 또는 중질지(80g/㎡)]

■ 부가가치세법 시행규칙 [별지 제4호서식 부표 3] <개정 2021. 3. 16.>

사업자 단위 과세 사업자의 종된 사업장 명세서(법인사업자용)

※ [ ]에는 해당되는 곳에 √표를 합니다.

종된 사업장 일련번호	상 호	대표자 성명	대표자 주민등록번호	사업장 소재지	종된 사업장 개설일	업종	주업태	주종목	업종코드
							부업태	부종목	업종코드
( )				층 호					

확정일자 신청	도면첨부	자가면적	타가면적	사업장을 빌려준 사람 (임대인)			임대차명세		
				성명(법인명)	사업자등록번호	주민(법인)등록번호	임대차 계약기간	(전세)보증금	월세
여[ ] 부[ ]	여[ ] 부[ ]	㎡	㎡					원	원

종된 사업장 일련번호	상 호	대표자 성명	대표자 주민등록번호	사업장 소재지	종된 사업장 개설일	업종	주업태	주종목	업종코드
							부업태	부종목	업종코드
( )				층 호					

확정일자 신청	도면첨부	자가면적	타가면적	사업장을 빌려준 사람 (임대인)			임대차명세		
				성명(법인명)	사업자등록번호	주민(법인)등록번호	임대차 계약기간	(전세)보증금	월세
여[ ] 부[ ]	여[ ] 부[ ]	㎡	㎡					원	원

종된 사업장 일련번호	상 호	대표자 성명	대표자 주민등록번호	사업장 소재지	종된 사업장 개설일	업종	주업태	주종목	업종코드
							부업태	부종목	업종코드
( )				층 호					

확정일자 신청	도면첨부	자가면적	타가면적	사업장을 빌려준 사람 (임대인)			임대차명세		
				성명(법인명)	사업자등록번호	주민(법인)등록번호	임대차 계약기간	(전세)보증금	월세
여[ ] 부[ ]	여[ ] 부[ ]	㎡	㎡					원	원

종된 사업장 일련번호	상 호	대표자 성명	대표자 주민등록번호	사업장 소재지	종된 사업장 개설일	업종	주업태	주종목	업종코드
							부업태	부종목	업종코드
( )				층 호					

확정일자 신청	도면첨부	자가면적	타가면적	사업장을 빌려준 사람 (임대인)			임대차명세		
				성명(법인명)	사업자등록번호	주민(법인)등록번호	임대차 계약기간	(전세)보증금	월세
여[ ] 부[ ]	여[ ] 부[ ]	㎡	㎡					원	원

종된 사업장 일련번호	상 호	대표자 성명	대표자 주민등록번호	사업장 소재지	종된 사업장 개설일	업종	주업태	주종목	업종코드
							부업태	부종목	업종코드
( )				층 호					

확정일자 신청	도면첨부	자가면적	타가면적	사업장을 빌려준 사람 (임대인)			임대차명세		
				성명(법인명)	사업자등록번호	주민(법인)등록번호	임대차 계약기간	(전세)보증금	월세
여[ ] 부[ ]	여[ ] 부[ ]	㎡	㎡					원	원

210㎜×297㎜[백상지(80g/㎡) 또는 중질지(80g/㎡)]

7) 4대 보험

4대 보험은 우리나라에서 근로자가 의무적으로 가입해야 하는 사회보험 제도이다. 건강보험, 국민연금, 고용보험, 산재보험 총 4가지로 구성되어 있으며, 각 보험은 근로자가 겪을 수 있는 다양한 위험에 대비하여 경제적 안정을 제공하는 역할을 한다. 개업을 준비하는 사업자가 사업을 시작하면서 가장 먼저 해야 할 일 중 하나가 바로 4대 보험 신고이다. 4대 보험은 근로자를 고용할 경우 반드시 가입해야 하는 의무 보험이기 때문에, 개업 전에 미리 준비해 두는 것이 좋다.

(1) 국민연금

국내에 거주하는 18세 이상 60세 미만의 내 · 외국인(다만, 「공무원연금법」, 「군인연금법」 및 「사립학교교직원연금법」의 적용을 받는 공무원, 군인 및 사립학교교직원 등은 제외)은 가입해야 한다. 상시 1인 이상의 근로자가 있는 사업장은 당연히 가입해야 하며, 연금 보험료는 표준소득월액의 9%(기여금 4.5%, 부담금 4.5%)에 해당하는 금액이다.

(2) 건강보험

근로자 1인 이상을 고용하는 모든 사업장은 우연한 질병이나 부상으로 인한 고액의 진료비 때문에 어려움을 겪는 것을 방지하기 위하여, 국민 상호 간에 위험을 분담하고 의료 서비스를 제공하는 사회보장제도이다. 보험료는 피보험자에게 지급되는 표준 보수액에 따라 결정하며, 근로자 기준 보수월액의 7.09%를 사업자와 근로자가 각각 3.545%씩 부담한다.

(3) 고용보험

1988년부터 1인 이상의 근로자를 고용하는 모든 법인과 개인 사업자가 의무적으로 가입해야 한다. 사업 개시일부터 14일 이내 보험관계성립신고서를 제출해 고용보험 적용사업장임을 확인하는 사업장관리번호를 부여받아야 한다. 실직근로자(외국인근로자 제외)가 구직활동을 하는 기간 동안 생계지원을 위한 실업급여 지급뿐만 아니라 근로자의 직업능력개발을 위한 훈련과 교육을 지원하고 실업 예방과 고용촉진을 위하여 실시하는 사전적이고 적극적인 고용정책 수단이다. 고용보험료는 사업주가 매 보험년도 초에 보험사업별로 일괄하여 보고한 후 납부하여야 하며, 보험료의 부담은 사업주와 근로자가 각각 0.9%로 한다.

(4) 산재보험

근로자 1인 이상을 고용하는 모든 사업자는 업무상 부상 또는 질병에 걸렸을 때 치료에 소요되는 비용과 보상 및 재활 등을 위해 가입해야 하는 보험으로 사업 개시 14일 이내에 관할 지역본부에 보험관계성립신고서를 제출해야 한다. 보험료는 1년간 실제 지급한 임금총액에 해당 보험료율(업종마다 다름)을 곱하여 산정하고, 이미 납부한 개산보험료와의 차액을 납부하거나 반환한다.

8) 상가건물 임대차 보호법

「상가건물 임대차 보호법」은 상가 건물을 임차하여 영업활동을 하는 임차인을 보호하기 위해 제정된 법률이고, 2002년 11월(2008년 8월 개정)부터 시작하였다. 임대인의 자의적인 계약 해지나 과도한 임대료 인상 등으로부터 임차인을 보호하여 상업 활동의 안정을 도모하는 것이 주된 목적이다.

(1) 우선변제권과 보증금 적용범위

우선변제권이란, 임대인이 파산하거나 다른 채권자가 건물을 경매신청하는 등의 경우에 임차인이 다른 채권자들보다 먼저 보증금을 변제받을 수 있는 권리를 말한다. 즉, 임대인의 재산이 부족하여 다른 채권자들이 모두 돈을 받지 못하더라도, 우선변제권을 가진 임차인은 일정 금액까지는 반드시 보증금을 돌려받을 수 있다는 의미이다. 이 법은 상가건물 임차인의 보증금 환산액(보증금 환산액=보증금+월세×100)이 일정액 이하인 영세 상인에게 적용되는데, 지역별로 다음과 같이 적용된다.

① **서울:** 42억 원 이하

② **수도권 과밀억제권역:** 3억 원 이하

③ **과밀억제권역 외 지방:** 2억 4천만 원 이하

④ **기타 지역:** 1억 8천만 원 이하

(2) 상가 임차인에게 부여하는 주요 권리

① 계약 갱신 요구권에 의해 최대 5년간의 임대차 존속기간 보장

② 사업자등록을 하면 건물주가 바뀌어도 임차권을 주장할 수 있는 대항력 인정

③ 보증금에 대해 우선변제권 보장

④ 연 12% 범위로 임대료 인상 한도 설정

(3) 상가건물 임대차 보호법의 주요 내용

① **계약 갱신 요구권:** 임차인은 임대차 기간이 만료되기 6개월 전부터 1개월 전까지 사이에 계약 갱신을 요구할 수 있다. 임대인은 정당한 사유 없이 거절할 수 없다.

② **임대료 증액 제한:** 임대료를 증액할 경우에는 직전 임대차 기간 종료 1년 전부터 6개월 전까지 사이에 임차인에게 통지해야 하며, 증액폭은 현행 법상 제한되어 있다.

③ **보증금 반환:** 임대차가 종료되면 임대인은 임차인에게 보증금을 반환해야 한다.

④ **권리금 보호:** 임대차가 종료될 때 임차인은 권리금 회수를 위한 보호를 받을 수 있다.

⑤ **대항력:** 임차인은 대항력을 갖추면 후에 다른 사람이 그 건물을 소유하더라도 자신의 임차권을 주장할 수 있다.

Chapter 11

창업 세무

창업 세무 11

1. 세금의 기초

1) 세금의 개념

세금은 국가가 국민이나 기업에게 부과하는 의무적인 금전적 부담이다. 쉽게 말해, 우리가 살아가는 사회를 유지하고 발전시키기 위해 국가에 내는 돈이라고 할 수 있다. 모든 국민은 직접 또는 간접적으로 세금을 납부하면서 살아가고 있다. 창업을 준비하는 사업자는 기업을 경영하는 경우 세무에 대한 지식이 필요하다. 세금은 반대급부 없이 국민의 의무로서(「헌법」 제38조) 납부하여야 한다.

2) 사업자가 내는 세금의 종류와 개요

(1) 사업자가 내는 국세

① **소득세:** 사업으로 얻은 소득에 대해 부과되는 세금을 말한다. 사업 소득뿐만 아니라 부동산 임대 소득, 이자 소득 등 기타 소득까지 합산하여 신고하고 납부해야 한다.

② **법인세:** 법인(주식회사) 형태의 사업체가 얻은 이익에 대해 부과되는 세금이다.

③ **부가가치세:** 재화나 용역을 생산하거나 판매하는 과정에서 발생하는 부가가치에 대해 부과되는 세금이다. 사업자는 매출세액에서 매입세액을 차

감하여 납부한다.

④ **원천징수세:** 근로자에게 지급하는 급여에서 미리 세금을 떼어서 국가에 납부하는 세금이다.

(2) 사업자가 내는 지방세

① **사업소세:** 사업장을 둔 사업자에게 부과되는 세금으로, 사업의 종류와 규모에 따라 세액이 달라진다.

② **자동차세:** 사업용 자동차를 소유하고 있는 경우 부과되는 세금이다.

③ **지방소득세:** 소득세를 부과받는 개인이나 법인에게 부과되는 세금으로, 소득세의 일정 비율을 지방자치단체에 납부하는 것을 말한다.

(3) 세금 신고 및 납부방법

① **국세 신고:** 국세청 홈택스를 통해 전자신고하거나, 세무서에 직접 방문하여 신고할 수 있다.

② **지방세 신고:** 지방자치단체 홈페이지를 통해 전자신고하거나, 주민센터를 방문하여 신고할 수 있다.

③ **납부방법:** 은행, 우체국, 인터넷뱅킹 등 다양한 방법으로 납부할 수 있다.

(4) 사업자와 부가가치세

사업을 하게 되면 원칙적으로 사업자가 공급하는 재화나 용역의 생산 및 유통 과정에서 발생하는 부가가치에 대해 10%에 해당하는 세금을 납부할 의무가 있다. 그러나 다음의 경우에는 면세사업자에 해당하므로 부가가치세를 신고·납부할 의무가 없다.

① **농·축·수산물 판매업:** 쌀, 과일, 채소 등 농·축·수산물을 판매하는 사업자

② **의료업:** 병원, 치과 등 의료 서비스를 제공하는 사업자

③ **교육 서비스업:** 학원, 대학교 등 교육 서비스를 제공하는 사업자

④ **금융 및 보험업:** 은행, 보험사 등 금융 서비스를 제공하는 사업자

(5) 사업자와 소득세

사업을 운영하는 사업자라면 누구나 부담해야 하는 세금 중 하나가 소득세이다. 사업으로 발생한 소득에 대해 부과되는 소득세는 사업의 종류나 규모에 따라 세율과 신고 방법이 다르기 때문에 정확히 이해하고 있어야 한다.

① 대부분의 개인사업자는 사업을 통해 수익을 얻으면 소득세를 납부해야 한다. 그러나 일부 소득은 소득세 과세 대상에서 제외될 수 있다. 예를 들어, 비영리법인의 수입이나 일정 기준 이하의 소득은 면세될 수 있고 또는 국가정책에 따라 특정 업종이나 지역의 사업자에게 소득세를 감면해 주는 경우도 있다.

② 사업체가 법인인 경우에는 소득세가 아니라 법인세를 내야 한다. 법인 자체가 하나의 독립된 주체로 인정되어 사업 소득에 대해 법인세를 납부해야 하며, 법인세율은 일반적으로 개인소득세율보다 낮지만, 이익이 남으면 주주들에게 배당하는 경우 배당소득세가 추가로 발생할 수 있다.

(6) 사업자와 특별소비세

특별소비세는 사치품이나 고급 소비재 등 특정 품목에 대해 부과되는 세금이다. 일반적으로 부가가치세와는 별도로 부과되며, 사업자가 해당 품목을 제조하거나 판매할 때 납부해야 한다.

① **유흥음식 및 서비스:** 카바레, 나이트클럽, 카페, 디스코클럽 등 과세 유흥장소

② **특별소비세가 부과되는 품목:** 자동차(고급 승용차, 승합차 등), 주류(맥주, 소주, 와인 등), 담배(모든 종류의 담배), 보석류(금, 은, 다이아몬드 등), 고급시계, 고급 카메라, 요트, 골프 용품

(7) 세금 용어 정리

사업을 운영하다 보면 다양한 세금 용어에 혼란스러울 수 있다. 이러한 세금 용어들을 쉽게 이해할 수 있도록 설명한다.

① **납세의무자:** 세금을 납부해야 할 의무가 있는 사람 또는 법인을 의미하며,

개인사업자, 법인, 상속인 등이 납세의무자가 될 수 있다.

② **과세기간:** 세금을 계산하는 기간을 의미하며, 일반적으로 1년 단위로 과세기간을 정한다. 소득세의 경우 1월 1일부터 12월 31일까지가 일반적인 과세기간이다.

③ **소멸시효:** 국가가 납세자에게 세금을 부과할 수 있는 권리가 소멸되는 기간을 의미한다. 소멸시효가 지나면 국가는 더 이상 세금을 부과할 수 없으므로, 납세자에게 유리하게 작용할 수 있다.

④ **가산세:** 세금을 기한 내에 납부하지 않거나 신고를 누락한 경우 부과되는 추가적인 세금을 의미하며, 납부불능가산세, 무신고가산세, 과소신고가산세 등 다양한 종류의 가산세가 있다.

⑤ **세액공제:** 세금을 계산할 때 세액에서 일정 금액을 공제받는 제도이다. 예를 들어 연구개발 투자 세액공제, 중소기업 특별세액감면 등이 있다.

⑥ **수정신고:** 이미 신고한 세액에 착오나 누락이 있을 경우, 스스로 이를 바로잡아 다시 신고하는 것을 의미하며, 신고 시 실수로 잘못된 금액을 기재했을 때, 신고 후 새로운 사실을 알게 되었을 때, 세법 개정 등으로 인해 신고 내용을 변경해야 할 경우 등이 있다.

⑦ **경정청구:** 세무서가 과다하게 부과한 세액을 납부한 경우, 그 과다 납부액의 환급을 청구하는 것을 의미한다. 세무서의 과세 오류, 세법 해석의 차이, 납세자의 주장이 인정되는 경우 등이 있다.

⑧ **불복청구:** 세무서의 처분에 불복하여 상급 기관에 재심을 청구하는 것을 의미한다. 이의신청(세무서의 과세 처분이나 기타 행정 처분에 대해 부당하다고 생각될 때, 이를 시정해 달라고 해당 기관에 요구하는 절차), 심사청구(관할 세무서의 처분에 불복하여 지방국세청장에게 심사를 청구하는 것), 심판청구(관할 세무서의 처분에 불복하여 국세심판원에 심판을 청구하는 것), 행정소송(심판청구 결과에 불복하거나 행정소송의 대상이 되는 처분에 대해 법원에 소송을 제기하는 것) 등이 있다.

2. 부가가치세

1) 부가가치세의 개요

(1) 부가가치세의 개념

부가가치세(Value added tac)는 상품(재화)의 거래나 서비스(용역)의 제공 과정에서 발생하는 부가가치에 대해 부과되는 세금이다. 쉽게 말해, 물건을 만들거나 서비스를 제공하는 과정에서 새롭게 만들어진 가치에 대해 내는 세금이라고 할 수 있다.

우리나라의 부가가치세는 다음과 같이 계산한다.

부가가치세 = 매출세액(매출액×세율 10%) - 매입세액(매입 시 부담한 세액)

사업자가 부가가치세를 계산할 때는, 물건을 팔아서 받은 세액(매출세액)에서 다른 사업자에게 물건을 살 때 낸 세액(매입세액)을 빼서 납부해야 할 세액을 계산한다.

(2) 부가가치세의 특징

부가가치세는 다음과 같은 특징을 가지고 있다.

① **다단계 과세 및 전 단계 세액공제:** 생산부터 소비까지 모든 단계에서 과세하며, 이중과세를 방지하기 위해 각 사업자는 자신이 매입한 재화나 서비스에 대해 지불한 부가가치세를 매출세액에서 공제할 수 있다.

② **최종 소비자가 부담:** 부가가치세는 생산자나 판매자가 직접 부담하는 것이 아니라, 최종적으로는 상품이나 서비스를 구매하는 소비자가 부담하게 된다.

③ **간접세의 일종:** 부가가치세는 소득세, 법인세처럼 소득에 직접 부과되는 직접세가 아니라, 물건이나 서비스의 거래 과정에서 간접적으로 부과되는 간접세이다.

④ **소비 촉진 효과:** 부가가치세는 생산 활동을 장려하고 소비를 촉진하는 효과가 있다. 생산 과정에서 발생하는 부가가치에 대해 세금을 부과하기 때문에, 기업들은 생산을 늘리고 투자를 확대할 유인이 생긴다. 또한, 소비자 입장에서는 부가가치세가 물건 가격에 포함되어 있기 때문에 소비를 늘리게 되는 효과가 있다.

⑤ **중립성:** 부가가치세는 기업의 규모나 업종에 관계없이 동일한 세율이 적용되기 때문에, 상대적으로 중립적인 세금이라고 할 수 있다.

⑥ **소비지국 과세 원칙:** 부가가치세는 상품이나 서비스가 소비되는 곳에서 과세되는 소비지국 과세 원칙을 따르게 된다.

2) 일반과세자와 간이과세자의 차이점

표 11-1 일반과세자와 간이과세자의 차이

구분	일반과세자	간이과세자
연간 매출액	• 연매출액 일정 금액(8천만 원) 초과 • 간이과세 배제 업종	• 연매출액 일정 금액(8천만 원) 미만 • 과세유흥장소 및 부동산임대업 사업자 4천8백만 원 미만
세율	• 10%	• 1.5~4%의 낮은 세율(업종에 따라 다름)
세금계산서	• 의무적으로 발급	• 세금계산서 발급 의무가 없고, 간이과세표를 발행
매입세액 공제	• 가능(매출세액에서 매입세액을 공제하고 납부세액을 계산)	• 불가능(간이과세율을 적용하여 부가가치세를 계산)
신고횟수	• 1년에 2회(1월~6월, 7월~12월) 부가가치세 신고	• 1년에 1회 부가가치세 신고

3) 일반과세자

사업을 할 때는 원칙적으로 모든 재화(상품)나 용역(서비스)의 공급에 대하여는 부가가치세를 과세하나, 예외적으로 저소득층의 세금부담 경감 또는 기타 조세 정책적 목적으로 일부 재화와 용역의 공급에 대하여는 부가가치세가 면제되고 있다. 부가가치세가 면제되는 재화와 용역은 「부가가치세법」 시행규칙에 있다.

부가가치세는 6개월을 과세기간으로 하여 신고·납부하게 되며 각 과세기간을 다시 3개월로 나누어 중간에 예정신고 기간을 두고 있다.

표 11-2 일반과세자 부가가치세 납부기간

과세기간	과세대상기간		신고납부기간	신고대상자
제1기 1.1~6.30	예정신고	1.1.~3.31	4.1.~4.25	법인사업자
	확정신고	1.1.~6.30	7.1.~7.25	법인 · 개인 일반사업자
제2기 7.1~12.31	예정신고	7.1.~9.30	10.1.~10.25	법인사업자
	확정신고	7.1.~12.31	다음해 1.1.~1.25	법인 · 개인 일반사업자

(1) 부가가치세 신고 시 제출할 서류(일반과세자)

① **부가가치세 신고서:** 신고기간 동안 발생한 매출액, 매입액, 세액 등을 기재하는 가장 중요한 서류이다.

② **세금계산서:** 발행한 세금계산서와 받은 세금계산서 사본을 모두 제출해야 한다.

③ **신용카드 매출전표 등:** 신용카드 매출, 현금영수증 발행 등에 대한 증빙자료이다.

④ **기타 증빙자료:** 필요에 따라 계산서, 영수증 등 추가적인 증빙자료를 제출해야 할 수 있다.

(2) 일반과세자의 부가가치세 신고요령

① 법인사업자의 경우에는 예정신고와 확정신고를 각각 하여야 하므로 1년에 4번 신고 및 납부의무가 있다.

② 개인사업자의 경우에는 예정신고기간에 대한 것은 특별한 사유가 없는 한 신고 의무가 없으므로 세무서에서 고지하는 예정고지세액을 납부만 하면 되고, 확정신고만 하면 되므로 1년에 2번 신고하고 예정고지를 포함하여 4번 납부의무가 있다.

(3) 부가가치세 신고 시 유의사항

① 모든 사업자는 각 과세기간에 대한 부가가치세를 과세기간 종료 후 25일 이내에 신고·납부하여야 한다.

② 매출의 경우에 소매업이나 음식점과 같이 직접 소비자를 대상으로 하는 업종은 세금계산서를 교부하지 않고 영수증을 발행한 것도 매출액으로 신고하여야 한다.

③ 예정고지세액이 50만 원 미만이면 세무서에서는 고지를 생략한다. 또한, 예정고지세액을 납부한 경우에는 확정신고 시 공제한다.

④ 납세자의 편의증진과 행정의 효율성 제고를 위해 개인사업자에 대하여는 예정 신고를 하는 대신 직전과세기간에 대한 납부세액의 1/2을 결정·고지하여 납부토록 하는 예정고지제도에 의하여 예정신고를 하지 않을 수도 있으나 사업의 부진 등의 경우에는 예정신고를 할 수도 있다.

4) 간이과세자

간이과세자는 사업 규모가 작은 영세 사업자를 대상으로 부가가치세 납부 의무를 간소해 주는 제도이다. 일반적으로 연 매출액이 일정 금액(8천만 원) 이하인 사업자가 해당된다. 부가가치세는 1년을 과세기간으로 하여 신고 · 납부하게 된다.

표 11-3 간이과세자 부가가치세 납부기간

과세기간	신고납부기간
1.1.~12.31	다음해 1.1.~1.25

※ 다만, 7월 1일 기준 과세유형전환 사업자(간이→일반)와 예정부과기간(1.1.~6.30.)에 세금계산서를 발급한 간이과세자는 1.1.~6.30.을 과세기간으로 하여 7.25.까지 신고 · 납부하여야 한다.

(1) 부가가치세 신고 시 제출할 서류(간이과세자)

① **부가가치세 신고서:** 신고기간 동안 발생한 매출액, 매입액, 세액 등을 기재하는 가장 중요한 서류이다.

② **매입처별 세금계산서 합계표:** 일반과세자로부터 받은 세금계산서를 합산하여 작성한 표(단, 매입세액 공제를 받고자 할 경우)

③ **신용카드 매출전표 등:** 신용카드 매출, 현금영수증 발행 등에 대한 증빙자료이다.

④ **기타 증빙자료:** 필요에 따라 계산서, 영수증 등 추가적인 증빙자료를 제출해야 할 수 있다.

(2) 간이과세자의 부가가치세 신고요령

① 신고납부는 확정신고 시, 일반적으로 1년에 1번, 해당 과세기간 종료 후 2개월 이내에 신고해야 한다.

② 일반적으로 사업자는 홈택스를 통해 전자신고를 하며, 관할 세무서를 방문하여 직접 신고할 수 있다.

(3) 부가가치세 신고 시 유의사항

① 일반적으로 1년을 과세기간으로 하여 다음 해 1월 말까지 신고해야 하나 예외적으로 7월 1일부터 일반과세자로 전환하는 경우, 7월 1일부터 12월 31일까지를 과세기간으로 하여 다음 해 1월 말까지 신고·납부하여야 한다.

② 간이과세자의 부가가치세 납부는 일반적으로 연간 매출액을 기준으로 판단하며, 연간 매출액이 일정 금액 미만인 경우에는 납부를 면제받을 수 있고 납부 면제 기준은 업종별로 다를 수 있다.

③ 다음의 업종은 간이과세자가 될 수 없는 업종이다.

- 부동산임대업: 특히 대규모 건물 임대업은 간이과세가 제한된다.
- 제조업: 대부분의 제조업은 간이과세 대상에서 제외된다. 다만, 일부 소규모 제조업은 간이과세가 가능할 수 있다.

• 도매업: 도매업 역시 대부분 간이과세가 제한된다.
• 건설업: 건설업 또한 간이과세 대상에서 제외되는 경우가 많다.
• 과세 유흥장소: 모든 과세 유흥장소는 간이과세 대상에서 제외된다.
• 전문직 사업자: 변호사, 회계사 등 전문직 사업자는 일반적으로 간이과세 대상에서 제외된다.
• 국세청장이 정하는 기준에 해당하는 것

5) 부가가치세 사업자 구분

표 11-4 부가가치세 세액 계산

구분	기준금액	세액 계산
일반과세자	1년간의 매출액 10,400만 원 이상	매출세액(매출액의 10%) − 매입세액 = 납부세액
간이과세자	1년간의 매출액 10,400만 원 미만	(매출액×업종별 부가가치율×10%) − 공제세액 = 납부세액 ※ 공제세액 = 매입액(공급대가) × 0.5%

표 11-5 간이과세자의 업종별 부가가치율

업종	부가가치율
소매업, 재생용 재료 수집 및 판매업, 음식점업	15%
제조업, 농업 · 임업 및 어업, 소화물 전문 운송업	20%
숙박업	25%
건설업, 운수 및 창고업(소화물 전문 운송업은 제외), 정보통신업	30%
금융 및 보험 관련 서비스업, 전문 · 과학 및 기술서비스업(인물사진 및 행사용 영상 촬영업은 제외), 사업시설관리 · 사업지원 및 임대서비스업, 부동산 관련 서비스업, 부동산임대업	40%
그 밖의 서비스업	30%

6) 부가가치세 면세사업자

부가가치세 면세사업자는 사업자가 제공하는 재화나 서비스에 부가가치세를 부과하지 않는 사업자를 말한다. 즉, 사업자가 물건이나 서비스를 판매할 때 소비자에게 별도의 부가가치세를 추가하지 않고, 부가가치세를 내지 않아도 된다는 의미하며, 면세사업자는 세금계산서를 발행하지 못하고 「소득세법」상의 '계산서'를 발행해야 한다. 또한, 면세사업자는 직전년도의 사업수입명세 금액 등을 기재한 [사업장 현황보고서]를 매년 1월 31일까지 관할 세무서에 제출해야 한다.

(1) 면세사업자가 되는 이유

① **공공성:** 의료, 교육 등 공공의 이익을 위한 서비스는 부가가치세를 면제하여 국민에게 저렴하게 제공하고자 한다.

② **농수산물 가격 안정:** 농수산물은 생활필수품이므로 부가가치세를 면제하여 가격을 안정시키고자 한다.

③ **수출 증진:** 수출되는 재화나 서비스는 부가가치세를 면제하여 우리나라 상품의 경쟁력을 높이고자 한다.

(2) 면세사업자의 종류

① **의료 서비스:** 병원, 치과, 한의원 등 의료기관에서 제공하는 의료 서비스

② **교육 서비스:** 학원, 대학교 등 교육기관에서 제공하는 교육 서비스

③ **농수산물:** 쌀, 밀, 콩 등 농산물과 수산물, 축산물

④ **수출용 제품:** 해외로 수출되는 제품

⑤ **임대주택:** 주택 임대 사업(일정 조건 충족 시)

⑥ **금융 및 보험 서비스:** 은행, 보험사 등에서 제공하는 금융 및 보험 서비스

7) 세금계산서, 계산서, 신용카드 매출전표

사업자는 거래할 때 세금계산서, 계산서, 신용카드 매출전표 또는 영수증을

발행하거나 받아야 한다. 세금계산서, 계산서, 신용카드(직불카드) 매출전표를 정규 영수증이라 한다.

(1) 세금계산서

세금계산서는 사업자가 재화나 용역을 공급하고, 그 대가로 받은 금액에 부가가치세를 포함하여 거래했다는 사실을 확인하는 증빙 문서이다. 쉽게 말해, 물건이나 서비스를 사고팔 때 부가가치세를 얼마나 냈는지 증명하는 세금영수증이다. 간이과세자는 세금계산서를 교부할 수 없으며, 주로 소비자를 상대로 영업하는 일반과세자(소매업, 음식·숙박업, 서비스업 등)는 영수증을 교부하면 된다.

(2) 계산서

계산서는 부가가치세가 면제되는 거래를 할 때 판매자가 구매자에게 교부하도록 법에서 정하고 있는 영수증이다. 주로 소비자를 상대로 영업하는 사업자는(소매업 등) 영수증을 교부하면 된다. 주로 면세사업자나 일반과세자(간이과세자 포함)가 부가가치세가 면제되는 거래를 할 때는 계산서를 발행하면 된다. 계산서는 세금계산서만큼 다양한 직접적인 세금 혜택을 제공하지는 않지만, 사업 운영에 있어 필수적인 증빙 자료이며, 장기적으로 사업의 안정성과 신뢰도를 높이는 데 기여한다.

(3) 신용카드 매출전표(직불카드 포함)

신용카드 매출전표는 사업자가 재화 또는 용역을 공급하고, 그 대금을 신용카드로 결제받았을 때 발행되는 증빙 서류이다. 즉, 고객이 신용카드나 직불카드로 물건을 사거나 서비스를 이용했을 때, 사업자가 고객에게 주는 영수증과 같은 역할을 한다. 신용카드 매출전표를 발행하면 다음과 같은 혜택이 있다.

첫째, 신용카드 매출전표에 의한 발급금액 또는 결제금액의 1.3%를 부가가치세에서 공제하여 준다.

둘째, 신용카드에 의한 매출액 증가분에 대하여는 소득세 부담을 줄여 준다.

셋째, 신용카드 가맹점을 대상으로 매월 추첨하여 당첨금을 주고 있다.

한편 신용카드로 구매하면 다음과 같은 혜택이 있다.

첫째, 일반 과세자는 신용카드 매출전표에 공급받는 자와 부가가치세액을 별도로 기재하여 교부받으면 그 매입세액을 공제받을 수 있다.

둘째, 모든 사업자의 소득세를 계산할 때 필요경비 증빙자료로 인정된다.

셋째, 근로자는 연말정산 시 소득공제를 받을 수 있다.

넷째, 신용카드 사용자를 대상으로 매월 추첨하여 당첨금을 주고 있다.

8) 부가가치세 환급

(1) 부가가치세 환급

부가가치세 환급은 사업자가 재화나 서비스를 판매하면서 부과한 부가가치세보다 더 많은 세금을 매입세액으로 공제받을 수 있는 경우, 그 차액을 돌려받는 것을 말한다. 쉽게 말해, 내가 낸 세금이 더 많으면 그 차액을 돌려받는 것이다. 다만, 간이과세자의 경우에는 환급이 발생하지 않는다.

(2) 일반환급과 조기환급

환급에는 일반환급과 조기환급(영세율 적용, 사업설비투자 시)이 있다.

① **일반환급:** 납세지 관할 세무서장은 각 과세기간별로 그 과세기간에 대한 환급세액을 확정신고한 사업자에게 그 확정신고기한이 지난 후 30일 이내에 환급하여야 한다.

② **조기환급:** 조기환급은 영세율이 적용되어 환급세액이 발생하게 되면 신고기간 경과 후 15일 안에 해당 세액을 되돌려 줌으로써, 수출 또는 사업설비 투자를 지원하기 위한 제도이다.

(3) 부가가치세 서식

■ 부가가치세법 시행규칙 [별지 제21호서식] <개정 2023. 3. 20.>

홈택스(www.hometax.go.kr)에서도 신청할 수 있습니다.

일반과세자 부가가치세 [ ]예정 [ ]확정 [ ]기한후과세표준 [ ]영세율 등 조기환급 신고서

※ 뒤쪽의 작성방법을 읽고 작성하시기 바랍니다. (4쪽 중 제1쪽)

관리번호				처리기간	즉시
신고기간	년 제 기 (월 일 ~ 월 일)				
사업자	상 호 (법인명)		성 명 (대표자명)	사업자등록번호	- -
	생년월일		전화번호	사업장 / 주소지 / 휴대전화	
	사업장 주소			전자우편 주소	

① 신 고 내 용

구분				금액	세율	세액
과세표준 및 매출세액	과세	세금계산서 발급분	(1)		10/100	
		매입자발행 세금계산서	(2)		10/100	
		신용카드·현금영수증 발행분	(3)		10/100	
		기타(정규영수증 외 매출분)	(4)		10/100	
	영세율	세금계산서 발급분	(5)		0/100	
		기타	(6)		0/100	
	예정 신고 누락분		(7)			
	대손세액 가감		(8)			
	합계		(9)		㉮	
매입세액	세금계산서 수취분	일반매입	(10)			
		수출기업 수입분 납부유예	(10-1)			
		고정자산 매입	(11)			
	예정 신고 누락분		(12)			
	매입자발행 세금계산서		(13)			
	그 밖의 공제매입세액		(14)			
	합계 (10)-(10-1)+(11)+(12)+(13)+(14)		(15)			
	공제받지 못할 매입세액		(16)			
	차감계 (15)-(16)		(17)		㉯	
납부(환급)세액 (매출세액㉮ - 매입세액㉯)					㉰	
경감·공제세액	그 밖의 경감·공제세액		(18)			
	신용카드매출전표등 발행공제 등		(19)			
	합계		(20)		㉱	
소규모 개인사업자 부가가치세 감면세액			(20-1)		㉲	
예정 신고 미환급 세액			(21)		㉳	
예정 고지 세액			(22)		㉴	
사업양수자가 대리납부한 세액			(23)		㉵	
매입자 납부특례에 따라 납부한 세액			(24)		㉶	
신용카드업자가 대리납부한 세액			(25)		㉷	
가산세액 계			(26)		㉸	
차감·가감하여 납부할 세액(환급받을 세액)(㉰-㉱-㉲-㉳-㉴-㉵-㉶-㉷+㉸)					(27)	
총괄 납부 사업자가 납부할 세액(환급받을 세액)						

② 국세환급금 계좌신고	거래은행	은행	지점	계좌번호	
③ 폐업 신고	폐업일		폐업 사유		
④ 영세율 상호주의	여[ ] 부[ ]	적용구분		업종	해당 국가

⑤ 과 세 표 준 명 세

	업태	종목	생산요소	업종 코드	금액
(28)					
(29)					
(30)					
(31) 수입금액 제외					
(32) 합계					

「부가가치세법」 제48조·제49조 또는 제59조와 「국세기본법」 제45조의3에 따라 위의 내용을 신고하며, 위 내용을 충분히 검토하였고 신고인이 알고 있는 사실 그대로를 정확하게 적었음을 확인합니다.

년 월 일

신고인: (서명 또는 인)

세무대리인은 조세전문자격자로서 위 신고서를 성실하고 공정하게 작성하였음을 확인합니다.

세무대리인: (서명 또는 인)

세무서장 귀하

첨부서류	뒤쪽 참조

세무대리인	성 명		사업자등록번호		전화번호		생년월일	

210㎜×297㎜[백상지 (80g/㎡) 또는 중질지(80g/㎡)]

(4쪽 중 제2쪽)

<table>
<tr><td>신고인 제출서류</td><td>1. 매출처별 세금계산서합계표
3. 매입자발행 세금계산서합계표
5. 대손세액 공제신고서
7. 매출처별 계산서합계표
9. 신용카드매출전표등 수령명세서
11. 부동산임대공급가액명세서
13. 현금매출명세서
14. 주사업장 총괄 납부를 하는 경우 사업장별 부가가치세 과세표준 및 납부세액(환급세액) 신고명세서
15. 사업자 단위 과세를 적용받는 사업자의 경우에는 사업자 단위 과세의 사업장별 부가가치세 과세표준 및 납부세액(환급세액) 신고명세서
16. 건물 등 감가상각자산 취득명세서
18. 그 밖에 필요한 증명서류</td><td>2. 매입처별 세금계산서합계표
4. 영세율 첨부서류
6. 매입세액 불공제분 계산근거
8. 매입처별 계산서합계표
10. 전자화폐결제명세서(전산작성분 첨부 가능)
12. 건물관리명세서(주거용 건물관리의 경우는 제외합니다)

17. 의제매입세액 공제신고서</td><td rowspan="2">수수료 없음</td></tr>
<tr><td>담당 공무원 확인사항</td><td colspan="2">사업자등록증(사업을 폐업하고 확정신고하는 사업자의 경우에는 해당 서류를 제출하게 하고 이를 확인)</td></tr>
</table>

행정정보 공동이용 동의서

본인은 이 건 업무처리와 관련하여 담당 공무원이 「전자정부법」 제36조제1항에 따른 행정정보의 공동이용을 통하여 위의 담당 공무원 확인 사항을 확인하는 것에 동의합니다. 동의하지 않는 경우에는 신고인이 직접 관련 서류를 제출해야 합니다.

신고인 (서명 또는 인)

작 성 방 법

※ 이 신고서는 한글과 아라비아 숫자로 적고, 금액은 원 단위까지 표시합니다.

▒ 표시란은 사업자가 적지 않습니다.

① 신고내용란

(1) ~ (4): 해당 신고대상기간에 부가가치세가 과세되는 사업실적 중 세금계산서 발급분은 (1)란에, 매입자로부터 받은 매입자발행 세금계산서의 금액과 세액은 (2)란에, 신용카드매출전표등 발행분과 전자화폐수취분은 (3)란에, 세금계산서 발급의무가 없는 부분 등 그 밖의 매출은 (4)란에 적습니다(금액에 세율을 곱하여 세액란에 적습니다).

(5) · (6): 해당 신고대상기간에 영세율이 적용되는 사업실적 중 세금계산서 발급분은 (5)란에, 세금계산서 발급의무가 없는 부분은 (6)란에 적습니다.

(7): 예정신고를 할 때 누락된 금액을 확정신고할 때 신고하는 경우에 적으며, 4쪽 중 제3쪽 (37)합계란의 금액과 세액을 적습니다.

(8): 부가가치세가 과세되는 재화 또는 용역의 공급에 대한 외상매출금 등이 대손되어 대손세액을 공제받는 사업자가 적으며, 대손세액을 공제받는 경우에는 대손세액을 차감표시(△)하여 적고, 대손금액의 전부 또는 일부를 회수하여 회수금액에 관련된 대손세액을 납부하는 경우에는 해당 납부 세액을 적습니다.

(10) · (10-1) · (11): 발급받은 세금계산서상의 공급가액 및 세액을 고정자산 매입분(11)과 그 외의 매입분(10)으로 구분 집계하여 각각의 난에 적고, 「부가가치세법 시행령」 제91조의2제8항에 따라 재화의 수입에 대한 부가가치세 납부유예를 승인받아 납부유예된 세액을 (10-1)란에 적습니다.

(12): 예정신고를 하였을 때 누락된 금액을 확정신고하는 경우에 적으며, 4쪽 중 제3쪽 (40)합계란의 금액과 세액을 적습니다.

(13): 매입자가 관할 세무서장으로부터 거래사실확인 통지를 받고 발행한 매입자발행 세금계산서의 금액과 세액을 적습니다.

(14): 발급받은 신용카드매출전표등의 매입세액, 면세농산물등 의제매입세액, 2019 광주 세계수영선수권대회 관련 사업자에 대한 의제매입세액, 재활용폐자원 등에 대한 매입세액, 재고매입세액, 변제대손세액, 외국인 관광객 숙박용역에 대한 환급세액 또는 외국인 관광객 미용성형 의료용역에 대한 환급세액이 있는 사업자가 적으며, 4쪽 중 제3쪽 (49)합계란의 금액과 세액을 적습니다.

(16): 발급받은 세금계산서의 매입세액 중 공제받지 못할 매입세액, 과세사업과 면세사업등에 공통으로 사용된 공통매입세액 중 면세사업등과 관련된 매입세액 또는 대손처분받은 세액이 있는 사업자가 적으며, 4쪽 중 제3쪽 (53)합계란의 금액 및 세액을 적습니다.

(18): 택시운송사업자 경감세액 등[4쪽 중 제3쪽 (60)합계란의 금액]을 적습니다.

(19): 개인사업자(직전 연도의 과세공급가액이 10억원을 초과하는 사업자는 제외)로서 소매업자, 음식점업자, 숙박업자 등 「부가가치세법 시행령」 제73조제1항 및 제2항에 따른 사업자가 신용카드 및 전자화폐에 의한 매출이 있는 경우에 적으며, 금액란에는 신용카드매출전표 발행금액 등과 전자화폐 수취금액을, 세액란에는 그 금액의 13/1,000에 해당하는 금액(연간 500만원, 2023년까지는 연간 1,000만원을 한도로 합니다)을 적습니다.

(20-1) 「조세특례제한법」 제108조의4에 따른 소규모 개인사업자 부가가치세 감면세액을 적습니다.

(21): 예정신고를 할 때 일반환급세액이 있는 것으로 신고한 경우 그 환급세액을 적습니다.

(22): 해당 과세기간 중에 예정고지된 세액이 있는 경우 그 예정고지세액을 적습니다.

(23): 「부가가치세법 시행령」 제95조제5항에 따라 사업양수자가 국고에 납입한 부가가치세액을 적습니다.

(24): 「조세특례제한법 시행령」 제106조의9제5항 및 제106조의13제4항에 따른 부가가치세 관리기관이 국고에 직접 입금한 부가가치세액을 적습니다.

(25): 「조세특례제한법」 제106조의10제1항에 따라 신용카드업자가 국고에 납입한 부가가치세액을 적습니다.

(26): 신고한 내용에 가산세가 적용되는 경우가 있는 사업자만 적으며, 4쪽 중 제3쪽 (79)합계란의 세액을 적습니다.

② 국세환급금계좌신고란

(27)란에 "환급받을 세액"이 발생한 사업자만 적습니다.

③ 폐업신고란

사업을 폐업하고 확정신고하는 사업자만 적습니다.

④ 영세율 상호주의란

「부가가치세법」 제25조 또는 같은 법 시행령 제33조제2항제1호 단서 및 제2호에 따라 영세율에 대한 상호주의가 적용되어 (5) · (6)란에 영세율 과세표준 금액이 존재하는 사업자가 적습니다. 적용구분란에는 부가가치세법령상 근거조항(예: 법 제21조, 법 제22조, 법 제23조, 법 제24조제1항제1호, 법 제24조제1항제2호, 영 제33조제2항제1호 단서, 영 제33조제2항제2호)을 적고, 업종란에는 부가가치세 영세율이 적용된 재화 · 용역 또는 그 업종을 적습니다.

⑤ 과세표준명세란

(28) ~ (32): 과세표준 합계액(9)을 업태, 종목, 생산요소별로 적되, 생산요소는 임의적 기재사항으로 2015. 1. 1. 이후 신고분부터 적습니다. (31)수입금액 제외란은 고정자산매각[「소득세법」 제19조제1항제20호에 따른 사업용 유형고정자산(같은 법 시행령 제62조제2항 제1호가목은 제외합니다)의 매각금액은 (28) ~ (30) 해당란에 기재], 직매장공급 등 소득세수입금액에서 제외되는 금액을 적고, (32)란의 합계액이 (9)란의 금액과 일치해야 합니다.

210㎜×297㎜[백상지 (80g/㎡) 또는 중질지(80g/㎡)]

(4쪽 중 제3쪽)

※ 이 쪽은 해당 사항이 있는 사업자만 사용합니다.
※ 뒤쪽의 작성방법을 읽고 작성하시기 바랍니다.

사업자등록번호 [ ][ ][ ] - [ ][ ] - [ ][ ][ ][ ][ ] *사업자등록번호는 반드시 적으시기 바랍니다.

	구 분				금 액	세율	세 액
예정신고 누락분 명세	(7)매출	과세	세 금 계 산 서	(33)		10 / 100	
			기 타	(34)		10 / 100	
		영세율	세 금 계 산 서	(35)		0 / 100	
			기 타	(36)		0 / 100	
		합 계		(37)			
	(12)매입	세 금 계 산 서		(38)			
		그 밖의 공제매입세액		(39)			
		합 계		(40)			

	구 분			금 액	세율	세 액
(14) 그 밖의 공제 매입세액 명세	신용카드매출전표등 수령명세서 제출분	일 반 매 입	(41)			
		고정자산매입	(42)			
	의 제 매 입 세 액		(43)		뒤쪽 참조	
	재 활 용 폐 자 원 등 매 입 세 액		(44)		뒤쪽 참조	
	과 세 사 업 전 환 매 입 세 액		(45)			
	재 고 매 입 세 액		(46)			
	변 제 대 손 세 액		(47)			
	외국인 관광객에 대한 환급세액		(48)			
	합 계		(49)			

	구 분		금 액	세율	세 액
(16) 공제받지 못할 매입세액 명세	공제받지 못할 매입세액	(50)			
	공통매입세액 중 면세사업등 해당 세액	(51)			
	대 손 처 분 받 은 세 액	(52)			
	합 계	(53)			

	구 분		금 액	세율	세 액
(18) 그 밖의 경감·공제 세액 명세	전 자 신 고 세 액 공 제	(54)			
	전자세금계산서 발급세액 공제	(55)			
	택 시 운 송 사 업 자 경 감 세 액	(56)			
	대리납부 세액공제	(57)			
	현금영수증사업자 세액공제	(58)			
	기 타	(59)			
	합 계	(60)			

	구 분			금 액	세 율	세 액
(26) 가산세액 명세	사 업 자 미 등 록 등		(61)		1 / 100	
	세 금 계 산 서	지연발급 등	(62)		1 / 100	
		지연수취	(63)		5 / 1,000	
		미발급 등	(64)		뒤쪽 참조	
	전자세금계산서 발급명세 전송	지연전송	(65)		3 / 1,000	
		미전송	(66)		5 / 1,000	
	세금계산서 합계표	제출 불성실	(67)		5 / 1,000	
		지연제출	(68)		3 / 1,000	
	신고 불성실	무신고(일반)	(69)		뒤쪽참조	
		무신고(부당)	(70)		뒤쪽참조	
		과소·초과환급신고(일반)	(71)		뒤쪽참조	
		과소·초과환급신고(부당)	(72)		뒤쪽참조	
	납부지연		(73)		뒤쪽참조	
	영세율 과세표준신고 불성실		(74)		5 / 1,000	
	현금매출명세서 불성실		(75)		1 / 100	
	부동산임대공급가액명세서 불성실		(76)		1 / 100	
	매입자 납부특례	거래계좌 미사용	(77)		뒤쪽참조	
		거래계좌 지연입금	(78)		뒤쪽참조	
	신용카드매출전표 등 수령명세서 미제출·과다기재		(79)		5 / 1,000	
	합 계		(80)			

		업태	종목	코드번호	금액
면세사업 수입금액	(81)				
	(82)				
	(83)	수입금액 제외			
				(84) 합계	

계산서 발급 및 수취 명세	(85) 계산서 발급금액	
	(86) 계산서 수취금액	

210mm×297mm[백상지 (80g/㎡) 또는 중질지(80g/㎡)]

(4쪽 중 제4쪽)

작 성 방 법

(7), (12) 예정신고 누락분 명세란

(33) ~ (36), (38) · (39): 4쪽 중 제1쪽 (7)란, (12)란의 예정신고 누락분을 합계하여 적은 경우 그 예정신고 누락분의 명세를 적습니다. 다만, 매입자발행 세금계산서는 세금계산서란에 포함하여 적습니다.

(14) 그 밖의 공제매입세액 명세란

(41) · (42): 사업과 관련한 재화나 용역을 공급받고 발급받은 신용카드매출전표 등을 신용카드매출전표등 수령명세서에 작성하여 제출함으로써 매입세액을 공제하는 경우에 일반매입과 고정자산매입을 구분하여 적습니다.
(43): 면세농산물등을 원재료로 제조·창출한 재화 또는 용역이 과세되어 의제매입세액을 공제받는 사업자는 금액란에는 「부가가치세법 시행규칙」 별지 제15호서식의 면세농산물등의 매입가액을, 세액란에는 공제할 세액을 적고, 「조세특례제한법」 제104조의28제5항에 따라 매입세액을 공제받는 사업자는 금액란에는 「조세특례제한법 시행규칙」 별지 제64호의24서식의 매입가액을, 세액란에는 공제할 세액을 적고, 「조세특례제한법」 제104조의29제1항에 따라 매입세액을 공제받는 사업자는 금액란에는 「조세특례제한법 시행규칙」 별지 제64호의25서식의 매입가액을, 세액란에는 공제할 세액을 적습니다.
(44): 재활용폐자원 등에 대한 매입세액을 공제받는 사업자가 적고, 금액란에는 재활용폐자원 등의 취득가액을, 세액란에는 「조세특례제한법 시행규칙」 별지 제69호서식(1) 재활용폐자원 및 중고자동차 매입세액 공제신고서(갑)의 공제할 세액을 적습니다.
(45): 면세사업등에 사용하는 감가상각자산을 과세사업에 사용하거나 소비하는 경우 취득 시 공제하지 않은 매입세액을 공제받는 경우에 적습니다.
(46): 간이과세자에서 일반과세자로 변경된 사업자가 그 변경되는 날 현재의 재고품등에 대하여 매입세액을 공제받는 경우에 적습니다.
(47): 공급받은 재화나 용역에 대한 외상매입금, 그 밖에 매입채무가 대손확정되어 매입세액을 불공제받은 후 대손금액의 전부 또는 일부를 변제한 경우 변제한 대손금액에 관련된 대손세액을 적습니다.
(48): 「조세특례제한법 시행령」 제109조의2제6항에 따른 특례적용관광호텔 사업자 또는 같은 영 제109조의3제8항에 따른 특례적용의료기관 사업자가 공제받을 부가가치세액을 적습니다.

(16) 공제받지 못할 매입세액 명세란

(50): 발급받은 세금계산서 중 매입세액을 공제받지 못할 세금계산서의 공급가액, 세액의 합계액을 적습니다.
(51): 부가가치세 과세사업과 면세사업등에 공통으로 사용하는 공통매입세액 중 면세사업등에 해당하는 부분을 안분(按分)하여 계산한 공급가액과 세액을 적습니다.
(52): 부가가치세가 과세되는 재화 또는 용역을 공급받고 매입세액을 공제받은 외상매입금 그 밖에 매입채무가 폐업 전에 대손이 확정되어 거래상대방이 대손세액을 공제받은 경우 관련 대손처분을 받은 세액을 적습니다.

(18) 그 밖의 경감·공제세액 명세란

(54): 「조세특례제한법」 제104조의8제2항에 따른 전자신고 세액공제 금액(10,000원)을 확정신고할 때 적습니다.
(55): 직전연도의 사업장별 재화 및 용역의 공급가액(부가가치세 면세공급가액을 포함)의 합계액이 3억원 미만인 개인사업자가 전자세금계산서를 발급하고 발급명세를 국세청에 전송한 경우 공제세액(발급건당 200원씩 연간 100만원 한도)을 적습니다.
(56): 일반택시운송사업자만 적고, 4쪽 중 제1쪽 ㉲란에 적은 납부세액의 99/100에 해당하는 금액을 적습니다.
(57): 「조세특례제한법」 제106조의10제4항에 따른 부가가치세 대리납부세액 공제금액을 적습니다.
(58): 「조세특례제한법」 제126조의3에 따른 현금영수증사업자에 대한 부가가치세 공제액을 적습니다.

(26) 가산세액 명세란

(61): 사업자등록을 하지 않거나 타인의 명의로 등록한 경우 또는 타인 명의의 사업자등록을 이용한 경우 그 공급가액과 세액을 적습니다.
(62): 세금계산서 발급시기를 경과하여 발급하거나 세금계산서의 필요적 기재사항의 전부 또는 일부가 착오 또는 과실로 적혀 있지 않거나 사실과 다른 경우 그 공급가액과 세액을 적습니다.
(63): 재화 또는 용역의 공급시기 이후에 발급받은 세금계산서로서 해당 공급시기가 속하는 과세기간의 확정 신고기한까지 발급받아 매입세액공제를 받은 경우 그 공급가액과 세액을 적습니다.
(64): 세금계산서를 발급하지 않거나 재화 또는 용역의 공급 없이 세금계산서등을 발급 및 수취하거나 실제로 재화 또는 용역을 공급하는 자 및 공급받는 자가 아닌 자의 명의로 세금계산서 등을 발급 및 수취하거나 재화 또는 용역의 공급가액을 과다하게 기재하여 세금계산서 등을 발급 및 수취한 경우 그 공급가액과 세액을 적습니다.
 - 세금계산서를 발급하지 않은 경우 : 공급가액의 2%,
 - 재화 또는 용역의 공급 없이 세금계산서등을 발급 및 수취한 경우 : 세금계산서등에 적힌 금액의 3%,
 - 실제로 재화 또는 용역을 공급하는 자 및 공급받는 자가 아닌 자의 명의로 세금계산서 등을 발급 및 수취하거나 재화 또는 용역의 공급가액을 과다하게 기재하여 세금계산서 등을 발급 및 수취한 경우 : 공급가액의 2%
(65): 전자세금계산서 발급 의무 사업자가 전자세금계산서 발급일의 다음 날이 경과한 후 재화 또는 용역의 공급시기가 속하는 과세기간에 대한 확정신고기한까지 세금계산서 발급명세를 전송한 경우 그 공급가액과 세액을 적습니다.
(66): 전자세금계산서 발급 의무 사업자가 전자세금계산서 발급일의 다음 날이 경과한 후 재화 또는 용역의 공급시기가 속하는 과세기간에 대한 확정신고기한까지 세금계산서 발급명세를 전송하지 않은 경우 그 공급가액과 세액을 적습니다.
(67): 「부가가치세법」 제60조제6항 및 제7항에 해당하는 경우(매출·매입처별 세금계산서합계표를 미제출·부실기재 등) 그 공급가액과 세액을 적습니다. 다만, 「부가가치세법」 제60조제6항제3호에 해당하는 경우는 (68)번에 적습니다.
(68): 매출처별 세금계산서합계표를 각 예정신고와 함께 제출하지 않고 해당 예정신고기간이 속하는 과세기간의 확정신고와 함께 제출하는 경우 그 공급가액과 세액을 적습니다.
(69) · (70): 「국세기본법」 제47조의2에 따라 법정신고기한까지 신고하지 않은 납부세액과 그 가산세액을 적습니다.
 - 부정행위에 따른 부당 무신고가산세: 납부세액의 40%, - 그 외 일반 무신고가산세: 납부세액의 20%
 ※ 법정신고기한이 지난 후 1개월 이내에 기한 후 신고한 경우 가산세액의 50%, 1개월 초과 3개월 이내 30%, 3개월 초과 6개월 이내 20% 감면
(71) · (72): 「국세기본법」 제47조의3에 따라 과소신고한 납부세액 또는 초과신고한 환급세액과 그 가산세액을 적습니다.
 - 부정행위에 따른 부당 과소·초과환급신고 가산세: 납부세액의 40%, - 그 외 일반 과소·초과환급신고 가산세 납부세액의 10%
 ※ 법정신고기한이 지난 후 1개월 이내에 수정신고한 경우 가산세액의 90%, 1개월 초과 3개월 이내 75%, 3개월 초과 6개월 이내 50%, 6개월 초과 1년이내 30%, 1년 초과 1년 6개월 이내 20%, 1년 6개월 초과 2년 이내 10% 감면
(73): 「국세기본법」 제47조의4에 따라 납부하지 않거나 미달하게 납부한 세액 및 환급신고해야 할 환급세액을 초과한 환급세액과 그 가산세액을 적으며, 가산세율은 $\frac{22\times(\text{경과일수})}{100,000}$ 입니다.
 ※ 경과일수는 당초 납부기한의 다음 날부터 납부일까지 또는 환급받은 날의 다음 날부터 납부일까지의 기간의 일수를 말합니다.
(74): 영세율이 적용되는 과세표준을 신고하지 않거나 미달하게 신고한 경우 그 공급가액과 세액을 적습니다.
(75): 현금매출명세서를 제출해야 할 사업자가 그 명세서를 제출하지 않거나 사실과 다르게 적은 경우 그 공급가액과 세액을 적습니다.
(76): 부동산임대공급가액명세서를 제출해야 할 사업자가 그 명세서를 제출하지 않거나 사실과 다르게 적은 경우 그 공급가액과 세액을 적습니다.
(77): 「조세특례제한법」 제106조의4제7항 및 제106조의9제6항에 따라 금거래계좌 및 스크랩등거래계좌를 사용하지 않고 결제받은 경우 그 가산세액을 적으며, 가산세율은 제품가액의 100분의 10에 해당하는 금액입니다.
(78): 「조세특례제한법」 제106조의4제8항 및 제106조의9제7항에 따라 거래시기에 부가가치세액을 거래계좌에 입금하지 않은 경우 공급일(공급일이 세금계산서 발급일보다 빠른 경우 세금계산서 발급일)의 다음 날부터 부가가치세 입금일까지 기간에 대한 가산세액을 적으며, 가산세액은 지연입금액 $\times\frac{22\times(\text{경과일수})}{100,000}$ 입니다.
(79) 「부가가치세법」 제60조제5항에 따라 신용카드매출전표등 수령명세서를 제출하지 않았거나 금액을 과다하게 기재한 경우 그 공급가액과 세액을 적습니다.

면세사업 수입금액란, 계산서 발급 및 수취 명세란

(81) · (82): 부가가치세가 면제되는 사업의 수입금액을 업태, 종목별로 구분하여 적습니다.
(83): 수입금액 제외란은 고정자산 매각 등 종합소득세 수입금액에서 제외되는 금액[「소득세법」 제19조제1항제20호에 따른 사업용 유형고정자산(같은 법 시행령 제62조제2항제1호가목은 제외합니다)의 매각금액은 (79)~(80) 해당란에 기재]을 적습니다.
(84): 수입금액 합계액을 적습니다.
(85): 부가가치세가 과세되지 않은 재화 또는 용역을 공급하고 발급한 계산서의 합계액을 적습니다.
(86): 거래상대방으로부터 발급받은 계산서의 합계액을 적습니다.

210㎜×297㎜[백상지(80g/㎡) 또는 중질지(80g/㎡)]

3. 소득세

1) 소득세의 개요

소득세는 개인이 여러 가지 경제활동을 통하여 얻는 소득에 대하여 내는 세금이다. 소득이란 연간 총수입금액(매출액)에서 그 수입을 얻기 위하여 지출한 경비(비용)를 뺀 금액을 말한다. 소득세는 1.1~12.31까지의 연간 얻은 소득에 대하여 다음해 5.1~5.31까지 주소지 관할 세무서에 신고·납부하여야 한다. 세율은 소득이 증가할수록 단계적으로 높아지는 누진세율 구조로 되어 있으며, 세율 구간과 적용 세율은 매년 변경될 수 있다. 현재 세율은 최저 6%에서 45%까지의 8단계 누진세율 구조로 되어 있다.

2) 소득세 계산 구조

(1) 소득세 계산

① 장부를 작성한 경우

장부를 작성한 경우에 소득이란 총수입금액(매출액)에서 그 수입을 얻기 위하여 지출한 경비(비용)를 뺀 금액을 말한다. 즉, 소득금액 = 연간 총수입금액 - 필요경비이다. 여기서 장부란 간편 장부대상자가 작성할 수 있는 간편장부와 그 이상의 사업자가 작성하여야 하는 복식부기에 의한 장부를 말한다. 장부를 통해 소득과 비용을 명확하게 파악하여 세금을 정확하게 계산하고 절세 효과를 얻을 수 있다.

② 장부를 작성하지 않은 경우

장부를 기장하지 않은 사업자의 경우에는 다음과 같이 소득금액을 계산한다. 하지만 장부가 없기 때문에 소득과 비용을 정확하게 파악하기 어렵다. 이 경우, 국세청에서는 기준경비율 또는 단순경비율이라는 방법을 통해 소득을 추정하고 세금을 계산한다.

㉮ 기준경비율제도: 기준경비율제도의 적용대상자는 직전 과세기간의 수입 금액이 다음 금액 이상인 무 기장 자이다.

표 11-6 기준경비율제도 적용대상

업종별	기준 · 단순경비율 적용기준금액 (직전년도기준)	복식부기의무자 기준수입금액 (해당년도기준)
농업 · 임업 및 어업, 광업, 도매 및 소매업(상품중개업 제외), 부동산매매업, 그 밖에 아래에 해당하지 아니하는 사업	6천만 원 미만	3억 원 미만
제조업, 숙박 및 음식점업, 전기 · 가스 · 증기 및 공기조절 공급업, 수도 · 하수 · 폐기물처리 · 원료재생업, 건설업(비주거용 건물 건설업은 제외), 부동산 개발 및 공급업(주거용 건물 개발 및 공급업에 한정), 운수업 및 창고업, 정보통신업, 금융 및 보험업, 상품중개업	3천6백만 원 미만	1억5천만 원 미만
부동산 임대업, 부동산업(부동산매매업 제외), 전문 · 과학 및 기술 서비스업, 사업시설관리 · 사업지원 및 임대서비스업, 교육 서비스업, 보건업 및 사회복지 서비스업, 예술 · 스포츠 및 여가관련 서비스업, 협회 및 단체, 수리 및 기타 개인 서비스업*, 가구내 고용활동	2천4백만 원 미만	7천5백만 원 미만

* '23년 귀속부터 「부가가치세법 시행령」 제42조 제1호에 따른 인적용역은 직전연도 기준수입금액 3천6백만 원을 적용

소득금액 = 연간 총수입금액 – 주요경비(매입비+임차료+인건비)—연간총수입금액 × 기준경비율

* 기준 경비율 적용 시 사업의 주요경비는 증빙서류를 수취하여야 필요경비로 인정받을 수 있다.
* 정규증빙서류: 세금계산서, 계산서, 신용카드매출전표, 현금영수증

㉯ 단순경비율제도(소규모 사업자): 단순경비율제도는 소규모 사업자로서 적용대상자는 기준 경비율 적용대상에 미달하는 영세사업자에게 적용된다.

소득금액 = 연간 총수입 금액 – 연간 총수입 금액 × 단순경비율

(2) 세액 계산

※ 종합소득세

1. 종합소득금액 − 소득공제 = 과세표준 × 세율 = 산출세액
2. 산출세액 − 세액공제감면 + 가산세 − 기납부세액 = 납부할 세액

① 종합소득금액(이자소득 + 배당소득 + 사업(부동산임대)소득 + 근로소득 + 연금소득 + 기타소득)에서 소득공제(기본공제, 추가공제, 연금보험료공제, 주택담보노후연금 이자비용공제, 특별공제)를 차감하면 과세표준이 계산되고 이 과세표준에 세율을 적용하여 산출세액이 계산된다. 산출세액에 세액공제를 차감하고, 가산세를 가산하고, 중간예납세액과 같은 기납부세액을 차감하면 최종적으로 내야 할 종합소득세가 계산되게 된다. 추가로, 종합소득세 계산 시의 부담세액의 10%를 주민세로 별도로 내야 한다.

② 종합소득공제는 본인과 부양가족에 대한 인적공제는 기본적으로 1인당 150만 원이며, 추가적으로 만 70세 이상 경로자 100만 원, 장애인 200만 원, 종합소득금액 3000만 원 이하 부녀자 50만 원, 한부모 100만 원 공제를 받을 수 있다.

③ 세액공제는 간편장부대상자가 간편장부를 작성한 경우에 적용하는 기장세액공제 등을 말한다.

④ 가산세는 장부를 작성할 의무가 있는 자가 장부를 작성하지 않았을 경우에 부과되는 무기장가산세와 적격한 증빙을 수취하지 않은 것에 대하여 부과되는 증빙불비가산세 등을 의미한다.

표 11-7 소득세의 기본세율

과세표준금액	세율(%)	누진공제액
1,400만 원 이하	6	0
1,400만 원 초과 ~ 5,000만 원 이하	15	126만 원
5,000만 원 초과 ~ 8,800만 원 이하	24	576만 원
8,800만 원 초과 ~ 1.5억 원 이하	35	1,544만 원
1.5억 원 초과 ~ 3억 원 이하	38	1,994만 원
3억 원 초과 ~ 5억 원 이하	40	2,594만 원
5억 원 초과 ~ 10억 원 이하	42	3,594만 원
10억 원 초과	45	6,594만 원

표 11-8 법인세의 기본세율

과세표준금액	세율(%)	누진공제액
2억 원 이하	9	0
2억 원 초과 ~ 200억 원 이하	19	2,000만 원
200억 원 초과 ~ 3,000억 원 이하	21	42,000만 원
3,000억 원 초과	24	942,000만 원

* 2024년 과세분 기준

3) 간편장부를 작성하여야 할 사업자

(1) 간편장부 사업자

간편장부는 중·소규모 개인사업자를 위하여 국세청에서 특별히 고안한 장부이다. 직전연도 수입금액이 복식부기의무자의 기준금액 미만인 자는 간편장부를 작성하여 신고할 수 있다. 회계지식이 없는 사람이라도 수입과 비용을 가계부 작성하듯이 쉽고 간편하게 작성할 수 있으며 이에 의하여 소득세와 부가가치세 신고가 가능하다.

표 11-9 간편장부 작성 대상자

업종별	수입금액 기준
농업 · 임업 및 어업, 광업, 도매 및 소매업(상품중개업 제외), 부동산매매업, 그 밖에 아래에 해당하지 아니하는 사업	3억 원 미만
제조업, 숙박 및 음식점업, 전기 · 가스 · 증기 및 공기조절 공급업, 수도 · 하수 · 폐기물처리 · 원료재생업, 건설업(비주거용 건물 건설업은 제외), 부동산개발 및 공급업(주거용 건물 개발 및 공급업에 한정), 운수업 및 창고업, 정보통신업, 금융 및 보험업, 상품중개업	1억 5천만 원 미만
부동산 임대업, 부동산업(부동산매매업 제외), 전문 · 과학 및 기술 서비스업, 사업시설관리 · 사업지원 및 임대서비스업, 교육 서비스업, 보건업 및 사회복지 서비스업, 예술 · 스포츠 및 여가관련 서비스업, 협회 및 단체, 수리 및 기타 개인 서비스업, 가구내 고용활동	7천5백만 원 미만

* 당해연도 신규로 사업을 개시한 사업자 / 직전연도 수입 금액이 위의 표에 해당하는 사업자

(2) 간편장부 기장 시 혜택

① 간편장부를 기장하면 사업에서 발생한 적자를 15년 동안 소득금액에서 공제할 수 있다. 즉, 손해를 보았을 때 이를 다음 해의 소득과 상계하여 세금 부담을 줄일 수 있다.

② 간편장부를 기장하면 사업과 관련된 감가상각비, 대손충당금, 퇴직급여충당금 등을 필요경비로 인정받아 소득을 정확하게 계산하고 절세 효과를 볼 수 있다.

③ 복식부기에 준하여 간편장부를 성실하게 기장한 경우, 산출세액의 일정 비율을 공제받을 수 있다.

④ 간편장부를 기장하면 사업의 수입과 지출을 명확하게 기록할 수 있어 세무조사 시 유리하며, 불필요한 세무 조정을 줄일 수 있다.

(3) 간편장부 기장 시 불이익

① 간편장부를 기장하지 않으면 사업에서 발생한 적자를 인정받을 수 없다. 따라서 다음 해 소득과 상계하여 세금을 줄이는 것이 불가능하다.

② 간편장부를 기장하지 않은 경우에는 20%의 불성실가산세 부과와 함께 세무관리를 받게 된다.

③ 간편장부를 기장하지 않으면 세무조사 시 탈세 의심을 받을 가능성이 높아지며, 더욱 꼼꼼한 조사를 받을 수 있다.

4) 간편장부의 작성 요령

(1) 간편장부의 개념

간편장부는 중·소규모 개인사업자를 위하여 국세청에서 특별히 고안한 장부로서, 간편장부대상자가 간편장부를 작성한 경우에는 정식장부를 작성한 것으로 보기 때문에 기장세액공제와 이월결손금의 공제가 가능하도록 혜택을 부여한다.

복식부기에 의한 장부는 정식 회계교육을 필요로 하므로 현실적으로 간편장부의 작성 요령을 익히는 것이 실무상 도움이 될 것으로 판단된다.

(2) 간편장부의 기재 요령

거래가 발생한 날짜 순서대로 매출액 등 수입에 관한 사항, 매입액 등 비용지출에 관한 사항, 사업용 유형자산 및 무형자산의 증감에 관한 사항을 기록하면 된다.

① **일자:** 현금 또는 외상거래에 관계없이 거래가 발생한 일자를 기준으로 수입 및 비용을 모두 기재한다.

② **계정과목:** 거래별로 거래의 성격에 맞는 아래 계정과목을 기재한다.

표 11-10 계정과목 기재요령

구분		계정과목
수입금액		매출액, 기타 수입금액
비용	매출원가 및 제조비용	상품매입, 재료비매입, 제조노무비, 제조경비
	일반관리비 등	급료, 제세공과금, 임차료, 지급이자, 기업업무추진비, 기부금, 감가상각비, 차량유지비, 지급수수료, 소모품비, 복리후생비, 운반비, 광고선전비, 여비교통비, 기타비용
사업용 유형자산 및 무형자산		사업용 유형자산 및 무형자산 매입, 사업용 유형자산 및 무형자산 매도

③ **거래내용:** ○○판매, ○○구입 등 거래구분, 대금결제를 기재한다.

- 1일 평균 매출건수가 50건 이상인 경우 1일 동안의 총매출금액을 합계하여 기재할 수 있다.(다만, 세금계산서·현금영수증 등 원본 보관)
- 비용 및 매입거래는 거래 건별로 모두 기재한다.

④ **거래처:** 거래 상대방의 상호, 성명 또는 전화번호 등 거래처 구분이 가능하도록 기재한다.

⑤ **수입:** 상품·용역의 공급 등과 관련된 수입(매출) 및 영업외 수입을 기재한다.

- 일반과세자는 매출액을 공급가액과 부가가치세 10%를 구분하여 각각 '금액' 및 '부가세' 란에 기재한다.
  - ※ 신용카드 및 현금영수증 매출 등 공급가액과 부가가치세가 각각 구분되지 않은 경우에는 매출액을 1.1로 나누어서 그 금액을 '금액'란에 기재하고, 잔액을 '부가세'란에 기재
- 간이과세자는 부가가치세가 포함된 매출액(공급가액)을, 부가가치세 면세사업자는 매출액을 '금액'란에 기재한다.

⑥ **비용(원가 관련 매입 포함):** 상품 원재료·부재료 매입액, 일반관리비 판매비(영업활동비) 등 사업 관련 비용을 기재한다.

- 세금계산서를 받은 경우에는 세금계산서의 공급가액과 그 10%의 부가가치세를 구분하여 각각 '금액' 및 '부가세'란에 기재한다.
- 부가가치세액이 별도로 구분 기재된 신용카드 매출전표 등을 교부받은 때에도 공급가액과 부가가치세를 각각 기재한다.
- 계산서와 상기 이외의 영수증 매입분은 매입금액을 '금액'란에만 기재한다.

⑦ **사업용 유형자산 및 무형자산 증감(매매):** 건물·자동차·컴퓨터 등 사업용 유·무형자산 매입(설치·제작·건설 포함)액 및 부대비용을 기재한다.

- 사업용 유형자산 및 무형자산의 매입 시에는 ⑥번의 기재방법을, 매도 시에는 ⑤번의 기재방법을 준용하여 기재한다.
- 부가가치세액이 별도로 구분 기재된 신용카드 매출전표 등을 교부받은 때에도 공급가액과 부가가치세를 각각 기재한다.
- 계산서와 상기 이외의 영수증 매입분은 매입금액을 '금액'란에만 기재한다.

※ 사업용 유·무형자산을 매각(폐기 등)하는 경우에는 당해 자산을 붉은색으로 기재하거나 금액 앞에 △표시를 한다.

⑧ **비고:** 세금계산서·계산서·영수증 및 신용카드 거래분에 대하여 거래증빙 및 대금결제 유형, 재고액을 기재한다.

- 세금계산서는 '세계'로, 계산서는 '계'로, 신용·직불·기명식 선불카드 등은 '카드', 현금영수증은 '현영', 그 밖의 영수증은 '영'으로 각각 표시할 수 있다.
- 대금결제 유형은 현금, 외상, 카드 등으로 기재한다.
- 상품·제품·원재료의 재고액이 있는 경우에는 과세기간 개시일 및 종료일의 실지 재고량을 기준으로 평가하여 기재한다.
- 재고액을 기재하지 않은 경우에는 기초 및 기말의 재고액이 동일한 것으로 간주한다.

(3) 간편장부 서식

표 11-11 간편장부 서식

① 일자	② 계정과목	③ 거래내용	④ 거래처	⑤ 수입(매출)		⑥ 비용 (원가 관련 매입 포함)		⑦ 사업용 유형자산 및 무형자산 증감(매매)		⑧ 비고
				금액	부가세	금액	부가세	부가세	부가세	
1.5	매출	○○ 판매	㈜□□	10,000,000	1,000,000	200,000				세계
1.15	상품	○○ 구입	△△ 상회				5,000,000	500,000		세계
1.20	기업업무추진	거래처접대	○○ 식당				200,000			카드등

(4) 필요경비의 구별

간편장부를 작성할 때, 모든 비용이 다 경비로 인정되는 것은 아니다. 사업과 직접적인 관련이 있고, 법적으로 인정되는 비용만 경비로 처리할 수 있다.

① 필요경비로 인정되는 항목

- 매출원가: 상품을 제조하거나 판매하기 위해 발생한 원재료비, 노무비, 경비 등
- 판매비: 광고비, 판촉비, 운반비, 포장비 등 상품 판매와 직접 관련된 비용
- 일반관리비: 임차료, 수도광열비, 통신비, 접대비, 보험료, 감가상각비, 급여 등 사업 운영에 필요한 일반적인 경비
- 접대비: 사업과 직접 관련된 접대비는 일정 금액까지 손금으로 인정
- 감가상각비: 유형자산(토지 제외)의 사용 기간 동안 가치가 감소하는 것을 반영하여 인정하는 비용
- 배당금: 법인세를 납부한 후 남은 이익을 주주에게 나누어 주는 배당금은 손금으로 인정

• 기부금: 지정기부금은 일정 금액까지 손금으로 인정

② **필요경비로 인정되지 않는 항목**

• 사적인 비용: 사업과 관련 없는 개인적인 소비 지출(예: 가족 여행 경비, 개인 물품 구매 등)
• 벌금 및 과태료: 법규 위반으로 인해 부과된 벌금 및 과태료(예: 교통법규 위반 벌금, 환경 규제 위반 과태료)
• 대표자의 생활비: 사업주 개인의 생활비(예: 식비, 주거비, 의류비 등)
• 접대비 한도 초과 금액: 사업 관련 접대비라 하더라도 법에서 정한 한도를 초과하는 금액은 경비로 인정되지 않는다.
• 자산의 증가에 해당하는 지출: 토지 매입, 건물 신축 등 자산 가치를 증가시키는 지출은 자산으로 처리하고, 감가상각을 통해 비용화하는 경우
• 기부금 중 비지정 기부금: 지정기부금이 아닌 일반 기부금은 전액 경비로 인정되지 않고, 일정 금액까지만 손금으로 인정

5) 소득세 절세방안

(1) 소득 공제 활용하기

① **근로소득 공제:** 부양가족 수, 보험료, 교육비 등 다양한 공제를 활용하여 과세표준을 줄일 수 있다.

② **사업소득 공제:** 사업과 관련된 비용을 최대한 공제하여 소득을 줄일 수 있다.

③ **연금저축:** 연금저축을 통해 소득 공제를 받고 노후자금을 마련할 수 있다.

(2) 비과세 상품 활용하기

① **장학금:** 소득세가 비과세되는 장학금을 활용하여 교육비 부담을 줄일 수 있다.

② **근로소득세 비과세**: 일정 금액 이하의 근로소득은 비과세될 수 있다.

③ **저축형 보험:** 일정 조건을 충족하는 저축형 보험은 비과세 혜택을 받을 수 있다.

(3) 자산 분산

① **배우자 또는 자녀에게 증여:** 증여세 공제 범위 내에서 배우자나 자녀에게 자산을 증여하여 상속세를 미리 준비할 수 있다.

② **다양한 금융 상품 투자:** 예금, 펀드, 주식 등 다양한 금융 상품에 분산 투자하여 위험을 분산하고 수익을 얻을 수 있다.

(4) 절세 상담

세무 전문가와 개인의 상황에 맞는 맞춤형 절세 상담을 통해 더욱 효과적인 절세 방법을 찾을 수 있다.

4. 법인세

1) 법인세의 개요

법인세란 법인이 사업 활동을 통해 얻은 소득에 대해 부과되는 세금을 말하며, 개인이 소득세를 내는 것과 마찬가지로, 법인도 법인세를 통해 국가에 세금을 납부해야 한다. 즉, 법인세는 유한회사나 주식회사와 같이 법인 형태로 사업을 하는 경우 그 사업에서 생긴 소득에 대하여 내는 세금이다.

내국 영리법인(「상법」에 의해 영리를 목적으로 설립된 주식회사, 합자회사, 유한회사 등 영리를 목적으로 설립된 법인)은 국내외의 모든 소득에 대해 법인세를 내야 하며, 내국 비영리법인(사단, 재단, 그밖의 단체로서 「국세기본법」 규정에 의해 법인으로 보는 단체)은 국내외 수익사업에서 생긴 소득과 부동산 양도차익에 대하여 법인세를 내야 하고, 청산소득에 대해서는 법인세가 면제된다. 한편, 국내에 거주하는 외국 영리법인은 국내에서 취득한 원천소득과 부동산 양도차익에 대해 법인세를 내야 하며, 청산소득에 대해서는 법인세가 면제된다. 그리고 국내에 거주하는 외국의 비영리법인은 국내외 원천소득 중에서 수익사업으로 생긴 소득과 부동산 양도차익에 대해 법인세를 내야 하며, 청산소득에 대해서는 면제된다.

법인 구분별 납세 의무의 차이를 살펴보면 다음 표와 같다.

표 11-12 **법인 구분별 납세 의무 차이**

<table>
<tr><th colspan="2">법인의 종류</th><th>각 사업연도 소득에 대한 법인세</th><th>토지 등 양도소득에 대한 법인세</th><th>청산소득</th></tr>
<tr><td rowspan="2">내국 법인</td><td>영리법인</td><td>국내 · 외 모든 소득</td><td>○</td><td>○</td></tr>
<tr><td>비영리법인</td><td>국내 · 외 수익사업에서 발생하는 소득</td><td>○</td><td>×</td></tr>
<tr><td rowspan="2">내국 법인</td><td>영리법인</td><td>국내원천소득</td><td>○</td><td>×</td></tr>
<tr><td>비영리법인</td><td>국내원천소득 중 열거된 수익사업에서 발생한 소득</td><td>○</td><td>×</td></tr>
<tr><td>국가 · 지방 자치단체</td><td colspan="4">납세 의무 없음</td></tr>
</table>

※ 국세청 신고납부 법인세

표 11-13 **법인세 납부 기간**

<table>
<tr><th>구분</th><th>법정신고기한</th><th>제출대상서류</th></tr>
<tr><td>12월 결산법인</td><td>3월 31일</td><td rowspan="4">① 법인세 과세표준 및 세액 신고서
② 재무상태표
③ 포괄손익계산서
④ 이익잉여금처분계산서(결손금처리계산서)
⑤ 세무조정계산서
⑥ 세무조정계산서 부속서류 및 현금 흐름표</td></tr>
<tr><td>3월 결산법인</td><td>6월 30일</td></tr>
<tr><td>6월 결산법인</td><td>9월 30일</td></tr>
<tr><td>9월 결산법인</td><td>12월 31일</td></tr>
</table>

※ 법인세의 납세 의무가 있는 내국 법인은 사업연도 종료일이 속하는 달의 말일부터 3개월 이내에 법인세 과세표준과 세액을 신고하여야 한다.

※ 내국법인: 등기부 상 본점 또는 주사무소 소재지

※ 외국법인: 주된 국내 사업장 소재지

2) 법인세 계산 구조

각 사업연도 소득에 대한 법인세가 과세되고, 토지 등 특정 자산을 양도할 때 생긴 소득에 대하여는 법인세와 별도로 특별부가세를 추가로 납부해야 한다.

각 사업연도 소득 = 총 익금 − 총 손금

익금(inclusion)은 사업에서 생기는 수익 금액 외에 사업과 관련하여 발생하는 자산의 양도금액, 자산의 평가차익, 무상으로 받은 자산의 가액 등도 포함된다. 손금은 제품의 원가 및 인건비 외에 사업과 관련하여 지출한 접대비, 복리후생비 등을 포함하며, 「세법」에서 특별히 인정하는 특정 손금을 말한다.

표 11-14 법인세 세율

소득종류 / 법인종류	각 사업연도 소득			청산소득		
	과세표준	세율	누진공제	과세표준	세율	누진공제
영리법인	2억 이하	9%	–	2억 이하		
영리법인	2억 초과 200억 이하	19%	2,000만 원	2억 초과	9%	–
	200억 초과 3,000억 이하	21%	42,000만 원	200억 이하	19%	2,000만 원
	3,000억 초과	24%	942,000만 원	200억 초과	21%	42,000만 원
비영리법인	2억 이하	9%	–	3,000억 이하	24%	942,000만 원
	2억 초과 200억 이하	19%	2,000만 원	3,000억 초과		
	200억 초과 3,000억 이하	21%	42,000만 원			
	3,000억 초과	24%	942,000만 원			
조합법인	20억 이하	9%	–			
	20억 초과	12%	6,000만 원			

3) 법인세 신고 절차

기업이 일반적으로 공정·타당하다고 인정되는 기업회계기준에 의하여 작성한 재무제표상의 당기순손익을 기초로 하여 세법의 규정에 따라 익금과 손금을 조정함으로써 정확한 과세소득을 계산하기 위한 일련의 절차이다.

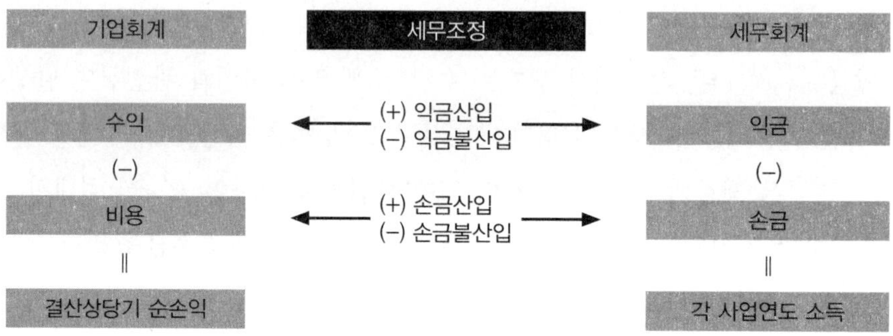

그림 11-1 법인세 신고절차

(1) 기업회계와 세무회계 차이

① **익금산입:** 기업회계상 수익이 아니나 세무회계상 익금으로 인정하는 것

② **익금불산입:** 기업회계상 수익이나 세무회계상 익금으로 보지 않는 것

③ **손금산입:** 기업회계상 비용이 아니나 세무회계상 손금으로 인정하는 것

④ **손금불산입:** 기업회계상 비용이나 세무회계상 손금으로 보지 않는 것

(2) 법인세 신고 시 제출해야 할 서류

① 기업회계기준을 준용하여 작성한 개별 내국법인의 재무상태표, 포괄손익계산서

② 기업회계기준을 준용하여 작성한 이익잉여금처분(결손금처리)계산서

③ 세무조정계산서(별지3호)

④ 기타 부속서류 및 현금흐름표, 표시통화재무제표·원화재무제표

⑤ 피합병법인 등의 재무상태표, 합병·분할로 승계한 자산·부채 명세서 등

4) 국세 전자납부

국세청에서는 현금 및 수표는 물론 은행의 예금잔고와 신용카드사의 대출(카드론)을 이용하여 세금을 납부할 수 있도록 하였다. 인터넷·전화(ARS) 등을 이용하여 계좌이체 방식(인터넷뱅킹, 폰뱅킹)으로 가정이나 사무실에서 편리하게 납부할 수 있으며, 현재 인터넷뱅킹 또는 폰뱅킹을 이용하는 법인은 거래은행의 인터넷사이트 또는 ARS에 바로 접속하면 된다.

납부 절차 및 요령은 다음과 같다.

① 고지서 또는 납부서 준비

국세납부는 입력항목이 다소 많으므로 반드시 고지서나 내용이 기재된 납부서를 준비한 후 납부 신청(입력)하여야 한다.

② 납부할 방법 선택

은행 잔액을 이용한 계좌이체를 하고자 할 때는 인터넷, ARS전화에 의하여 접속하거나 은행 창구의 자동입출금기(ATM)를 이용한다. 카드사에서 대출을 받아 세금을 납부하고자 할 때는 인터넷, ARS전화에 의하여 카드사에 접속하면 된다.

③ 국세 전자납부확인서 발급

전자납부 신청 종료 시점에서 '국세 납부신청확인서'를 출력하여 영수증으로 사용할 수 있다. 또한, 납부 후 10일 이내에 세무서에서 '국세 전자납부확인서'를 납부자에게 보내주고 있다.

④ 납부 절차

인터넷에 의한 납부 절차는 다음과 같다.

표 11-14 인터넷에 의한 납부 절차

은행 또는 카드사의 사이트 접속

⇩

첫 화면에서 [인터넷뱅킹], [국세납부] 배너 선택

⇩

본인 확인 절차(ID, 계좌번호, 비밀번호 등)

⇩

잔고 또는 대출한도액 확인

⇩

국세납부 신청

⇩

국세납부 신청내용 확인

⇩

국세 납부신청확인서 발급

Chapter 12

효율적 경영과 고객서비스 관리

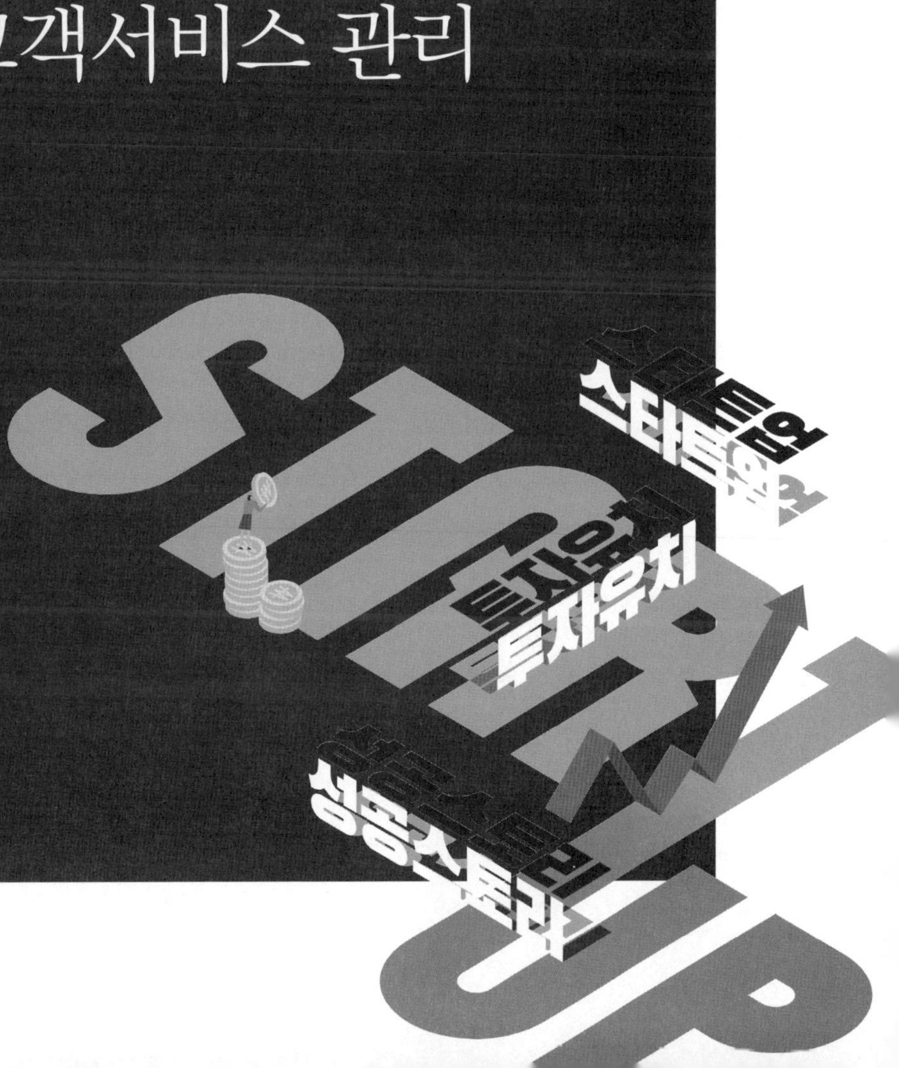

효율적 경영과 고객서비스 관리 12

1. 효율적 경영

효율적 경영이란, 주어진 자원을 최대한 활용하여 목표를 달성하는 것을 의미한다. 즉, 적은 비용과 시간으로 더 많은 결과를 얻는 것을 목표로 하는 경영 방식이라고 할 수 있다.

1) 소점포 경영

(1) 소점포 경영자의 개념

소점포 경영자란, 작은 규모의 상점을 운영하며 모든 경영 활동에 직접 참여하는 사람을 의미한다. 대기업과 달리 소점포 경영자는 매장 관리, 상품 기획, 판매, 고객서비스 등 다양한 업무를 직접 수행하며, 사업의 성패가 자신의 노력에 크게 좌우되기 때문에 커뮤니케이션 능력, 분석력과 예측력, 계획 능력, 매니지먼트 능력, 높은 직업의식 및 생동감과 박진감이 넘치는 행동력을 가져야 한다.

(2) 소점포 경영의 3요소

① **점포**

- 매장 환경: 고객이 편안하게 쇼핑할 수 있는 분위기를 조성하고, 상품이 잘 보이도록 진열한다.

- 위치: 고객 접근성이 좋은 곳에 위치하여 고객 유입을 늘린다.
- 규모: 매장 규모에 맞는 상품 구성과 효율적으로 공간을 활용한다.
- 온라인 연계: 온라인 쇼핑몰과 연동하여 판매 채널을 확대하고, 오프라인 매장과의 시너지를 창출한다.

② 판매원

- 고객 서비스: 친절하고 전문적인 고객 서비스를 제공하여 고객 만족도를 높일수 있도록 한다.
- 상품 지식: 판매하는 상품에 대한 정확한 정보를 제공하고, 고객의 니즈에 맞는 상품을 추천한다.
- 매장 관리: 매장의 청결 유지, 상품 진열 등 매장 관리에 참여한다.
- 고객 관리: 고객 데이터를 관리하고, 맞춤형 마케팅을 진행한다.

③ 상품

- 차별화된 상품: 대형 마트에서 쉽게 구할 수 없는 독특한 상품이나, 고객의 니즈를 정확하게 파악한 상품을 제공하여 경쟁력을 확보한다.
- 품질 관리: 고품질의 상품을 제공하여 고객의 신뢰를 얻고, 재구매를 유도한다.
- 가격 경쟁력: 적정한 가격을 설정하여 가격 경쟁력을 확보하고 상품의 폭을 넓힌다.

(3) 소점포 경영자가 갖추어야 할 마인드

① 고객 중심 마인드

- 고객의 소리에 귀 기울이기: 고객의 불만이나 요구사항을 적극적으로 수렴하고 개선한다.
- 맞춤형 서비스 제공: 고객 개개인의 특성과 니즈를 파악하여 맞춤형 서비스를 제공한다.
- 꾸준한 소통: SNS, 이벤트 등을 통해 고객과 소통하고 관계를 형성한다.

② 긍정적인 마인드

- 긍정적인 태도 유지: 어려움 속에서도 긍정적인 마음을 유지하고, 문제 해결을 위한 노력을 지속한다.
- 변화를 두려워하지 않기: 시장 변화에 빠르게 적응하고, 새로운 기회를 찾기 위해 노력한다.
- 끊임없는 학습 자세: 새로운 지식과 정보를 습득하고, 자신을 발전시키기 위해 노력한다.

③ 책임감

- 사업의 성과에 대한 책임감: 사업의 성패에 대한 책임감을 가지고, 모든 일에 최선을 다한다.
- 직원 관리: 직원들의 역량을 개발하고, 동기부여를 통해 팀워크를 강화한다.
- 재정 관리: 매출과 비용을 관리하고, 사업의 수익성을 높이기 위해 노력한다.

④ 창의성

- 새로운 아이디어 발상: 기존의 방식에서 벗어나 새로운 아이디어를 통해 차별화된 경쟁력을 확보하도록 한다.
- 끊임없는 개선: 기존의 방식을 개선하고, 더 나은 방법을 찾기 위해 노력한다.
- 트렌드 분석: 시장 트렌드를 분석하고, 새로운 트렌드를 반영한 상품이나 서비스를 개발한다.

⑤ 기타

장기적인 안목이나 어려운 상황에서도 극복할 수 있는 끈기가 필요하고, 고객과 협력업체, 지역사회와의 꾸준한 관계 형성 노력이 중요하다.

(4) 소점포 경영 전략

① 경영자의 경영 전략

- 경영자의 현재의 능력을 평가하여 강점을 활용하여 약점을 보완한다.
- 경영자의 고객 응대를 고객의 눈높이에 맞추는 전략이 필요하다.
- 고객 밀착형 고객관리 전략과 차별화 전략을 준비한다.
- 판매 상품이나 서비스의 지식을 높여 고객의 신리를 높이는 전략이 필요하다.

② 점포관리 전략

- 종업원에 대한 투자는 소점포 운영에 중요한 전략이다.
- 목표 달성을 위한 경영 전략을 명확히 하고 전 직원이 공유한다.
- 판매상품에 대한 철저한 기록으로 팔리는 상품을 선택하는 전략을 수립한다.
- 상품이나 서비스에 대한 원가계산을 철저히 하는 전략이 필요하다.
- 경쟁 점포와 주위 점포를 주시하여 동일 업종 침투를 막는 전략이 중요하다.

③ 소점포 판매 전략

- 기념 이벤트를 주기적으로 하고 사은품을 활용하는 전략을 세운다.
- 점포의 이미지를 통일하는 전략과 조명을 업종에 맞게 연출한다.
- 광고매체를 신중하게 활용하고, DM 발송은 목적에 맞추는 전략이 필요하다.
- 주력 상품이나 유인 상품을 최대한 활용하고 가격을 표시한다.

④ 효과적인 매장관리 전략

- 품질이나 가격 면에서 모두 만족할 수 있는 상품임을 전달한다.
- 매장 안의 열등 공간은 분위기를 연출하여 고객이 접근하고 싶게 한다.
- 상품을 컬러 및 사이즈별로 진열하고, 다양한 상품을 고객에게 노출한다.

- 최적공간은 점포의 주력 상품을 진열하고, 계산대 주위의 공간을 활용한다.

2) 마케팅 경영

마케팅은 생산자로부터 소비자에게로 상품 또는 서비스의 유통 방향을 경정하는 데 필요한 모든 활동으로, 누구에게 무엇을 어떤 방식으로 팔 것인가를 계획하고 통제하는 것으로 기업의 성패를 결정하는 중요한 활동을 말한다. 그러므로, 기업이 시장에서 성공적으로 활동하고 지속적인 성장을 이루기 위한 고객의 니즈를 파악하고, 효과적인 마케팅 전략을 수립하고 실행하는 일련의 과정을 말한다.

(1) 마케팅의 정의

① **일반적 정의:** 기업이 목표로 하는 고객에게 가치를 제공하고, 이를 통해 교환을 이끌어 내는 일련의 활동을 말한다. 좀 더 쉽게 말하면, 고객을 확보하고 유지하며, 기업의 목표를 달성하기 위해 상품이나 서비스를 알리고 판매하는 모든 활동이라고 할 수 있다.

② **인터넷 마케팅:** 인터넷을 매체로 하여 상품이나 서비스를 홍보하고 판매하는 모든 마케팅 활동을 의미한다. 즉, 웹 사이트, 블로그, 소셜 미디어 등 다양한 온라인 채널을 활용하여 고객과 소통하고, 마케팅 목표를 달성하는 것이다.

(2) 마케팅의 기능

① **교환 기능**

- 소유권 이전: 생산자가 생산한 제품이나 서비스를 소비자에게 판매하여 소유권을 이전하는 기능이다.
- 가치 교환: 소비자는 제품이나 서비스를 구매하고, 대가로 금전을 지불하는 가치 교환이 이루어진다.

② **정보 제공 기능**

- 시장정보 수집: 시장 트렌드, 경쟁사 정보, 소비자 니즈 등을 수집하여 마케팅 전략 수립에 활용한다.
- 제품정보 제공: 제품의 특징, 장점, 사용법 등을 소비자에게 정확하게 전달한다.

③ **수요 창출 기능**

- 욕구 자극: 소비자의 잠재적인 욕구를 자극하여 구매 욕구를 자극
- 수요 예측: 시장수요를 예측하여 생산계획을 수립하고, 재고 관리를 효율적으로 수행한다.

④ **가치 창출 기능**

- 차별화: 경쟁 제품과 차별화된 가치를 제공하여 소비자에게 매력을 어필한다.
- 브랜드 이미지 구축: 강력한 브랜드 이미지를 구축하여 소비자의 충성도를 높인다.

(3) 마케팅의 분류

① **시스템 마케팅(System Marketing)**: 장기적인 관점에서 고객과의 관계 구축에 초점을 맞춘 마케팅 전략이다. 기업의 시스템을 구축하고, 고객 데이터를 기반으로 맞춤형 마케팅을 수행하며, 고객 경험을 향상시키는 데 중점을 두는 편이다.

② **세일즈 마케팅(Sales Marketing)**: 단기적인 매출 증대에 초점을 맞춘 마케팅 전략이며, 제품이나 서비스를 적극적으로 판매하고, 판매 채널을 확대하는 데 중점을 둔다.

(4) 마케팅 전략

기업이 목표로 하는 고객에게 효과적으로 다가가고, 경쟁 우위를 확보하기

위한 종합적인 계획을 말하며, 단순히 제품이나 서비스를 판매하는 것을 넘어, 고객의 니즈를 파악하고, 브랜드 이미지를 구축하며, 장기적인 성장을 도모하는 것이 마케팅 전략의 핵심 목표이다.

① 마케팅 전략의 종류

- 상품전략: 새로운 제품을 개발하거나 기존 제품을 개선하여 고객의 니즈를 충족시킨다.
- 가격전략: 경쟁사보다 낮은 가격으로 시장 점유율을 확대한다.
- 유통전략: 직접유통, 간접유통, 옴니채널 유통을 구축하여 제품을 판매한다.
- 광고전략: TV광고, 인쇄 광고, 온라인 광고를 활용한다.
- 결제전략: 다양한 결제 수단 제공(신용카드, 현금, 모바일 결제 등)하고, 할인 및 쿠폰 등을 통해 구매를 유도한다.
- 서비스 전략: 고객 만족을 위한 A/S 서비스를 제공하고 고객의 니즈에 맞는 맞춤형 서비스를 제공한다.
- 특정 고객층을 대상으로 마케팅을 집중하고 해당 분야의 전문적인 지식을 제공하여 신뢰를 구축한다.

② 전통적 마케팅과 인터넷 마케팅의 차이

표 12-1 전통적 마케팅과 인터넷 마케팅의 비교

항목	전통적 마케팅	인터넷 마케팅
매체	• TV, 라디오, 신문, 잡지 등	• SNS, 검색 엔진, 모바일 앱 등
장점	• 넓은 도달 범위, 신뢰도, 오프라인 경험	• 비용, 정확한 타기팅, 즉각적인 효과 측정, 쌍방향 소통
단점	• 비용, 타기팅의 어려움, 즉각적인 효과 측정이 어려움	• 경쟁 심화, 알고리즘 변화

3) 판매촉진 경영

기업이 단기간에 상품의 판매량을 늘리기 위해 다양한 마케팅 활동을 전개하는 것을 의미하며, 단순히 제품을 알리는 것을 넘어, 소비자의 구매 욕구를 자극하고 실제 구매로 이어지도록 유도하는 것이 목표이다.

(1) 손님의 숫자를 늘리는 방법

① 고객 맞춤형 마케팅

- 단골 고객 관리를 위한 생일 축하 이벤트을 통한 쿠폰 및 선물을 제공하고, 고객의 구매 이력을 분석하여 개인 맞춤형 상품을 추천한다.
- 매장의 분위기, 신상품, 이벤트 등을 SNS 활용을 이용하여 공유하면서 고객과 소통한다.
- 고객의 의견을 수렴하여 상품 및 서비스를 개선하고, 고객의 불만을 신속하게 처리하여 만족도를 높인다.

② 독특한 매장 분위기 연출

- 테마를 활용한 인테리어: 특정 테마를 활용하여 매장 분위기를 차별화하고, 고객의 호기심을 유도한다.
- 감각적인 디스플레이: 상품을 매력적으로 진열하여 시각적인 즐거움을 제공한다.
- 향기, 음악 활용: 은은한 향기와 편안한 음악을 통해 쾌적한 쇼핑 환경을 조성한다.

③ 오프라인 이벤트 및 체험 마케팅

- 샘플링 이벤트: 신제품을 무료로 제공하여 고객에게 직접 체험할 기회를 제공한다.
- 워크숍 또는 클래스 개최: 제품과 관련된 워크숍이나 클래스를 개최하여 고객 참여를 유도한다.

• 콜라보레이션: 다른 브랜드와 협업하여 이벤트를 진행하여 시너지 효과를 창출한다.

④ **온라인 마케팅 활용**

• 구글 마이 비즈니스: 구글 지도에 정확한 정보를 등록하여 고객이 쉽게 매장을 찾도록 돕는다.
• 네이버 플레이스: 네이버 지도에 매장 정보를 등록하고, 리뷰를 관리한다.
• 배달 앱: 배달 서비스를 제공하여 매출을 증대시킨다.

⑤ **기타**

할인행사, 묶음 상품 판매, 쿠폰 제공으로 가격 경쟁력을 확보하고 독점상품, 맞춤형 서비스, 고품질 상품으로 차별화된 상품 서비스를 제공한다.

(2) 상품 단가를 올리는 방법

① **상품의 가치 부여**

• 고급화 전략: 포장, 디자인, 재료 등을 고급화하여 프리미엄 이미지를 부여한다.
• 스토리텔링: 상품에 독특한 스토리를 부여하여 감성적인 가치를 더한다.
• 한정판, 시즌 상품: 희소성을 강조하여 상품의 가치를 높이도록 한다.
• 맞춤형 서비스: 개인 맞춤형 상품이나 서비스를 제공하여 차별화를 둔다.

② **고객 경험 향상**

• 체험 마케팅: 상품을 직접 체험할 수 있는 기회를 제공하여 만족도를 높인다.

- 오감을 자극하는 경험: 시각, 청각, 후각 등 오감을 자극하는 경험을 제공한다.
- 친절한 고객 서비스: 고객에게 특별한 경험을 제공하여 충성도를 높인다.

③ 브랜드 이미지 강화

- 일관된 브랜드 이미지 구축: 모든 마케팅 활동에서 일관된 브랜드 이미지를 전달한다.
- 긍정적인 브랜드 인지도 형성: 긍정적인 브랜드 경험을 제공하여 고객의 신뢰를 얻는다.
- 차별화된 브랜드 스토리: 경쟁사와 차별화되는 독특한 브랜드 스토리를 구축한다.

④ 가격 인상의 정당성 확보

- 가격 인상 이유를 명확히 설명: 가격 인상의 이유를 투명하게 밝히고, 그에 상응하는 가치를 제공한다.
- 새로운 기능이나 서비스 추가: 가격 인상과 함께 새로운 기능이나 서비스를 추가하여 고객의 가치를 높인다.
- 기존 고객에게 특별 혜택 제공: 기존 고객에게 특별 할인이나 추가 서비스를 제공하여 충성도를 유지한다.

(3) 매상 품목의 숫자를 늘리는 방법

① 상품 구성 및 번들링

- 묶음 상품: 여러 개의 상품을 하나로 묶어 할인된 가격으로 판매한다.
- 추가 상품 제안: 기존 상품 구매 시 관련 상품을 함께 구매하도록 유도한다.
- 샘플 제공: 신제품 샘플을 제공하여 새로운 상품에 대한 관심을 유발한다.

② 다양한 상품 카테고리 확장

- 관련 상품 추가: 기존 상품과 관련된 새로운 상품을 추가하여 상품 라인업을 확장한다.
- 계절 상품 도입: 계절에 맞는 상품을 도입하여 수요를 창출한다.
- 트렌드 상품 도입: 최신 트렌드를 반영한 상품을 도입하여 고객의 흥미를 유발한다.

③ 맞춤형 상품 추천

- 데이터 기반 추천: 고객의 구매 이력을 분석하여 맞춤형 상품을 추천한다.
- 크로스셀링: 함께 구매하면 좋은 상품을 제안한다.
- 업셀링: 더 고급스러운 상품으로 업그레이드를 제안한다.

④ 이벤트 및 프로모션 활용

- 신제품 출시 이벤트: 신제품 출시를 기념하여 다양한 이벤트를 진행한다.
- 계절별 할인 행사: 계절에 맞는 할인 행사를 통해 다양한 상품을 판매한다.
- 경품 이벤트: 구매 고객에게 경품을 제공하여 구매를 유도한다.

⑤ 매장 활성화

- 상품 진열 방식 개선: 시각적으로 매력적인 상품 진열을 통해 고객의 구매 욕구를 자극한다.
- 체험 마케팅: 상품을 직접 체험할 수 있는 기회를 제공한다.
- 판매원 교육: 판매원에게 다양한 상품에 대한 정보를 제공하고, 고객에게 적극적으로 상품을 추천하도록 교육한다.

2. 고객서비스 관리

고객서비스 관리는 고객이 제품 또는 서비스를 구매 또는 사용하기 전후에 기업에서 고객에게 제공하는 활동을 의미한다. 더 쉽게 말해, 고객이 제품이나 서비스를 사용하는 동안 발생하는 모든 문제나 질문에 대해 신속하고 정확하게 대응하고, 고객이 원하는 바를 파악하여 최상의 서비스를 제공하는 것을 말한다.

1) 고객서비스

(1) 고객서비스의 본질

소비 활동을 하는 주체를 소비자라 하며, 소비자가 특정 상품이나 서비스를 구매하는 순간 고객이 된다. 좁은 의미의 고객은 단순히 상품이나 서비스를 구매하거나 이용하는 손님으로 정의되며, 넓은 의미의 고객은 상품을 생산·전달하고 이용하며 서비스를 제공하는 일련의 과정에 관계된 나 이외의 모든 사람으로 정의된다. 기업에 있어서 제품의 판매 대상은 단순히 제품을 소비하는 소비자의 개념이었다. 그러나 최근에 와서는 소비자라는 용어로 대체되고 있는데 이는 소비자가 점차로 집단화 · 대형화되어가고 있고, 통신의 발달로 인해서 on/off 라인에서의 유대관계가 돈독해지면서 소비자의 관리 강화에 초점이 맞춰지고 있기 때문이다.

특히, 특정 제품에 대한 고객의 반응이 단순히 한 개인의 소비 성향을 반영하기보다는 이로 인한 제품의 평가가 빠르게 퍼짐으로 인하여 미치는 영향이 매우 커지고 있다. 이러한 사실을 기업이나 자영업자들이 인식하면서 2000년 이후에 들어서는 소비자라는 용어는 대신 '고객'이라는 개념이 자리를 잡게 되었다.

고객과의 관계를 잘 유지하는 기업은 번성하지만, 고객으로부터 외면당하는 기업은 유지되기 어렵다. 고객을 만족하게 하는 것은 종업원 모두가 한뜻으로 노력할 때 가능하며, 고객 만족은 고객이 가격에 대하여 둔감하게 만든다. 제품가격에 대한 둔감성은 제품에 무형의 부가가치를 부여한 영향 때문이며 제품에 대한 부가가치는 고객 만족 경영으로부터 출발한다.

또한, 제품에 대한 부가가치는 고객서비스 수준에 따라 다르게 나타나는데, 서비스에서 수준의 평가는 서비스 전달 과정 중에 일어난다. 즉, 고객은 서비스의 본질을 느끼게 되는 진실의 순간이라고 불리는 고객 접촉 순간에 서비스에 대하여 만족 혹은 불만족을 평가하게 된다. 수준이 기대보다 높을 때 서비스 품질이 특별한 것으로 인식되며 고객 감동으로 이어진다. 그러나 기대 수준에 못 미치면 서비스 품질은 아주 낮은 것으로 받아들이고 고객 불만으로 이어질 수 있다. 다음은 서비스 수준을 측정하기 위해 가장 널리 사용되는 servqual 5개 차원 모델이다.

① **유형성(Tangibles):** 서비스와 관련된 물리적인 시설, 설비, 장비 등의 외관과 같은 것이다. 예를 들어, 매장의 인테리어, 직원의 복장, 제품 포장 등이 해당된다.

② **신뢰성(Reliability):** 약속된 서비스를 신속하고 정확하게 제공하는 능력을 말하며 예를 들어, 정시 배송, 오류 없는 작업 처리, 약속 시간 준수 등이 있다.

③ **반응성(Responsiveness):** 고객의 요구에 신속하게 응답하고 도움을 주는 정도이다. 예를 들어, 전화 응답 속도, 불만 처리 시간, 고객의 질문에 대한 신속한 답변 등이 있다.

④ **확신성(Assurance):** 서비스 제공자의 지식과 친절함, 신뢰성에 대한 고객의 느낌을 말한다. 예를 들어, 직원의 전문성, 친절한 태도, 서비스에 대한 자신감 등이 있다.

⑤ **공감성(Empathy):** 고객의 개별적인 필요와 요구를 이해하고 배려하는 정도이다. 예를 들어, 고객의 상황에 대한 공감 표현, 개인 맞춤형 서비스 제공 등이 있다.

표 12-2 SERVQUAL 서비스 품질의 10가지 차원의 결정요소

5차원	10차원	Servqual 차원의 정의
유형성	유형성	• 서비스의 외형적 증거를 포함
신뢰성	신뢰성	• 성과와 믿음의 일관성
반응성	대응성	• 직원의 서비스 제공에 대한 의욕과 준비성
확신성	능력	• 서비스 수행을 위해 필요한 기능과 지식의 보유
	예절	• 고객 담당 직원의 정중, 존경, 사려, 친근감
	신용성	• 서비스 제공자의 진실정, 정직, 고객에 최대의 이익 제공을 명심
	안정성	• 위험, 의혹으로부터 자유
공감성	접근 가능성	• 서비스에 접근 가능성과 접촉 용이성
	의사소통	• 고객이 이해할 수 있는 방법으로 정보를 제공하며, 고객 의사를 경청
	고객이해	• 고객과 요구를 이해하려는 노력

(2) 고객 응대 일반

고객 응대는 단순히 질문에 답변하는 것을 넘어, 기업과 고객 간의 관계를 형성하고 유지하는 중요한 역할을 한다. 효과적인 고객 응대는 고객 만족도를 높이고, 기업의 이미지를 향상시키며, 충성도 높은 고객을 확보하는 데 기여한다. 다음은 고객 응대 서비스 3S의 실천이다.

① 스마일(Smile)

- 밝은 표정: 고객을 맞이할 때 밝은 미소는 첫인상을 좋게 만들고, 친근한 분위기를 조성한다.
- 긍정적인 태도: 긍정적인 표정은 고객에게 편안함을 주고, 문제 해결에 대한 의지를 보여준다.
- 감정 전달: 미소는 비언어적 소통 수단으로, 고객에게 진심으로 대해

주고 있다는 것을 전달한다.

② **스피드(Speed)**

- 신속한 응대: 고객의 질문이나 요청에 신속하게 응답하여 불안감을 해소하고 만족도를 높인다.
- 효율적인 처리: 업무 처리 과정을 간소화하여 고객의 시간을 절약하고, 기다림으로 인한 불편을 최소화한다.
- 빠른 문제 해결: 발생한 문제를 신속하게 파악하고 해결하여 고객의 불만을 해소하도록 한다.

③ **스마트(Smart)**

- 전문성: 제품이나 서비스에 대한 정확한 정보를 제공하고, 고객의 질문에 전문적으로 답변한다.
- 친절: 고객의 입장에서 생각하고, 친절한 태도로 응대한다.
- 적극적인 자세: 고객의 요구를 정확히 파악하고, 필요한 정보를 적극적으로 제공한다.

(3) 고객의 구매 심리

고객의 구매 심리는 단순히 제품이나 서비스의 기능이나 가격에만 의존하는 것이 아니다. 다양한 심리적 요인들이 복합적으로 작용하여 구매 결정을 좌우하는데, 구매 심리를 알기 위해서는 고객의 욕구가 무엇이고, 그 욕구의 동기가 무엇이고, 어떻게 해야 만족하는가를 알아야 한다. 이러한 심리를 이해하는 것은 마케팅 전략 수립과 판매 효과를 높이는 데 매우 중요하다.

AIDCA의 원리라 부르는 고객의 구매 심리 5단계 과정은 다음과 같다.

1. **주목**(Attention): **1단계**
   - 고객의 시선을 사로잡는 것: 매력적인 광고, 독특한 디자인, 강렬한 문구 등을 통해 고객의 시선을 끌고 제품이나 서비스에 대한 인지도를 높인다.
   - 예시: SNS에서 화제가 되는 콘텐츠, 눈에 띄는 POP 광고, 샘플 제공 등

2. **흥미**(Interest): **2단계**
   - 제품/서비스에 대한 호기심 유발: 제품의 특징, 장점, 스토리 등을 통해 고객의 흥미를 유발하고, 더 알고 싶어 하는 마음을 심어준다.
   - 예시: 제품 데모 영상, 상세한 제품 설명, 체험단 운영 등

3. **욕망**(Desire): **3단계**
   - 구매 욕구를 자극: 제품이나 서비스를 통해 얻을 수 있는 이점을 강조하여 고객의 욕구를 자극하고, 구매하고 싶은 마음을 갖도록 한다.
   - 예시: 한정판 제품, 할인 프로모션, 경품 이벤트 등

4. **신뢰**(Conviction): **4단계**
   - 구매 결정을 위한 확신 부여: 제품의 품질, 브랜드 이미지, 고객 후기 등을 통해 고객에게 신뢰감을 주고, 구매 결정을 내릴 수 있도록 돕는다.
   - 예시: 제품 보증, 고객 만족도 조사 결과, 전문가 추천 등

5. **행동**(Action): **5단계**
   - 실제 구매 유도: 편리한 결제 시스템, 할인 쿠폰 제공, 쉽게 찾을 수 있는 구매 버튼 등을 통해 고객의 구매 행동을 유도한다.
   - 예시: 온라인 쇼핑몰의 원클릭 구매 시스템, 오프라인 매장 직원의 친절한 안내 등

① 단계별 심리 상태와 판매촉진 방법

표 12-3 단계별 심리 상태와 판매촉진 방법

단계	심리 상태	판매촉진 방법
주목 (Attention)	새로운 정보에 대한 호기심과 흥미를 느끼는 단계	• 눈에 띄는 광고: 강렬한 색상, 역동적인 이미지 • 호기심 유발: 궁금증을 유발하는 질문이나 흥미 제시 • 인플루언서 마케팅: 유명인이나 인플루언서를 활용하여 제품을 홍보
흥미 (Interest)	제품이나 서비스에 대한 정보를 얻는 단계	• 상세한 제품 설명: 제품의 특징과 장점을 명확하게 설명 • 데모 영상: 제품 사용법이나 효과를 보여주는 영상 제작 • 체험 기회 제공: 샘플 제공, 체험행사 등을 통해 제품을 직접 경험
욕망 (Desire)	제품이나 서비스를 소유하고 싶다는 욕구가 생기는 단계	• 감성 마케팅: 제품 사용 후 얻을 수 있는 긍정적인 경험이나 감정 강조 • 한정판, 특별 상품: 희소성을 강조하여 구매 욕구 자극 • 할인, 쿠폰: 가격적인 메리트를 제공하여 구매 유도
신뢰 (Conviction)	제품이나 서비스에 대한 신뢰를 확보하고 싶어 하는 단계	• 고객 후기: 다른 고객들의 긍정적인 후기를 제시하여 신뢰도를 높임 • 전문가 추천: 전문가의 의견을 인용하여 제품의 우수성 강조 • 보증, A/S: 제품 보증, A/S 정책 등을 통해 구매
행동 (Action)	구매 결정을 내리고 실제 구매 행동으로 이어지는 단계	• 편리한 결제 시스템: 다양한 결제 수단을 제공과 간소화 • 시간 제한 할인: 구매를 촉진하기 위해 시간 제한을 두고 할인을 제공 • 추가 혜택: 구매 시 추가 할인, 사은품을 제공하여 구매 유도

② 고객 만족의 3요소

㉮ 상품(Product)

- 품질: 제품의 기능, 성능, 내구성 등이 고객의 기대를 충족시켜야 한다.
- 가격: 제품의 가치 대비 적절한 가격 설정이 중요하다.
- 디자인: 제품의 디자인이 고객의 취향을 반영하고, 사용하기 편리해야 한다.

㉯ 서비스(Service)

- 고객 응대: 고객의 문의에 빠르고 정확하게 응대하고, 문제 발생 시 신속하게 해결해야 한다.
- 배송: 제품을 안전하고 신속하게 배송해야 한다.
- A/S: 제품에 문제가 발생했을 때 신속하고 친절하게 A/S를 제공해야 한다.

㉰ 이미지(Image)

- 브랜드 이미지: 기업의 이미지는 제품의 품질과 서비스를 떠나 고객에게 중요한 요소이다.
- 기업의 사회적 책임: 사회 공헌 활동 등을 통해 기업의 이미지를 개선하고, 고객의 신뢰를 얻을 수 있다.

(4) 고객 유형별 고객관리

① **신규 고객:** 브랜드를 처음 접하는 고객

[관리 전략]

- 환영 메시지: 회원 가입 시 환영 메시지와 함께 할인 쿠폰 등을 제공하여 구매를 유도한다.
- 제품정보 제공: 제품에 대한 상세한 정보와 함께 사용 후기를 제공하여 신뢰를 형성한다.
- 맞춤형 추천: 고객의 관심사에 맞는 제품을 추천하여 구매를 유도한다.

② **충성 고객:** 브랜드에 대한 높은 충성도를 가지고 있으며, 반복적으로 구매하는 고객

[관리 전략]

- VIP 프로그램: 포인트 적립, 할인, 특별 서비스 등을 제공하여 고객의 충성도를 더욱 높인다.
- 개인화 마케팅: 고객의 구매 이력을 분석하여 맞춤형 상품을 추천하고,

특별한 이벤트를 제공한다.

- 커뮤니티 운영: 고객 간의 소통을 활성화하여 브랜드에 대한 애착을 높인다.

③ **불만 고객:** 제품이나 서비스에 불만을 가지고 있는 고객

[관리 전략]

- 신속한 응대: 불만 사항을 신속하게 처리하고, 고객의 입장에서 문제를 해결하려는 노력을 보여준다.
- 보상: 불만을 해소하기 위한 보상을 제공하여 고객의 마음을 진정시킨다.
- 개선 노력: 고객의 불만 사항을 바탕으로 제품이나 서비스를 개선한다.

④ **잠재고객:** 아직 구매로 이어지지는 않았지만, 구매 가능성이 있는 고객

[관리 전략]

- 타깃 마케팅: 고객의 관심사와 행동 패턴을 분석하여 맞춤형 광고를 진행한다.
- 무료 샘플 제공: 제품을 직접 경험할 수 있는 기회를 제공하여 구매를 유도한다.
- 웨비나, 세미나: 제품 관련 정보를 제공하는 웨비나나 세미나를 개최하여 관심을 유발한다.

2) 고객 맞이 전략

(1) 고객 맞이의 원칙

① 따뜻한 미소와 인사

- 진심을 담기: 기계적인 인사가 아닌, 진심을 담아 고객을 맞이한다.
- 고객의 이름을 부르기: 고객의 이름을 정확하게 불러 개인에게 집중하는 모습을 보여준다.

- 눈을 마주치기: 눈을 마주보며 인사하면 더욱 친근하고 진솔한 느낌을 줄 수 있다.

② 경청하는 자세

- 집중해서 듣기: 고객의 말을 가만히 듣고, 내용을 정확히 파악한다.
- 중간에 끼어들지 않기: 고객이 말을 마칠 때까지 기다렸다가 질문하거나 답변한다.
- 공감하는 태도: 고객의 감정을 이해하고 공감하는 모습을 보여준다.

③ 명확한 답변

- 간결하고 명확하게: 고객이 이해하기 쉽도록 간결하고 명확하게 답변한다.
- 전문적인 지식: 제품이나 서비스에 대한 전문적인 지식을 바탕으로 정확한 정보를 제공한다.
- 모르는 것은 솔직하게: 모르는 것은 모른다고 솔직하게 말하고, 알아보겠다는 의지를 보여준다.

④ 적극적인 태도

- 문제 해결 의지: 고객의 문제를 해결하기 위해 적극적으로 노력하는 모습을 보여준다.
- 추가적인 도움 제안: 필요한 경우 추가적인 정보나 서비스를 제공한다.
- 긍정적인 마무리: 고객에게 감사를 표하고, 다음에 다시 방문해 주길 바라는 마음을 전달한다.

⑤ 고객 중심의 사고

- 고객의 입장에서 생각하기: 고객의 입장에서 생각하고, 불편함을 최소화하기 위해 노력한다.
- 개인정보 보호: 고객의 개인정보를 보호하고, 비밀을 유지한다.
- 끊임없는 개선: 고객의 의견을 수렴하여 서비스를 개선해 나간다.

(2) 고객 맞이 화법

① 상대방의 입장에서 대화하여야 한다.
② 적절한 유머나 화제를 제공하여 대화 분위기를 리드해 나가야 한다.
③ 편안하고 자연스러운 분위기를 유지하여야 한다.
④ 마음으로 대화하는 자세를 갖는다.
⑤ 상대방의 이야기는 하나도 빠짐없이 기억해 둘 정도로 관심을 가지고 듣는다.
⑥ 저속한 용어나 남의 비방 같은 말은 하지 말아야 하며 코웃음을 치는 행위는 금물이다.
⑦ 상대방의 성격을 파악하여 화법의 형태를 변화시킬 수 있어야 한다.
⑧ 말의 내용이나 자세는 품위 있고 예의가 있어야 하며 화제는 평이하되 인상적인 것으로 선택한다.
⑨ 상품의 특색이나 장점을 전문적으로 연구하고 자신 있는 태도를 유지한다.

(3) 고객을 맞이하는 자세

① 복장은 단정히, 자세는 바르게, 말씨는 상냥하게 한다.
② 일어서서 웃으며 민원인과 눈높이를 맞추며 인사한다.
③ 업무 여건상 앉아서 맞이할 때는 미소 띤 밝은 얼굴로 인사한다.
④ 어떤 경우에도 민원인과 눈을 맞추며 단정한 자세를 유지한다.
⑤ 방문목적이 무엇인지 확인하고, 빠른 시간 내에 해결한다.
⑥ 시간이 걸리거나 본인의 업무가 아닌 경우에도 고객이 불쾌하지 않도록 친절하게 설명한다.
⑦ 고객의 질문에 대해서는 부드럽고 적극적인 음성으로 응대한다.

(4) 고객 행동 유형에 따른 대응 방법

① **존경받고 싶어 하는 고객:** 자존심이 강한 스타일의 고객에게는 틀린 이야기를 하더라도 부정하거나 고쳐주려 하지 말고 자존심을 상하지 않게 하며,

칭찬하는 말을 덧붙여서 좋은 인상을 준다.

② **혼자 중얼거리는 고객:** 불평이 많고 정신 집중이 안 되며 판매원의 말에도 귀를 기울이지 않는 고객에게는 스스로 결정할 때까지 기다려주지만, 고객의 기호를 빨리 알아내는 것이 좋다.

③ **수다스러운 고객:** 말을 많이 하는 고객은 말을 도중에 끊어버리면 감정이 상하기 쉬우므로 끝까지 들어주는 자세가 필요하고, 말의 주도권을 자연스럽게 유도하고 수위를 조절하는 유연성을 가지고 대처하는 것이 필요하다.

④ **내성적인 고객:** 자신의 취향이나 의도에 대해 거의 의사표시를 하지 않는 고객에게는 신뢰감을 줘서 천천히 대화를 유도하여 자세히 설명해 주고 '예' 또는 '아니오'로 대답할 수 있게 질문을 해서 고객이 이야기하기 쉽게 유도하는 것이 필요하다.

⑤ **아는 체하는 고객:** 자신의 풍부한 지식을 자랑하느라 논설조의 이야기를 늘어놓거나 가르치려는 고객에게는 이야기를 잘 들어주고 동의하는 의사 표현을 하는 것이 필요하다.

⑥ **망설이는 고객:** 결정을 못하고 망설이는 고객은 취향을 충분히 파악한 후 적합하다고 생각되는 상품에 대해 구체적으로 설명하고 최종 결정할 때까지 도와주는 것이 필요하다.

⑦ **빈정대는 말투의 고객:** 빈정대는 말투를 가진 고객에게는 부드러운 표정으로 유머스럽게 말을 받아주면 오히려 구매 가능성이 높아지므로 느긋하게 응대하는 것이 필요하다.

⑧ **장난기 있는 고객:** 일부러 판매원을 곤란하게 하는 질문을 하는 고객에게는 자신이 알고 있는 것은 성의껏 설명하고, 모르는 것은 모르겠다고 솔직하게 이야기하여 분명한 태도로 접대하는 것이 필요하다.

(5) 고객 응대 유의사항

① **고객의 관점 존중:** 고객이 어떤 대접을 받기를 원하는지, 무슨 말을 듣고 싶은지 생각해 고객의 관점에서 고객을 위한 방향으로 대화를 진행한다.

② **고객 위주의 관점 표명:** 고객의 관점에서 공감을 표시해 손님을 최대한 배려한다는 관점을 표명한다.

③ **논쟁이나 변명의 회피:** 고객이 화가 난 것은 대부분 감정적인 것이므로 규정이나 기준을 논리적으로 설명하려 하면 고객의 감정을 더 격앙시키는 때도 있다. 상담자가 회사의 대변자가 아닌 고객의 편이라는 인식이 들도록 대처하여야 한다.

④ **감정적 표현이나 노출 회피:** 불만은 회사에 제기하는 것이므로 상담자는 고객의 반말이나 높은 언성, 행동 등에 화를 내거나 개인적인 말을 해서는 안 된다.

⑤ **고객의 가치관에 반하는 언행 금지:** 고객의 가치관에 반대되는 기준을 이해 또는 설득시키려는 경우에 오히려 고객의 마음의 문을 닫는 결과를 초래한다.

⑥ **3S 실천:** 스피드(speed), 스마트(smart), 스마일(smile)의 3S를 실천해야 한다.

Chapter 13

창업 이슈와 사례

창업 이슈와 사례 13

1. 창업 이슈

창업이 더 이상 특별한 소수만의 영역이 아니라 누구나 꿈을 펼치고 새로운 가치를 만들어낼 수 있는 기회로 인식되면서 창업에 대한 관심이 높아지고 있다. 하지만 창업 과정에서 마주하는 다양한 이슈들은 성공적인 창업을 어렵게 만드는 요인이 되기도 한다.

1) 창업 성공의 법칙

창업은 꿈을 현실로 만들고 새로운 가치를 창출하는 매력적인 도전이지만, 동시에 많은 어려움과 변수가 존재한다. 성공적인 창업을 위해서는 다양한 요소를 고려해야 하지만, 그중에서도 변하지 않는 몇 가지 핵심 법칙들이 있다.

(1) 철저한 시장 조사와 차별화된 아이템

① **시장의 니즈 파악:** 고객이 진정으로 원하는 것이 무엇인지 정확하게 파악하고, 그에 맞는 해결책을 제시해야 한다.

② **경쟁 분석:** 경쟁 업체들의 강점과 약점을 분석하여 차별화된 경쟁 우위를 확보해야 한다.

③ **끊임없는 변화에 대한 대비:** 시장 트렌드는 빠르게 변화하기 때문에, 지속적인 시장 조사를 통해 변화에 유연하게 대응해야 한다.

(2) 탄탄한 사업계획

① **명확한 목표 설정:** 구체적인 목표를 설정하고, 이를 달성하기 위한 단계별 계획을 수립해야 한다.

② **재무 계획:** 초기 투자 비용, 운영 비용, 예상 매출 등을 상세하게 예측하고, 자금 조달 계획을 수립해야 한다.

③ **리스크 관리:** 예상치 못한 위험에 대비하기 위한 다양한 시나리오를 설정하고, 대응 방안을 마련해야 한다.

(3) 끈기와 열정

① **끊임없는 노력:** 창업은 장기적인 관점에서 꾸준히 노력해야 하는 과정이다.

② **긍정적인 마음가짐:** 어려움에 좌절하지 않고 긍정적인 마음으로 극복해야 한다.

③ **끊임없는 학습:** 새로운 지식과 정보를 습득하고, 스스로를 발전시켜야 한다.

(4) 뛰어난 실행력

① **빠른 의사 결정:** 시장 상황에 따라 빠르게 의사를 결정하고 실행해야 한다.

② **유연한 사고:** 변화하는 환경에 맞춰 기존의 계획을 수정하고 새로운 전략을 수립해야 한다.

③ **효율적인 시간 관리:** 시간을 효율적으로 활용하여 업무 생산성을 높여야 한다.

(5) 탄탄한 네트워킹

① **다양한 사람들과의 교류:** 멘토, 투자자, 파트너 등 다양한 사람들과의 네트워킹을 통해 정보를 얻고, 협력 관계를 구축해야 한다.

② **긍정적인 인간관계:** 신뢰를 바탕으로 긍정적인 인간관계를 형성해야 한다.

③ **도움을 요청하는 것에 대한 두려움 버리기:** 필요한 도움을 적극적으로 요청하고, 다른 사람의 도움을 받아들일 줄 알아야 한다.

(6) 고객 중심의 마케팅

① **고객의 니즈 파악:** 고객이 원하는 것을 정확하게 파악하고, 그에 맞는 마케팅 전략을 수립해야 한다.

② **차별화된 가치 제공:** 경쟁사와 차별화된 가치를 제공하여 고객에게 매력을 어필해야 한다.

③ **지속적인 소통:** 고객과의 소통을 통해 피드백을 얻고, 제품 및 서비스를 개선해야 한다.

(7) 팀워크

① **훌륭한 팀 구성:** 각자의 역량을 발휘할 수 있는 팀을 구성하고, 협력을 통해 시너지를 창출해야 한다.

② **소통과 협력:** 팀원들 간의 원활한 소통과 협력을 통해 문제를 해결하고, 목표를 달성해야 한다.

③ **긍정적인 기업 문화 조성:** 긍정적인 기업 문화를 조성하여 팀원들의 만족도를 높이고, 생산성을 향상시켜야 한다.

(8) 지속적인 성장

① **끊임없는 학습:** 새로운 지식과 기술을 습득하고, 스스로를 발전시켜야 한다.

② **변화에 대한 적응:** 시장 환경 변화에 빠르게 적응하고, 새로운 사업 기회를 모색해야 한다.

③ **글로벌 시장 진출:** 국내 시장에 안주하지 않고, 글로벌 시장 진출을 통해 사업을 확장해야 한다.

(9) 사회적 책임

① **사회적 가치 창출:** 사회적 책임을 다하고, 사회에 기여하는 기업이 되어야 한다.

② **지속 가능한 성장:** 환경 보호와 사회적 책임을 다하는 지속 가능한 성장을 추구해야 한다.

(10) 실패에 대한 두려움 극복

① **실패는 성공의 어머니:** 실패를 통해 배우고 성장하는 자세를 가져야 한다.

② **빠른 회복력:** 실패 후에도 좌절하지 않고 빠르게 회복하고 다시 도전해야 한다.

2) 실패하지 않는 창업 법칙

실패하지 않는 창업이라는 말은 마치 만능 주문처럼 들리지만, 현실적으로 불가능한 목표이다. 모든 사업에는 성공과 실패의 가능성이 공존하며, 예측할 수 없는 변수들이 존재하기 때문이다. 하지만 실패할 확률을 줄이고 성공 확률을 높이는 것은 충분히 가능하다.

(1) 체면과 자존심을 버려라

① **작은 일부터 시작:** 처음부터 큰 사업을 꿈꾸기보다 작은 규모로 시작하여 시장의 반응을 살피고 점차 확장하는 것이 좋다.

② **겸손한 자세:** 성공한 창업가들은 항상 배우는 자세로 임하며, 주변 사람들의 의견에 귀 기울이는 편이다.

③ **변화를 두려워하지 마라:** 시장 상황에 따라 빠르게 변화하고 새로운 시도를 할 수 있어야 한다.

(2) 자신의 적성과 능력을 먼저 고려하라

① **자신의 강점 활용:** 자신이 가장 잘하고 좋아하는 일을 중심으로 사업 아이템을 선정해야 한다.

② **단점 보완:** 부족한 부분은 외부 전문가의 도움을 받거나 파트너를 구하는 등의 방법으로 보완할 수 있다.

(3) 준비된 창업을 하라

① **철저한 시장 조사:** 시장의 규모, 경쟁 상황, 고객의 니즈 등을 꼼꼼하게 분석해야 한다.

② **탄탄한 사업계획:** 사업 목표, 마케팅 전략, 재무계획 등을 구체적으로 수립해야 한다.

(4) 수요가 넓은 업종을 선택하라

① **안정적인 수익:** 많은 사람들이 필요로 하는 제품이나 서비스를 제공하는 업종을 선택하면 안정적인 수익을 기대할 수 있다.

② **경쟁력 확보:** 경쟁이 치열한 시장에서는 차별화된 경쟁력을 확보해야 한다.

(5) TV와 신문을 과신하지 마라

① **직접 발로 뛰어라:** 직접 시장에 나가 소비자들의 목소리를 듣고, 경쟁 업체들을 분석해야 한다.

② **다양한 정보 수집:** 책, 논문, 온라인 자료 등 다양한 채널을 통해 정보를 수집하고 분석해야 한다.

(6) 여유 자금을 남겨라

① **위기 대비:** 예상치 못한 상황에 대비하여 여유 자금을 마련해 두는 것이 중요하다.

② **안정적인 운영:** 충분한 자금이 확보되어야 사업을 안정적으로 운영할 수 있다.

(7) 고정비 투자를 최대한 줄여라

① **변동비 중심:** 고정비는 줄이고, 매출에 따라 변동하는 변동비 중심으로 사업을 운영하는 것이 좋다.

② **임대료, 인건비 절감:** 사무실 임대료, 인건비 등 고정비를 줄이기 위한 다양한 방법을 모색해야 한다.

(8) 초기 투자비를 줄이는 게 돈 버는 길이다

① **최소한의 투자로 시작:** 불필요한 지출을 줄이고, 최소한의 투자로 사업을 시작하는 것이 좋다.

② **벤처캐피탈 활용:** 필요한 자금은 벤처캐피탈 등 외부 투자를 통해 조달할 수 있다.

(9) 3개월 이내에 승부를 봐라

① **빠른 의사 결정:** 시장의 변화에 빠르게 대응하고, 필요한 경우 사업계획을 수정해야 한다.

② **지속적인 개선:** 데이터를 분석하고, 고객의 피드백을 반영하여 사업을 지속적으로 개선해야 한다.

3) 성공을 위한 여성 창업

여성 창업가들의 성공적인 비즈니스를 위한 원칙은 아래와 같다.

(1) 강점을 활용하고 차별화된 가치 창출

① **여성 특유의 강점:** 공감 능력, 섬세함, 네트워킹 능력 등 여성만이 가진 강점을 사업에 적극적으로 활용하여 차별화된 가치를 제공한다.

② **틈새시장 공략:** 기존 시장의 미충족 부분을 발굴하고, 여성 특유의 시각으로 새로운 시장을 개척한다.

(2) 탄탄한 네트워킹 구축

① **멘토링:** 경험 많은 여성 기업가나 전문가를 멘토로 삼아 조언을 구하고, 지속적인 성장을 위한 교류를 한다.

② **여성 네트워크 활용:** 여성 기업가 네트워크에 참여하여 정보를 공유하고, 협업 기회를 모색한다.

(3) 워라밸 유지와 건강 관리

① **유연한 근무 환경 조성:** 시간과 공간의 제약 없이 일할 수 있는 유연한 근무 환경을 만들어 일과 삶의 균형을 갖는다.

② **건강 관리:** 충분한 휴식과 운동을 통해 건강을 유지하고, 지속적인 성장을 위한 에너지를 확보한다.

(4) 사회적 책임 실천

① **사회적 가치 창출:** 사회문제 해결에 기여하는 사업 아이템을 통해 사회적 책임을 실천한다.

② **지속 가능한 성장:** 환경 보호와 사회적 약자를 위한 활동을 통해 지속 가능한 성장을 추구한다.

(5) 디지털 전환 적극 활용

① **온라인 마케팅:** 온라인 플랫폼을 활용하여 효과적인 마케팅을 진행하고, 고객과의 소통을 강화한다.

② **디지털 도구 활용:** 업무 효율성을 높이기 위해 다양한 디지털 도구를 활용한다.

(6) 정부 지원 활용

① **여성 기업 지원 정책:** 여성 기업을 위한 다양한 정부 지원 정책을 활용하여 사업을 성장시킨다.

② **금융 지원:** 저금리 대출, 보증 등 다양한 금융 지원을 통해 자금을 확보하도록 한다.

(7) 끊임없는 학습과 성장

① **트렌드 분석:** 시장 트렌드를 꾸준히 분석하고, 변화에 빠르게 대응한다.

② **자기 계발:** 새로운 지식과 기술을 습득하고, 스스로의 역량을 강화하도록 한다.

(8) 긍정적인 마인드 유지

① **긍정적인 사고:** 어려움에 좌절하지 않고 긍정적인 마인드를 유지하며 목표를 향해 나아가도록 한다.

② **네트워킹:** 다른 여성 기업가들과 교류하며 정보를 공유하고 서로를 응원한다.

4) 연령에 따른 창업

연령에 따라 적합한 창업 아이템을 선택하고 연령별 장점과 노하우를 효과적으로 접목한다면 실패를 줄일 수 있다. 사회 경험이 적은 20~30대 창업자들은 사업 경험이 없더라도 투자비가 많이 들지 않는 아이템 선정이 중요하고, 사회 경륜과 전문지식이 풍부한 중·장년층은 즉흥적 행동보다는 자신의 익숙한 업종으로 안전한 사업 분야를 선택하는 것이 좋다.

(1) 20~30대 모험창업

① **특징:** 자기의 전공이나 직업과 관계없이 자기 좋은 분야를 선택

② **적합 업종:** 24시간형 업태, 배달업, 음식업, 헬스, 운동 관련

③ **장점:** 건강함, 트랜드 민감성, 순발력, 아이디어

④ **단점:** 자금력 부족, 인맥 부족, 사회 경험 부족

(2) 30~40대 기반창업

① **특징:** 자신의 적성이나 사회생활 및 일정 분야에서 자기가 닦아놓은 기반을 최대한 활용

② **적합 업종:** 외식업, 이 · 미용, 예 · 체능 학원, 온라인 쇼핑몰, 소호(SOHO) 서비스업

③ **장점:** 인맥을 적당히 보유, 건강 보유, 판단력 겸비

④ **단점:** 여유 자본 부족, 어린 자녀 양육으로 가정생활과 양립

(3) 40~50대 전문창업

① **특징:** 학력을 불문하고 자기 업무 분야에서는 최고의 실전 전문가인 점을 십분 활용

② **적합 업종:** 소매업, 외식업, 호프전문점, 판매대리점, 세탁편의점, 의류 도소매

③ **장점:** 자금준비 여력 보유, 30대 못지 않은 젊음과 활력 보유, 노련미 보유

④ **단점:** 생활비가 많이 들어 안전한 보수업종 선택

(4) 50대 이상 안전창업

① **특징:** 사회 경험과 전문지식이 풍부, 모험이 비교적 없는 안전한 업종 선택

② **적합 업종:** 펜션업, 원룸텔, 독서실, 편의점

③ **장점:** 오랜 경험 보유, 안목과 통찰력, 자금력 풍부, 주변 인맥 풍부

④ **단점:** 한번 실패하면 재기에 어려움이 있음, 건강 관리에 신경 쓰고, 체력적인 한계를 극복해야 함

5) 블루오션 창업

블루오션 창업이란, 기존 시장의 경쟁이 치열한 레드오션을 벗어나, 아직 경쟁자가 적고 새로운 수요를 창출할 수 있는 미개척 시장, 즉 블루오션을 개척

하는 창업을 의미한다. 블루오션 창업 전략은 틈새시장 개척이 아니라 경쟁자가 없는 거대한 무경쟁 시장에서 싸우지 않고 이기는 대승적인 전략이다. 블루오션 창업을 위한 전략은 다음과 같다.

(1) 기존 시장분석

① 기존 시장의 문제점과 고객의 불만을 파악할 필요성이 있다.

② 경쟁사의 강점과 약점을 분석하여 차별화 전략을 수립한다.

(2) 새로운 시장 창출

① 기존 시장의 경계를 허물고 새로운 가치를 창출하도록 한다.

② 고객의 잠재적인 니즈를 발굴하고, 이를 충족시킬 수 있는 새로운 제품이나 서비스를 개발한다.

(3) 가치 혁신

① 기존 제품이나 서비스의 가치를 재정의하고, 새로운 가치를 추가한다.

② 고객에게 더 큰 가치를 제공하여 경쟁 우위를 확보할 수 있도록 한다.

(4) 전략적 실행

① 아이디어를 구체화하고, 실행계획을 수립한다.

② 빠르게 시장에 진출하여 피드백을 얻고, 제품이나 서비스를 개선한다.

(5) 블루오션 창업 성공 사례

① **에어비앤비:** 기존 호텔 시장의 한계를 극복하고 개인의 숙소를 공유하는 새로운 시장을 창출했다.

② **우버:** 택시 시장의 불편함을 해소하고 스마트폰 앱을 통해 택시를 호출하는 새로운 서비스를 제공하여 편리성을 높였다.

③ **자라:** 빠른 생산 시스템을 통해 최신 트렌드를 반영한 제품을 저렴한 가격에 제공했다.

6) 매스티지 창업

매스티지(Masstige)는 대중(mass)과 명품(prestige)의 합성어로, 대중적인 가격으로 명품의 가치를 경험하고자 하는 소비자들의 욕구를 충족시키는 상품이나 서비스를 의미한다. 즉, 합리적인 가격에 고급스러운 경험을 제공하는 것이 매스티지의 핵심이다.

(1) 매스티지 창업 주목 이유

① **소비 트렌드 변화:** 소비자들은 더 이상 단순히 저렴한 제품만을 찾지 않고, 합리적인 가격에 높은 품질과 디자인을 동시에 추구하는 경우가 많다.

② **경쟁 심화:** 레드오션이 된 시장에서 차별화된 가치를 제공하여 경쟁 우위를 확보할 수 있다.

③ **높은 수익성:** 고급스러운 이미지를 유지하면서도 대량생산을 통해 높은 수익을 창출할 수 있다.

(2) 매스티지 창업 성공 요인

① **합리적인 가격과 고급스러운 경험:** 소비자들은 더 이상 저렴한 가격만을 추구하지 않고, 합리적인 가격에 고급스러운 경험을 원하는 경우가 많다. 매스티지는 이러한 소비자들의 욕구를 충족시켜 준다.

② **차별화된 브랜딩:** 기존 브랜드와 차별화된 디자인, 스토리텔링을 통해 프리미엄 이미지를 구축하고, 소비자의 감성을 자극한다.

③ **품질에 대한 집중:** 저렴한 가격에도 불구하고 높은 품질을 유지하여 소비자의 신뢰를 얻고, 재구매를 유도한다.

④ **트렌드에 민감한 상품 기획:** 빠르게 변화하는 소비자 트렌드를 반영하여 새로운 상품을 지속적으로 출시한다.

⑤ **오프라인과 온라인 채널의 결합:** 오프라인 매장에서 제품을 직접 체험하고, 온라인 채널을 통해 편리하게 구매할 수 있도록 함으로써 접근성을 높인다.

(3) 매스티지 창업 시 어려움과 해결 방안

① **경쟁 심화:** 차별화된 가치를 지속적으로 제공하고, 새로운 트렌드를 선도해야 한다.

② **품질 관리:** 대량생산 시에도 품질을 유지하기 위한 체계적인 시스템을 구축해야 한다.

③ **브랜드 이미지 관리:** 고급스러운 브랜드 이미지를 유지하기 위해 꾸준히 노력해야 한다.

(4) 매스티지 창업 성공 사례

① **스타벅스:** 고급 커피를 대중화하여 커피 문화를 선도했다.

- 성공 요인: 편안하고 고급스러운 분위기, 다양한 메뉴, 커피 외에도 다양한 상품 판매

② **자라:** 패스트 패션 시장에서 고급스러운 디자인과 합리적인 가격으로 인기를 얻었다.

- 성공 요인: 빠른 트렌드 반영, 다양한 디자인, 합리적인 가격

③ **코치:** 명품 브랜드 이미지를 유지하면서도 대중적인 가격대로 접근성을 높였다.

- 성공 요인: 클래식하면서도 트렌디한 디자인, 젊은 층 공략

④ **MCM:** 독일 명품 브랜드 이미지를 활용하여 한국 시장에서 큰 인기를 얻었다.

- 성공 요인: 독일 명품 브랜드 이미지, 젊은층을 위한 트렌디한 디자인

7) 지식 창업

지식 창업이란, 자신이 가진 지식, 경험, 노하우를 바탕으로 콘텐츠를 제작하고 판매하여 수익을 창출하는 사업 모델을 말하며, 경영 및 창업컨설팅, 이미지 메이킹, 출판 기획, 자서전 대필, 외국 기업인 방문일정 대행 등 다양한 영역에서 이루어지고 있다.

(1) 지식 창업을 하는 이유

① **낮은 진입 장벽:** 별도의 공간이나 물건이 필요하지 않아 초기 투자 비용이 적고 유튜브, 블로그 등 다양한 온라인 플랫폼을 활용하여 쉽게 시작할 수 있다.

② **자유로운 시간 활용:** 시간과 장소에 구애받지 않고 일할 수 있으며, 워라밸을 향상시킬 수 있다.

③ **자신의 강점 활용:** 자신이 잘하는 분야를 살려 사업을 할 수 있고 자신이 만든 콘텐츠로 많은 사람들에게 도움을 주고, 성장하는 모습을 보며 성취감을 느낄 수 있다.

④ **끊임없는 성장:** 새로운 지식을 습득하고, 콘텐츠를 업데이트하며 지속적으로 성장할 수 있고, 컨설팅, 코칭, 멤버십 등 다양한 비즈니스 모델을 개발할 수 있다.

(2) 지식 창업 성공 요인

① 차별화된 지식

- 전문성: 특정 분야에서 깊이 있는 지식과 경험을 가지고 있어야 한다.
- 독창성: 다른 사람들과 차별화되는 독특한 시각과 아이디어를 제시해야 한다.
- 실용성: 실제 문제 해결에 도움이 되는 실용적인 지식을 제공해야 한다.

② 타깃 고객 설정

- 명확한 고객층: 어떤 사람들에게 어떤 가치를 제공할 것인지 명확하게 정의해야 한다.
- 고객 니즈 파악: 고객의 문제점과 욕구를 정확하게 파악하고, 이에 맞는 콘텐츠를 제공해야 한다.

③ 고품질 콘텐츠 제작

- 체계적인 구성: 체계적이고 논리적인 구성으로 정보를 전달해야 한다.

- 매력적인 디자인: 시각적으로 매력적인 디자인으로 콘텐츠의 가치를 높여야 한다.
- 꾸준한 업데이트: 새로운 정보를 지속적으로 업데이트하여 콘텐츠의 신뢰도를 높여야 한다.

④ **효과적인 마케팅**

- 채널 다변화: 블로그, 유튜브, SNS 등 다양한 채널을 활용하여 콘텐츠를 홍보해야 한다.
- 타깃 맞춤형 마케팅: 타깃 고객에게 효과적으로 도달할 수 있는 마케팅 전략을 수립해야 한다.
- 커뮤니티 활용: 관련 커뮤니티에 참여하여 네트워킹을 하고, 정보를 공유해야 한다.

⑤ **지속적인 성장**

- 끊임없는 학습: 새로운 지식을 습득하고, 콘텐츠를 개선해야 한다.
- 피드백 반영: 고객의 피드백을 적극적으로 수렴하여 콘텐츠를 개선해야 한다.
- 새로운 시도: 새로운 비즈니스 모델을 개발하고, 다양한 분야로 확장해야 한다.

(3) 지식 창업 성공 사례

① **신사임당:** 유튜브를 통해 재테크, 부동산 등 다양한 분야의 지식을 공유하며 큰 인기를 얻고 있다.

② **김미경 강사:** 강의와 책을 통해 직장인, 창업가들에게 동기부여와 영감을 주고 있다.

③ **데이브 라파포트:** 유튜브를 통해 영어 학습 콘텐츠를 제작하여 전 세계적으로 많은 구독자를 확보했다.

2. 창업 사례

창업은 누구나 꿈꾸는 목표이지만, 실제로 성공적인 창업을 이루기 위해서는 많은 노력과 준비가 필요하다. 다양한 분야에서 성공적인 창업 사례와 실패 사례를 살펴보고, 그들이 어떻게 성공과 실패를 했는지 분석함으로써 창업을 준비하는 창업자에게 도움이 될 수 있다.

1) 확고한 철학으로 성공한 사례

확고한 철학은 기업의 나침반과 같은 역할을 함으로써 어떤 방향으로 나아가야 할지, 어떤 가치를 추구해야 할지 알려주는 중요한 지표이다. 이러한 철학을 바탕으로 성장한 기업들은 단순히 이윤 추구를 넘어, 사회에 긍정적인 영향을 미치고 지속 가능한 성장을 이루어낸다.

(1) 확고한 철학이 가져다주는 효과

① **명확한 비전:** 기업의 목표와 방향을 명확히 설정하고, 구성원들이 공유할 수 있도록 한다.

② **강력한 브랜드 이미지:** 차별화된 가치를 통해 소비자들에게 강력한 인상을 심어준다.

③ **위기 극복 능력:** 어려운 상황에서도 기업의 가치를 잃지 않고 꾸준히 나아갈 수 있는 힘을 제공한다.

④ **사회적 책임:** 사회적 문제 해결에 기여하며 기업의 사회적 가치를 높인다.

⑤ **장기적인 성장:** 단순한 이윤 추구를 넘어, 지속 가능한 성장을 위한 기반을 마련한다.

(2) 확고한 철학이 만들기 위한 노력

① **기업의 가치 정의:** 기업이 추구하는 가장 중요한 가치는 무엇인지 명확하게 정의해야 한다.

② **비전 공유:** 구성원들과 함께 기업의 비전을 공유하고, 이를 실천하기 위한 노력을 기울여야 한다.

③ **문화 형성:** 기업의 가치를 실천하는 문화를 조성하고, 이를 지속적으로 유지해야 한다.

④ **사회적 책임 실천:** 사회적 문제 해결에 기여하며 기업의 사회적 가치를 높여야 한다.

(3) 성공 사례

① **애플:** "세상에서 가장 멋진 제품을 만들자"라는 철학으로 혁신적인 제품을 출시하며 스마트폰 시장을 선도했다.

② **패션 브랜드 파타고니아:** "우리는 지구를 구하기 위해 사업을 한다"는 철학을 바탕으로 친환경 소재를 사용하고, 환경 보호 활동에 적극적으로 참여한다.

③ **B콥 인증 기업들:** 이익 창출뿐만 아니라 사회적 책임을 다하는 기업으로, 다양한 분야에서 지속 가능한 성장을 이루고 있다.

2) 이색 마케팅으로 성공한 사례

획일화된 마케팅 전략에서 벗어나 독창적인 아이디어로 소비자들의 시선을 사로잡고, 궁극적으로는 브랜드 인지도와 매출 증대라는 목표를 달성한 이색 마케팅 사례들은 다음과 같다.

(1) 게릴라 마케팅

① **레모나:** 롯데시네마 한쪽 벽면에 낱개 레모나를 붙여 관객들이 무료로 떼어갈 수 있도록 했던 이벤트는 큰 화제를 모았다.

② **명동 할머니 국수:** 가맹점 오픈 당일, 국수를 100원에 판매하고 무한 리필까지 제공하는 파격적인 이벤트로 고객들의 발길을 사로잡았다.

(2) 콜라보레이션 마케팅

① **하인즈:** 중고 의류 쇼핑몰 스레드업과 협업하여 케첩이 묻은 흰 셔츠를 판매하는 '하인즈 빈티지 드립 컬렉션'을 출시하며 이색적인 경험을 제공했다.

② **빙그레:** 제페토와 콜라보하여 빙그레우스 캐릭터를 활용한 마케팅을 진행하며 MZ세대의 마음을 사로잡았다.

(3) 체험 마케팅

① **코카콜라:** 팝업 스토어를 통해 다양한 체험형 이벤트를 진행하며 브랜드 경험을 확대했다.

② **니베아:** 겨울철에 버스 정류장에 따뜻한 손난로를 설치하여 브랜드 이미지를 제고했다.

(4) 소셜 미디어 마케팅

① **도미노피자:** 트위터에서 고객들의 재미있는 주문을 받아 피자를 만들어 주는 이벤트를 진행하며 화제를 모았다.

② **KFC:** 치킨 버킷을 활용한 다양한 챌린지를 유행시키며 소비자 참여를 유도했다.

3) 상권분석을 잘못하여 실패한 사례

상권분석은 창업자가 사업을 시작하기 전, 해당 지역의 시장 상황을 파악하기 위한 필수적인 과정이다. 이를 통해 예비 창업자는 경쟁 업체의 수, 타깃 고객의 유동인구, 소비 패턴 등 다양한 정보를 얻을 수 있다. 상권분석 없이 가게를 오픈할 경우, 창업자는 자신의 사업이 위치한 지역의 시장 환경을 정확히 파악하지 못해, 예상치 못한 경쟁에 직면하거나 타깃 고객을 놓칠 위험이 크다. 따라서, 전문가들은 상권분석의 중요성을 강조하고 있고, 실패의 원인을 다음과 같이 예를 들고 있다.

(1) 객관적인 데이터 부족

① **감으로 판단:** "이곳은 유동인구가 많으니 무조건 잘 될 거야!"라는 생각으로 객관적인 데이터 없이 감으로만 판단하는 경우이다.

② **주관적인 의견에 의존:** 주변 사람들의 의견이나 개인적인 경험에만 의존하여 상권을 분석하면 실제 시장 상황과 다를 수 있다.

(2) 미래 변화 예측 실패

① **단기적인 안목:** 현재 상황만 보고 미래의 변화를 예측하지 못하는 경우이다. 예를 들어, 새로운 경쟁자가 등장하거나, 주변 환경이 변화하여 고객의 소비 패턴이 바뀔 수 있기 때문이다.

② **외부 요인 간과:** 경제 상황, 정부 정책, 사회 트렌드 등 외부 요인의 변화가 사업에 미치는 영향을 고려하지 않을 경우 실패할 가능성이 높다.

(3) 타깃 고객층 분석 부족

① **모든 사람을 대상으로:** 특정 고객층 없이 모든 사람을 대상으로 사업을 하려는 경우를 말한다.

② **고객 니즈 파악 실패:** 타깃 고객층의 니즈를 정확하게 파악하지 못하고, 제품이나 서비스를 개발하여 실패하는 경우이다.

(4) 경쟁 환경분석 부족

① **경쟁자 과소평가:** 경쟁자의 강점과 약점을 제대로 분석하지 않고, 무턱대고 시장에 진입하는 경우를 말한다.

② **차별화 전략 부재:** 경쟁자와 차별화되는 강점을 확보하지 못하고, 다른 업체와 동일한 상품이나 서비스를 제공하는 경우를 예로 들 수 있다.

(5) 상권 변화에 대한 적응력 부족

① **변화에 대한 저항:** 시장 환경이 변화해도 기존 방식을 고수하려는 경우이다.

② **새로운 트렌드에 대한 무관심:** 새로운 트렌드를 파악하지 못하고, 시대에 뒤떨어진 상품이나 서비스를 제공하는 경우를 말한다.

4) 근로계약서 사례

(1) 표준근로계약서

__________(이하 “사업주”라 함)과(와) __________ (이하 “근로자”라 함)은 다음과 같이 근로계약을 체결한다.

1. 근로계약기간: ___년 ___월 ___일부터 ___년 ___월 일까지
 ※ 근로계약기간을 정하지 않는 경우에는 “근로개시일”만 기재
 ☞ **노사가 협의하여 결정하는 일을 하기로 한 기간**

2. 근무장소 : ____________________
 ☞ **일을 수행하기 위한 장소를 명기**

3. 업무의 내용 : ____________________
 ☞ **어떤 일을 할지에 대한 내용을 기재**

4. 소정근로시간:__시__분부터__시__분까지(휴게시간: 시 분~ 시 분)
 ☞ **노사가 법정근로시간 내(하루 8시간, 주40시간)에서 하루에 몇 시간을 일할지 정한 시간을 기재휴게시간은 4시간에 30분, 8시간인 경우 1시간 이상을 주도록 소정근로시간 내에서 기재함**

5. 근무일/휴일: 매주 ___일(또는 매일단위) 근무, 주휴일 매주 요일
 ☞ **일주일 중 어떤날에 근무할지를 명기하며, 주중 근무하기로 한 날을 만근하였을 경우 부여하는 유급휴일(주휴일)을 어느 요일로 할지 결정하여 명기**

6. 임금

- 월(일, 시간)급: ________________ 원

  ☞ **임금을 시간급으로 정할지, 주급으로 정할지, 월급으로 정할지 결정하여 그 금액 명기**

- 상여금: 있음 ( ) ________________ 원, 없음 ( )

  ☞ **상여금이 있으면 그 내용 및 금액에 대해 기재**

- 기타급여(제수당 등): 있음 ( ), 없음 ( )

  ____________________원, ____________________원

  ____________________원, ____________________원

  ☞ **가족수당, 자격증 수당 등 지급하기로 한 수당이 있으면 해당 내용에 대해 기재**

- 임금지급일: 매월(매주 또는 매일) ________일(휴일의 경우는 전일 지급)

  ☞ **임금을 매월 언제 지급할 것인지에 대해 기재**

- 지급방법: 근로자에게 직접지급( ), 근로자 명의 예금통장에 입금( )

  ☞ **임금을 계좌로 지급할 것인지 등에 대해 노사간 협의 후 기재**

7. 연차유급휴가

- 연차유급휴가는 근로기준법에서 정하는 바에 따라 부여함

  ☞ **① 1년간 총 소정근로일의 80% 이상 출근자에게 15일 부여, 1년 초과 매 2년마다 1일씩 가산, 한도 25일**

  ② 1년 미만 또는 1년간 80% 미만 출근자에게 1개월 개근시 1일 부여

8. 사회보험 적용여부(해당란에 체크)

□ 고용보험 □ 산재보험 □ 국민연금 □ 건강보험

☞ **사회보험 적용에 대한 해당 내용을 기재**

9. 근로계약서 교부

- 사업주는 근로계약을 체결함과 동시에 본 계약서를 사본하여 근로자의 교부요구와 관계없이 근로자에게 교부함(근로기준법 제17조 이행)

☞ **근로기준법 제17조에 따라 근로계약 체결시 근로자에게 교부하여야 함을 알려주는 내용**

10. 근로계약, 취업규칙 등의 성실한 이행의무

- 사업주와 근로자는 각자가 근로계약, 취업규칙, 단체협약을 지키고 성실하게 이행하여야 함

11. 기타

- 이 계약에 정함이 없는 사항은 근로기준법령에 의함

년 월 일

(사업주) 사업체명 : (전화:)

주 소 :

대 표 자 : (서명)

(근로자) 주 소 :

연 락 처 :

성 명 : (서명)

(2) 연소근로자(18세 미만인 자) 표준근로계약서

__________ (이하 "사업주"라 함)과(와) _______ (이하 "근로자"라 함)은 다음과 같이 근로계약을 체결한다.

1. 근로개시일: ___년 월 일부터
   ※ 근로계약기간을 정하는 경우에는 "__년__월__일부터__년__월 일까지" 등으로 기재
2. 근 무 장 소:
3. 업무의 내용:
4. 소정근로시간: _시_분부터__시_분까지 (휴게시간: 시 분~ 시 분)
5. 근무일/휴일: 매주__일(또는 매일단위)근무, 주휴일 매주__요일
6. 임 금
   - 월(일, 시간)급: ____________원
   - 상여금: 있음 ( ) _________________원, 없음 ( )
   - 기타급여(제수당 등): 있음 ( ), 없음 ( )
     ·________________ 원, ________ 원
     · ________________ 원, _______ 원
   - 임금지급일: 매월(매주 또는 매일) ____일(휴일의 경우는 전일 지급)
   - 지급방법: 근로자에게 직접지급( ), 근로자 명의 예금통장에 입금( )
7. 연차유급휴가
   - 연차유급휴가는 근로기준법에서 정하는 바에 따라 부여함
8. 가족관계증명서 및 동의서
   - 가족관계기록사항에 관한 증명서 제출 여부: ______
   - 친권자 또는 후견인의 동의서 구비 여부: ______
9. 사회보험 적용여부(해당란에 체크)
   □ 고용보험 □ 산재보험 □ 국민연금 □ 건강보험

10. 근로계약서 교부
- 사업주는 근로계약을 체결함과 동시에 본 계약서를 사본하여 근로자의 교부요구와 관계없이 근로자에게 교부함(근로기준법 제17조, 제67조 이행)

11. 근로계약, 취업규칙 등의 성실한 이행의무
- 사업주와 근로자는 각자가 근로계약, 취업규칙, 단체협약을 지키고 성실하게 이행하여야 함

12. 기타
- 13세 이상 15세 미만인 자에 대해서는 고용노동부장관으로부터 취직인허증을 교부받아야 하며, 이 계약에 정함이 없는 사항은 근로기준법령에 의함

년 월 일

(사업주) 사업체명 : (전화:)
주 소 :
대 표 자 : (서명)
(근로자) 주 소 :
연 락 처 :
성 명 : (서명)

친권자(후견인) 동의서

○ 친권자(후견인) 인적사항

성 명 :

생년월일 :

주 소 :

연 락 처 :

연소근로자와의 관계 :

○ 연소근로자 인적사항

성 명 : (만 세)

생년월일 :

주 소 :

연 락 처 :

○ 사업장 개요

회 사 명 :

회사주소 :

대 표 자 :

회사전화 :

본인은 위 연소근로자 ________ 가 위 사업장에서 근로를 하는 것에 대하여 동의합니다.

년 월 일

친권자(후견인) (인)

첨 부: 가족관계증명서 1부

(3) 건설일용근로자 표준근로계약서

________(이하 "사업주"라 함)과(와) ______(이하 "근로자"라 함)은 다음과 같이 근로계약을 체결한다.

1. 근로계약기간: ___년__월 _일부터 ___년__월__일까지
   ※ 근로계약기간을 정하지 않는 경우에는 "근로개시일"만 기재
2. 근 무 장 소:
3. 업무의 내용(직종):
4. 소정근로시간: _시__분부터 _시 _분까지 (휴게시간: 시 분 ~ 시 분)
5. 근무일/휴일: 매주__일(또는 매일단위) 근무, 주휴일 매주 요일(해당자에 한함)
   ※ 주휴일은 1주간 소정근로일을 모두 근로한 경우에 주당 1일을 유급으로 부여
6. 임 금
   - 월(일, 시간)급: ____________원(해당사항에 ○표)
   - 상여금: 있음 ( ) ________________원, 없음 ( )
   - 기타 제수당(시간외·야간·휴일근로수당 등): 원(내역별 기재)
     · 시간외 근로수당: __________원(월 시간분)
     · 야 간 근로수당: __________원(월 시간분)
     · 휴 일 근로수당: __________원(월 시간분)
   - 임금지급일: 매월(매주 또는 매일) ___일(휴일의 경우는 전일 지급)
   - 지급방법: 근로자에게 직접지급( ), 근로자 명의 예금통장에 입금( )
7. 연차유급휴가
   - 연차유급휴가는 근로기준법에서 정하는 바에 따라 부여함
8. 사회보험 적용 여부(해당란에 체크)
   □ 고용보험 □ 산재보험 □ 국민연금 □ 건강보험

9. 근로계약서 교부
- "사업주"는 근로계약을 체결함과 동시에 본 계약서를 사본하여 "근로자"의 교부요구와 관계없이 "근로자"에게 교부함(근로기준법 제17조 이행)

10. 근로계약, 취업규칙 등의 성실한 이행의무
- 사업주와 근로자는 각자가 근로계약, 취업규칙, 단체협약을 지키고 성실하게 이행하여야 함

11. 기 타
- 이 계약에 정함이 없는 사항은 근로기준법령에 의함

년 월 일

(사업주) 사업체명 : (전화:)
주 소 :
대 표 자 : (서명)
(근로자) 주 소 :
연 락 처 :
성 명 : (서명)

(4) 단시간근로자 표준근로계약서

_________(이하 "사업주"라 함)과(와) ________(이하 "근로자"라 함)은 다음과 같이 근로계약을 체결한다.

1. 근로개시일:____년__월__일부터
   ※ 근로계약기간을 정하는 경우에는 "__년__월__일부터__년__월 일까지" 등으로 기재
2. 근 무 장 소:
3. 업무의 내용:
4. 근로일 및 근로일별 근로시간

	( )요일	( )요일	( )요일	( )요일	( )요일	( )요일
근로시간	시간	시간	시간	시간	시간	시간
시 업	시 분	시 분	시 분	시 분	시 분	시 분
종 업	시 분	시 분	시 분	시 분	시 분	시 분
휴게 시간	시 분 ~ 시 분	시 분 ~ 시 분	시 분 ~ 시 분	시 분 ~ 시 분	시 분 ~ 시 분	시 분 ~ 시 분

o 주휴일: 매주 요일

5. 임 금
   - 시간(일, 월)급:_____________원(해당사항에 ○표)
   - 상여금: 있음 ( ) _________________원, 없음 ( )
   - 기타급여(제수당 등): 있음: _______원(내역별 기재), 없음 ( ),
   - 초과근로에 대한 가산임금률: _____%

   ※ 단시간 근로자와 사용자 사이에 근로하기로 정한 시간을 초과하여 근로하면 법정 근로시간 내라도 통상임금의 100분의 50% 이상의 가산임금 지급('14.9.19. 시행)

- 임금지급일: 매월(매주 또는 매일) ___일(휴일의 경우는 전일 지급)
- 지급방법: 근로자에게 직접지급( ), 근로자 명의 예금통장에 입금( )

6. 연차유급휴가: 통상근로자의 근로시간에 비례하여 연차유급휴가 부여
7. 사회보험 적용여부(해당란에 체크)

□ 고용보험 □ 산재보험 □ 국민연금 □ 건강보험

8. 근로계약서 교부

- "사업주"는 근로계약을 체결함과 동시에 본 계약서를 사본하여 "근로자"의 교부요구와 관계없이 "근로자"에게 교부함(근로기준법 제17조 이행)

9. 근로계약, 취업규칙 등의 성실한 이행의무

- 사업주와 근로자는 각자가 근로계약, 취업규칙, 단체협약을 지키고 성실하게 이행하여야 함

10. 기 타

- 이 계약에 정함이 없는 사항은 근로기준법령에 의함

년 월 일

(사업주) 사업체명 : (전화:)
주 소 :
대 표 자 : (서명)
(근로자) 주 소 :
연 락 처 :
성 명 : (서명)

단시간근로자의 경우 "근로일 및 근로일별 근로시간"을 반드시 기재하여야 한다. 다양한 사례가 있을 수 있어, 몇 가지 유형을 예시하오니 참고하기 바란다.

ㅇ **(예시①)** 주 5일, 일 6시간(근로일별 근로시간 같음)

- 근로일: 주 5일, 근로시간: 매일 6시간
- 시업 시각: 09시 00분, 종업 시각: 16시 00분
- 휴게 시간: 12시 00분부터 13시 00분까지
- 주휴일: 일요일

ㅇ **(예시②)** 주 2일, 일 4시간(근로일별 근로시간 같음)

- 근로일: 주 2일(토, 일요일), 근로시간: 매일 4시간
- 시업 시각: 20시 00분, 종업 시각: 24시 30분
- 휴게 시간: 22시 00분부터 22시 30분까지
- 주휴일: 해당 없음

ㅇ **(예시③)** 주 5일, 근로일별 근로시간이 다름

	월요일	화요일	수요일	목요일	금요일
근로시간	6시간	3시간	6시간	3시간	6시간
시업	09시 00분	09시 00분	09시 00분	09시 00분	09시 00분
종업	16시 00분	12시 00분	16시 00분	12시 00분	16시 00분
휴게 시간	12시 00분 ~ 13시 00분	-	12시 00분 ~ 13시 00분	-	12시 00분 ~ 13시 00분

- 주휴일: 일요일

ㅇ (예시④) 주 3일, 근로일별 근로시간이 다름

	월요일	화요일	수요일	목요일	금요일
근로시간	4시간	–	6시간	–	5시간
시업	14시 00분	–	10시 00분	–	14시 00분
종업	18시 30분	–	17시 00분	–	20시 00분
휴게 시간	16:00~16:30	–	13시 00분 ~ 14시 00분	–	18시 00분 ~ 19시 00분

– 주휴일: 일요일

※ 기간제 · 단시간근로자 주요 근로조건 서면 명시 의무 위반 적발 시 과태료(인당 500만 원 이하) 즉시 부과에 유의('14.8.1.부터)

핵심 용어 설명

◆ 가격상한제

정부가 특정 목적을 위해 시장가격보다 낮은 수준에서 가격의 상한선을 정하고 규제된 가격으로 거래하도록 하는 제도다. 아파트 분양가 상한제, 대출 최고 이자율 제한 등이 여기에 해당한다.

◆ 가격차별

독점력을 가진 기업이 똑같은 상품을 시장에 따라 다르게 가격을 매기는 행위를 뜻한다. 가격차별은 수요자가 서로 다른 여러 개의 집단으로 나눠질 경우 각 집단별 특성에 맞게 가격을 책정하면 더 많은 이윤을 획득할 수 있기 때문에 행해진다. 이를 위해서는 기업이 소비자들의 특성을 쉽게 알 수 있어야 하고, 소비자들 간 재판매가 불가능해야 한다.

◆ 가산금리

은행 등 금융회사가 채권이나 대출 금리를 정할 때 기준금리에 덧붙이는 위험가중 금리를 말하며, 스프레드(Spread)라고도 한다.

◆ 가상화폐공개(ICO)

사업자가 블록체인 기반의 암호화폐 코인을 발행하고 이를 투자자들에게 판매해 자금을 확보하는 방식이다. 코인이 가상화폐 거래소에 상장되면 투자자들은 이를 사고팔아 수익을 낼 수 있다.

◆ 가치주

현재 가치에 비해 저평가돼 낮은 가격에 거래되는 주식이다. 가치주는 성장주에 비해 영업실적과 자산가치가 우수하다. 주가지수가 투자심리 위축 등으로 크게 떨어지는 시기에 가치주가 많이 생겨나는데, 가치주는 성장주에 비해 주가 변동 폭이 크지 않아 주로 방어적인 투자자들이 선호한다.

◆ 간접금융

은행 등 제3자를 통하여 일반으로부터 흡수된 예금을 빌려 오는 것을 말한다.

◆ 갈라파고스 규제

중소기업적합업종, 수도권 규제, 투자 개방형 의료법인 제한, 게임 셧다운제 등 한국에만 있는 규제 또는 국제 기준보다 매우 강한 규제를 일컬어 갈라파고스 규제라 한다.

◆ 경기동행지수

현재의 경기 상태 판단에 이용되는 경기종합지수를 구성하는 지표. 노동투입량, 총산업생산지수(광업 제조업 전기가스제조업 포함), 제조업가동률지수, 생산자출하지수, 전력사용량, 도소매판매지수, 비내구소비재 출하지수, 시멘트소비량, 실질수출액, 실질수입액 등 10개 지표를 합성해 산출한다.

◆ 경영판단의 원칙

회사 임원 등이 관리자의 임무를 다하였다면 권한 내에 있는 특정 행위로 기업에 손해를 가져와도 배임죄에 해당하지 않는다는 원칙이다.

◆ 경제고통지수

국민이 피부로 느끼는 경제적인 삶의 질을 수치로 나타낸 것으로 미국의 경제학자 오쿤이 착안했다. 물가상승률(인플레이션율)과 실업률을 합해 계산한다. 예를 들어 한 나라의 물가상승률이 4%이고 실업률이 16%일 경우 그 나라의 고통지수는 20이다.

◆ 골디락스 경제

골디락스는 골드(gold · 금)와 락(lock · 머리카락)의 합성어로 금발머리 사람을 말한다. 하지만 경제 용어로는 고성장에도 물가 상승 압력(inflationary pressure)이 없는 상태를 의미한다. 원래 골디락스는 영국 전래 동화 "골디락스와 곰 세 마리(Goldilocks and the Three Bears)"에 나오는 여자 소녀 이름이다. 금발머리 소녀 골디락스는 어느 날 숲속에서 곰이 끓여 놓고 나간 '뜨거운 수프, 차가운 수프, 적당한 수프' 중 적당한 온도의 수프로 배를 채우고 기뻐한다. 골디락스 경제는 바로 이 말에서 유래돼 뜨겁지도 않고 차갑지도 않고 건실하게 성장하고 있는 이상적 경제상황을 말한다.

◆ 곰의 포옹

매수자가 사전 경고 없이 목표 기업의 경영진에 편지를 보내 매수 제의를 하고 신속한 의사 결정을 요구하는 것이다. 마치 곰이 몰래 껴안듯이 공포 분위기를 조성하면서 회사의 매수가격과 조건을 제시한다고 해서 이 같은 이름이 붙었다.

◆ **공매도**

가격 하락을 예상해 주식이나 채권을 빌려 매도하는 것을 말한다. 증권회사 및 증권금융회사로부터 빌린 주식을 파는 것으로서 형태는 어디까지나 실물거래지만 가지고 있지 않은 주식을 팔기 때문에 공매도라고 한다. 판 주식의 가격이 하락하면 그 주식을 다시 사서 돌려주는 방법으로 차액만을 얻을 수 있다. 1609년 네덜란드의 상인 아이작 르메르가 이끄는 상인 집단이 동인도회사의 주식을 최초로 공매도한 것으로 알려져 있다. 최근 개인 투자자들이 게임스톱 주식을 대량으로 매수해 주가를 끌어올려 이 주식을 공매도한 헤지펀드를 상대로 전면전을 벌이기도 했다.

◆ **공유경제**

한 번 생산된 제품을 여럿이 공유해 쓰는 협업 소비를 기본으로 한 경제를 의미한다. 나눠 쓰기란 뜻으로 자동차, 빈방, 책 등 활용도가 떨어지는 물건이나 부동산을 다른 사람들과 공유함으로써 자원의 활용을 극대화하는 경제 활동이다.

◆ **교환사채(exchangeable bond: EB)**

발행회사가 보유하고 있는 다른 기업 주식과 교환할 수 있는 권리가 부여된 사채를 말한다. 교환사채는 주식으로 바꿀 수 있다는 점에서는 전환사채와 비슷하지만 발행회사의 주식이 아닌 다른 회사의 주식으로 교환한다는 점에서 차이가 난다.

◆ **구매관리지수(purchase management index: PMI)**

기업의 신규주문, 생산 및 출하, 재고, 고용상태 등을 조사해 수치화한 것으로 지수가 50을 넘으면 제조업이 확장, 50 미만이면 수축되고 있음을 의미한다.

◆ **구매력평가설**

환율이 양국 통화의 구매력에 의하여 결정된다는 이론이다. 기본가정은 동일한 재화에 대해서는 하나의 가격만 성립한다는 일물일가의 법칙이다. 일물일가의 법칙이 성립하면 환율은 두 나라 물가 수준의 비율로 나타낼 수 있는데, 이를 절대적 구매력평가설이라고 한다.

◆ **국민부담률(total tax revenue of GDP)**

국민이 1년 동안 납부한 세금과 국민연금, 산재보험, 건강보험 등 사회보장성 기금을 합한 금액이 국내총생산(GDP)에서 차지하는 비율을 말한다. 조세부담률에 사회보장부담률을 합한 것이다.

◆ **국민총소득(gross national income: GNI)**

일정 기간 한 나라 국민이 소유하고 있는 생산요소를 국내외에 제공한 대가로 벌어들이는 소득의 합계다. GNI는 국내총생산(GDP)에서 교역조건 변화에 따른 실질무역 손익과 국외순수취요소소득의 합이다.

◆ **국부펀드**

중앙은행이 관리하는 외환보유고와는 달리 정부가 외환보유액의 일부를 투자용으로 출자해 만든 펀드다. 출자자금으로는 주로 외환보유액이나 원유를 수출해 벌어들인 오일달러가 활용된다. 각국 정부는 국부펀드를 통해 운용 수익을 높이거나 국제무대에서 정치적 영향력을 키우려는 목적도 포함돼 있다.

◆ **국제결제은행(bank for international settlements: BIS)**

국제결제은행(BIS)은 1930년 1월 헤이그협정에 의거하여 설립된 중앙은행간 협력기구로, 현존하는 국제금융기구 중 가장 오래된 기구다. 1988년에는 바젤합의를 통해 은행 시스템의 건전성 확보와 국제적 감독 기준 마련을 목적으로 하는 'BIS 기준'이라는 자기 자본규제안을 발표하였다. BIS 자기자본비율은 위험가중자산에 대한 자기자본 비율을 의미하여 BIS 기준은 위험가중자산의 최소 8%를 자기 자본으로 보유토록 유도하고 있다.

◆ **국책은행**

정부가 특정한 목적을 달성하기 위해 특별법에 의해 설립한 은행이다. '산업은행', '중소기업은행', '수출입은행' 등이 있다. 일반은행이 자금을 충분히 공급하지 못하는 특정 부문에 대하여 자금을 원활히 공급하여 일반 상업금융의 취약점을 보완하고, 이를 통해 국민경제의 균형적 발전을 도모하는 역할을 한다.

◆ **규모의 경제**

생산물량이 늘어날수록 비용(장기평균비용)이 낮아지는 현상을 가리킨다. 애덤 스미스는 규모의 경제가 가능한 요건으로 분업과 특화를 꼽았다. 규모의 경제가 발생하면 자연독점이 생긴다. 생산물의 종류가 많아질수록 생산단가가 싸지는 범위의 경제와 구분할 수 있어야 한다.

◆ **규제 샌드박스**

기업이 신제품이나 신서비스를 출시할 때 일정 기간 기존 규제를 면제하거나 유예하는 제도다. 안전하고 자유롭게 놀 수 있는 모래 놀이터처럼 기업이 규제 없는 경영 환경에서 혁신사업을 해보라는 취지로 도입됐다. 특정 지역에서 규제를 면제하는 규제 프리존과는 다른 개념이다.

◆ **그레이 스타트업(gray startup)**

인터넷과 모바일 기술의 비약적 발전을 기반으로 탄생한 스타트업 또는 벤처기업 가운데 기존 법·제도 체계로는 규정되지 않거나, 사각지대에서 사업이나 서비스를 영위하는 기업을 일컫는다. 빠르게 변화하는 기술 발전 속도를 법과 제도가 따라가지 못하면서 여러 가지 문제가 발생할 수밖에 없다. 한국에선 렌터카 기반 차량 호출 서비스인 '타다' 논란이 대표적인 예다.

◆ **그린북(green book)**

기획재정부가 통계청의 조사를 기초로 경기흐름을 분석한 월간 경제동향보고서를 말한다. 미국 FRB가 내놓는 베이지 북(Beige Book)과 유사한 성격이다. 2005년 3월 4일 처음으로 발행됐고 민간소비·설비투자·건설투자·수출입 등 지출부문과 산업생산·서비스업 활동 등 생산부문, 고용·금융·국제수지·물가·부동산 등 총 12개 분야로 구성되어 있다.

◆ **그림자금융**

투자은행, 헤지펀드, 사모펀드, 구조화 투자회사(SIV) 등과 같이 은행과 비슷한 역할을 하면서도 중앙은행의 규제와 감독을 받지 않는 금융회사를 말한다. 그림자금융은 구조화채권 등 고수익-고위험 채권을 사고파는 과정에서 새로운 유동성을 창출한다. 하지만 은행 대출을 통해 돈이 도는 일반적인 금융시장과 달리 투자대상의 구조가 복잡해 손익이 투명하게 드러나지 않는다는 점에서 '그림자'라는 별칭이 붙었다.

◆ **근로장려세제**

일정소득 이하의 근로 빈곤층이 일을 할 경우에만 정부가 장려금을 지급하는 제도로

2008년부터 시행되고 있다.

◆ 근원인플레이션

소비자물가변동 중 통화정책에 영향을 받는 부분만을 분리해 만든 것으로, 현행 소비자물가에서 곡물 이외의 농산물, 석유류(휘발유, 경유, 등유, 프로판가스 및 도시가스) 등 중앙은행의 통화정책 결정에 직접적인 영향을 끼치는 요인을 제외한 물가상승률을 말한다.

◆ 글로벌 가치사슬

기업이 제품 또는 서비스를 생산하기 위해 원재료·노동력·자본 등의 자원을 결합해 부가가치를 창출하는 과정이 한 국가에서만 독자적으로 수행되지 않는다. 즉 여러 국가와 기업들이 비교우위에 따라 분업하고 상품과 서비스의 설계·생산·유통·사용·폐기 등 전 범위에 이르는 활동이 운송과 통신 발달로 인해 세계경제는 글로벌화되고 있다.

◆ 글로컬리제이션(glocalization)

globalization(세계화)와 localization(지역화)의 합성어다. 세계화가 국경 개념이 허물어지는 오늘의 현실을 반영하는 말이라면 지역화는 지역에 적합한 경제활동을 하는 현상을 일컫는 말이다. 글로컬리제이션은 세계화와 지역화가 동시에 진행되는 현상이다. 예를 들어 세계 곳곳에서 공장이나 음식점 등을 운영하는 다국적 기업이 지역마다 현지의 문화를 존중하는 경영전략이 이에 속한다.

◆ 금융통화위원회

통화정책은 통화량이나 금리를 조정, 경기를 조절하는 것으로 재정정책과 함께 2대 경제 정책으로 불린다. 한국에서 경제 정책 중 이 같은 통화신용정책을 결정하는 기구가 바로 한국은행의 '금융통화위원회'다.

◆ 기간산업

한 나라의 원활한 경제 활동의 토대가 되는 중요한 산업이다. 기초산업이라고도 한다. 자동차·철강·석유·조선·화학 산업이 기간산업에 속한다.

◆ 기본소득제

소득과 자산 수준, 직업 유무에 관계없이 전 국민에게 일정 금액을 지급하는 것을 말한다. 일정 수준 이상의 생계를 보장하고 이를 통해 내수경기 활성화에도 기여하도록 한다는 취지지만 국가 재정에 부담을 주고 노동 의욕을 떨어뜨릴 것이란 우려가 크다.

◆ 기업경기실사지수(business survey index: BSI)

기업 활동의 실적과 계획, 경기 동향 등에 대한 기업가들의 의견을 조사, 지수화해서 전반적인 경기 동향을 파악하고자 하는 지표다. 기업가들의 경기에 관한 판단, 장래에 대한 전망 및 계획 등을 설문지를 통해 조사하는데 기업가의 판단과 예측 및 계획이 단기적인 경기변동에 큰 영향을 미친다는 점에서 중요한 경기예측지표로 사용된다. 특히 다른 경기 관련 지표와는 달리 기업가의 주관적이고 심리적인 요소까지 조사할 수 있다. 이에 따라 정부정책의 파급효과를 분석하는 데 활용되기도 한다. BSI는 0에서부터 200 사이의 값을 가진다. 100 이상이면 경기확장국면, 100 미만이면 수축국면을 나타내는 것으로 판단할 수 있다.

◆ 기저 효과

비교 대상 시점(기준 시점)의 상황이 현재 상황과 너무 큰 차이가 있어 결과가 왜곡되는 현상을 가리킨다. 예를 들어 호황기를 기준으로 현재의 경제 상황과 비교하면 경제지표는 실제보다 위축되게 나타나고, 불황기의 경제 상황을 기준 시점으로 비교하면 경제지표가 실제보다 부풀려져 나타나게 된다. 반사 효과라고도 한다.

◆ 기회비용

어떤 선택으로 인해 포기된 기회들 가운데 가장 큰 가치를 갖는 기회 자체 또는 그러한 기회가 갖는 가치를 말한다.

◆ 긱 이코노미(gig economy)

산업현장에서 필요에 따라 사람을 구해 임시로 계약을 맺고 일을 맡기는 형태의 경제 방식을 말한다. 노동자 입장에서는 어딘가에 고용돼 있지 않고 필요할 때 일시적으로 일을 하는 '임시직 경제'를 가리킨다.

◆ 긴축 발작

미국의 양적 완화 정책이 긴축으로 전환될 때 금융시장이 겪는 충격. 2013년 5월 그린스펀 전 미국 중앙은행(Fed)의장의 후임인 벤 버냉키 전 의장이 양적 완화 축소 가능성을 거론한 일을 계기로 전 세계 금융시장에서는 신흥국가 통화가치와 주가가 동반 하락하는 충격이 발생했는데, 이를 긴축 발작이라고 불렀다.

◆ 김치본드

국내 자본시장에서 외국 기업이 외화표시로 발행하는 채권을 가리킨다. 외국 기업이 국내에서 원화로 발행하는 채권은 '아리랑본드'라고 부른다.

◆ 내부자거래

내부자거래란 기업과 특수관계에 있는 사람이 그의 직무 또는 지위에 의해 얻은 정보를 이용, 불공정한 주식매매를 하는 행위를 말한다. 기업체의 임원 등 내부 사정을 잘 아는 사람이 일반투자자들에게는 공개되지 않은 기업합병, 증자, 자산재평가, 신규투자계획 등 기업비밀 정보를 갖고 주식을 매매하게 되면 부당이익을 취할 수 있는 가능성이 커진다.

◆ 넛지

'넛지(nudge)'는 원래 '(특히 팔꿈치로) 슬쩍 찌르다', '주의를 환기시키다'라는 뜻의 영단어로, 미국 시카고대의 행동경제학자 리처드 세일러와 법률가 캐스 선스타인이 공저한 《넛지(Nudge)》란 책을 통해 널리 알려졌다.

◆ 뉴트로(newtro)

새로움(New)과 복고(Retro)를 합쳐 만든 신조어다. 과거 유행했던 복고 제품을 새롭게 즐기는 것을 뜻한다. 뉴트로는 과거의 제품을 직접 접해 본 적 없는 젊은 층에 신상품과 마찬가지의 새로움을 준다. 식품업계가 오래전 포장을 다시 입힌 과자나 주류 제품들을 내놓는 것이 대표적인 예다.

◆ 니트족(NEET)

일하지 않고 일할 의지도 없고 교육, 고용, 훈련 등을 모두 거부하는 청년을 가리킨다.

◆ 님트 현상

자신의 임기 중에는 환경오염 시설물 설치, 구조조정, 미세먼지 대책, 연기금개혁, 방사성 폐기물 처분장 건설 대책 등 주민들에게 인기 없는 일을 하지 않으려는 현상을 일컫는다.

◆ 닥터 둠(Dr.doom)

미국의 투자전략가 마크 파버가 1987년 뉴욕 증시 대폭락과 1997년 아시아 외환위기를 예견하면서 붙은 별칭이다. 최근에는 국제금융계에서 비관론을 펴는 경제학자를 부르는 용어로 쓰인다. 가장 최근에는 누리엘 루비니 미국 뉴욕대 교수로 2008년 금융위기를 예측해 주목받았으며 비관적인 경제 예측으로 '닥터 둠(Dr. Doom)'으로 불리고 있다.

◆ 달러인덱스(U.S. dollar Index)

유로, 일본 엔, 영국 파운드, 캐나다 달러, 스웨덴 크로나, 스위스 프랑 등 경제 규모가 크거나 통화가치가 안정적인 6개국 통화를 기준으로 산정한 미 달러화 가치를 지수화한 것이다.

◆ 대차대조표 불황

가계와 기업의 부채가 증가하면서 이를 갚는 데 집중하다가 발생하는 경기침체다. 부채가 늘어나면서 과도한 빚을 진 경제주체들이 소비를 줄이고, 빚 갚기에 집중하면서 수요부진, 경기침체가 장기간에 나타나는 현상이다.

◆ 대체 불가능 토큰(non-fungible token: NFT)

블록체인상에서 유통되는 토큰의 한 종류로 토큰마다 고유 값을 가지고 있어 다른 토큰으로 대체가 불가능하도록 만들어졌다. 기존의 1만 원짜리 지폐는 가치가 동일하기 때문에 서로 교환할 수 있지만, NFT는 각각의 토큰이 모두 다르며 가치도 저마다 다르므로 가격도 다르게 매길 수 있다. 블록체인 기술로 디지털 자산에 일련번호를 부여해 복제, 위변조를 막을 수 있다. 진위와 소유권 입증이 중요한 그림, 음악, 영상 등의 콘텐츠 분야에 이 기술을 적용시킬 수 있다.

◆ 더블딥(double dip)

경기가 침체된 후 회복되는 듯이 보이다가 다시금 침체로 빠져드는 현상. 두 번의 경기침체를 겪어야 회복기로 돌아선다는 점에서 'W자형' 침체라고도 한다.

◆ 데스밸리(death valley)

창업한 기업들이 3년쯤 지나면 자금난에 빠지는 현상을 일컫는다. 창업기업들은 사업화 과정에서 자금조달, 시장진입 등 어려움을 겪게 되는데 통상 3~7년차 기간에 주저앉는 경우가 많다. 이를 두고 "데스밸리"라 한다.

◆ 동학개미운동

2020년 코로나19 사태로 외국인 투자자가 삼성전자를 필두로 한국 주식을 팔며 급락세가 이어지자 이에 맞서 개인투자자들이 적극 매수하는 것을 말한다.

◆ 동행종합지수(coincident composite index)

현재의 경기 상태를 나타내는 지표로서 광공업생산지수, 서비스업생산지수(도소매업 제외), 소매판매액지수, 내수출하지수, 건설기성액(실질), 수입액(실질), 비 농림어업 취업자 수 등과 같이 국민경제 전체의 경기변동과 거의 동일한 방향으로 움직이는 7개 지표로 구성된다. 동행종합지수는 선행종합지수, 후행종합지수와 함께 경기종합지수를 구성한다.

◆ 디스인플레이션(disinflation)

인플레이션을 통제하기 위해 통화증발을 억제하고 재정·금융긴축을 주축으로 하는 경제조정정책. 점차적으로 통화를 수축시킴으로써 물가상승률이 낮아지게 된다. 소비자물가 상승률이 플러스를 기록하더라도 시간이 흐를수록 상승률이 낮아지는 것이다. 최근에는 '저물가가 장시간 지속되는 상태'를 지칭하는 의미로 많이 쓰인다.

◆ 디즈니피케이션(disneyfication)

도시가 고유의 정취를 잃고 미국 놀이공원인 디즈니랜드처럼 관광객 놀이터로 변해간다는 뜻의 조어다.

◆ 디지털 세금

인터넷을 기반으로 사업하는 글로벌 정보기술(IT) 기업이 특정 국가에서 벌어들인 매출에 대해 일정 비율로 부과하는 세금이다. '구글세'라고도 부른다. 세계 곳곳에서 인터넷으로 돈을 벌지만 법인세는 본사가 있는 국가에만 납부하는 구글, 애플, 아마존, 페이스북 등 주로 미국 IT 대기업을 겨냥해 디지털세를 부과하려는 움직임을 보이고 있다. 특히, 프랑스는 디지털세를 도입하여 미국 도널드 트럼프 대통령이 프랑스의 주요 수출품에 대해 고율 관세를 부과하려 하는 등 갈등을 겪었지만, 최근 주요 7개국(G7)이 글로벌 최저 법인세율에 합의하면서 디지털세 도입 논의도 본격화하고 있다.

◆ **디파이(decentralized finance: De-Fi)**

탈중앙화된 금융 시스템을 일컫는 말로, 정부나 기업 등 중앙기관의 통제 없이 인터넷 연결만 가능하면 블록체인 기술로 다양한 금융 서비스를 제공하는 것을 뜻한다.

◆ **디플레이션(deflation)**

물가 수준이 지속적으로 하락하는 현상을 의미한다. 일반적으로 구매력 감소로 인한 소비 위축에서 시작하여 물가와 자산가치가 하락하고 생산량 저하, 기업 실적 악화, 실업 증가, 임금 하락으로 이어지면서 이것이 다시 소비 위축으로 이어지는 경기침체 과정을 의미하기도 한다.

◆ **딤섬본드**

외국계 기업이 홍콩 채권시장에서 발행하는 위안화표시채권을 말한다. 2010년 2월 중국 정부가 홍콩 금융시장 확대를 위해 외국계기업의 위안화 표시 채권 발행을 허용함으로써 도입됐다.

◆ **따이궁**

한국과 중국을 오가며 물건을 대신 구입해 주는 보따리상을 일컫는 말이다. 중국 웨이상(소셜 미디어를 통해 상품을 판매하는 개인·기업)을 위해 상품을 대리 구매하는 보따리상이다.

◆ **래퍼곡선(laffer curve)**

세율과 정부의 조세 수입 간 관계를 설명한 곡선으로, 미국의 경제학자 아서 래퍼(Arthur Laffer)에 의해 주창됐다. 래퍼는 한 나라의 세율이 적정 수준을 넘어 비표준 지대에 놓여 있을 때는 오히려 세율을 낮춰 주는 게 경제 주체들에게 창의력과 경제 의욕을 고취해 경기와 세수를 동시에 회복할 수 있다고 주장했다. 1980년대 미국 레이건 행정부 경제정책의 이론적 토대가 됐다.

◆ **랩 어카운트(wrap account)**

주식·채권·펀드·파생상품 등 여러 상품을 한곳에 모아 관리하는 자산관리계좌다. 증권사가 판매하는 종합자산관리서비스로 대표적인 일임형 상품이다.

◆ **러스트 벨트(rust belt)**

러스트 벨트는 미국 북동부 5대호 주변의 쇠락한 공장지대다. 러스트는 영어로 녹을 뜻한다. 쇠락해 공장 설비에 녹이 슬었다는 의미에서 붙여진 이름이다. 본래는 1870년대 이후 100년간 미국 산업을 주도해 공장(factory)벨트로 불렸다. 과거 이들 지역에선 자동차·철강·기계·석탄 등의 제조업종이 활황을 보였다. 하지만 1970년대 이후 고비용 구조와 제조업 쇠퇴로 인구가 줄어드는 등 불황을 맞이했다.

◆ 레버리지 효과

타인이나 금융기관으로부터 차입한 자본을 가지고 투자를 하여 이익을 발생시키는 것을 말한다. 빌린 돈을 지렛대(lever) 삼아 이익을 창출한다는 의미에서 지렛대 효과라고도 부른다.

◆ 리디노미네이션(redenomination)

화폐의 액면가(디노미네이션)를 동일한 비율의 낮은 숫자로 변경하는 조치. 가령 10,000원권을 1,000원권이나 100원권 등 낮은 단위로 바꾸는 것을 말한다.

◆ 리브라(libra)

미국의 정보기술(IT) 기업인 페이스북이 2020년 발행 예정인 가상화폐다. 페이스북은 지난 5월 리브라를 관리·감독하기 위한 독립 기관인 '리브라 협회'를 스위스에 세웠다. 미국 정부와 세계 주요 국가 중앙은행, 정치인들은 페이스북의 리브라가 각국의 통화 시스템을 붕괴시키고 자금세탁이나 마약거래 같은 범죄에 악용될 수 있다는 점을 들어 리브라를 반대하고 있다.

◆ 리세션(recession)

리세션은 경기 후퇴 초기 국면에 나타나는 침체다. 리세션에 진입하면 생산·투자·소비 활동의 하락, 실업률 상승 등 경제활동이 둔화된다. 리세션이 심해지면 경기침체가 더욱 깊어지게 된다.

◆ 리쇼어링(reshoring)

해외에 나가 있는 자국기업들을 각종 세제 혜택과 규제 완화 등을 통해 자국으로 불러들이는 정책을 말한다. 싼 인건비나 판매시장을 찾아 해외로 생산기지를 옮기는 오프쇼어링(off-shoring)의 반대 개념이다.

◆ 리츠(real estate investment trusts)

부동산투자신탁을 말한다. 소액의 투자자들을 모아 부동산에 투자하여 발생한 수익을 배당으로 지급한다. 소액으로도 부동산 투자가 가능하여 일반인들도 쉽게 참여할 수 있다.

◆ 리카도 대등정리

정부 지출이 고정된 상태에서 조세를 감면하고 국채 발행을 하여 지출 재원을 조달하더라도 경제의 실질 변수에는 아무런 영향을 미칠 수 없다는 내용이다. 경제 주체가 합리적이며 미래 지향적임을 가정하므로 소비이론 중 절대 소득가설보다는 항상 소득가설이나 생애주기가설에 기초를 두고 있다고 볼 수 있다.

◆ 리테일테크(retailtech)

소매업에 적용되는 정보통신기술(ICT)을 말하는데 아마존의 무인점포 시스템 '아마존 고', 알리바바의 슈퍼마켓 '허마' 등이 대표적 사례다.

◆ 마가(MAGA)

'마이크로소프트(M)', '애플(A)', '구글(G)', '아마존(A)'의 첫 글자를 따 만든 말로 2018년 하반기 들어 이전까지 미국 IT산업을 이끌던 팡(페이스북, 아마존, 애플, 넷플릭스, 구글: FAANG)'을 대신할 신조어로 떠올랐다.

◆ 마이데이터

개인이 자신의 정보를 적극적으로 관리·통제하는 것은 물론 이러한 정보를 신용이나 자산관리 등에 능동적으로 활용하는 일련의 과정을 말한다. 이를 통해 은행, 카드, 통신 회사 등에 흩어진 개인 신용정보를 한곳에 모으거나 이동시켜 볼 수 있고, 업체에 자신의 정보를 제공해 맞춤 상품이나 서비스를 추천받을 수 있다.

◆ 마일스톤 징크스(milestone jinx)

큰 단위 지수가 바뀌는 것에 대한 두려움으로 증시 상승세가 꺾이는 현상을 뜻한다. 코스피나 코스닥지수가 특정 분기점(마일스톤)에 도달하면 투자자들의 차익실현 매물이 급증해 하락하곤 한다.

◆ 마찰적 실업

노동자가 일자리를 바꾸거나 이사를 가고 경제적 활동을 재배치하는 등 노동력의 수요와 공급이 일시적으로 불균형 상태를 이루는 정상적이고 회피 불가능한 실업을 의미한다. 마찰적 실업은 노동자들이 일자리를 탐색하는 데 시간이 걸리기 때문에 발생하므로 탐색적 실업이라고도 한다.

◆ **매몰비용**

매몰비용이란 한 번 지불하고 나면 회수할 수 없는 비용을 뜻한다. 이미 지불해 어떤 선택을 하든지 피할 수 없는 비용이 매몰비용이다. 기업의 광고비용이나 R&D 비용 등이 이에 속한다. 함몰비용이라고도 한다.

◆ **매스티지(masstige)**

대중(Mass)과 명품(Prestige Product)을 합성한 용어다. 대량으로 판매되지만 질은 고급인 상품을 말한다. 미국 경영잡지인 하버드 비즈니스 리뷰에서 처음 사용했다. 과거 소수의 부유층만 구입할 수 있었던 전통적인 명품과는 달리 중산층 소비자들도 구입 가능한 비교적 저렴한 새로운 명품 브랜드가 매스티지 상품이다.

◆ **매파와 비둘기파**

중앙은행 통화정책을 결정하는 기구에서 위원들의 성향에 따라 통화정책 방향을 예측할 수 있다. 위원들의 성향을 동물 이름으로 비유하기도 한다. 매파는 물가안정을 중시하여 기준금리 인상과 같은 긴축 통화정책을 주장한다. 반면, 비둘기파는 경제 성장을 중시하여 금리 인하, 양적 완화와 같은 확장 통화정책을 주장한다.

◆ **메르코수르(mercosur)**

'브라질' '아르헨티나' '우루과이' '파라과이' 등 남미 4개국 경제 공동체다. 남미 국가 간 무역장벽을 없애기 위해 1995년 창설되었다.

◆ **메세나(mecenat)**

문화·예술·스포츠와 공익사업 등에 대한 기업의 지원활동을 총칭하는 프랑스어다. 기업에서는 이윤의 사회적 환원이라는 기업 윤리를 실천하는 것 외에 회사의 문화적 이미지까지 높일 수 있는 홍보 수단으로도 사용한다. 로마제국에서 예술인을 적극 후원한 정치가 가이우스 클리니우스 마에케나스(Gaius Clinius Maecenas)의 이름에서 유래됐다.

◆ **메자닌(mezzanine)**

메자닌은 건물 1층과 2층 사이에 있는 라운지 공간을 의미하는 이탈리아어로 채권과 주식의 중간 위험 단계에 있는 전환사채(CB)와 신주인수권부사채(BW)에 투자하는 것을 말한다. 주가 상승장에는 주식으로 전환해 자본 이득을 취할 수 있고, 하락장에도 채권이기 때문에 원금보장이 되는 데다 사채 행사가격 조정(리픽싱)에 따른 이득을 챙길 수 있다.

◆ 메자닌펀드

메자닌은 건물 1층과 2층 사이에 있는 라운지 공간을 의미하는 이탈리아어로 메자닌 펀드는 채권과 주식의 중간 위험단계에 있는 상품에 투자하는 펀드를 말한다. 메자닌 펀드는 안전자산인 선순위대출과 위험자산인 보통주 사이의 중간단계에 있는 후순위채권, 전환사채, 신주인수권부사채, 교환사채, 상환전환우선주식 등 관련 채권에 투자한다.

◆ 명시적 비용

기업이 생산요소나 그 외의 비품 구입에 실제로 지불한 금액. 회계적 비용이라고도 한다. 기업의 경우 노동·자본 등 생산요소에 지불한 비용이 명시적 비용이 된다.

◆ 모라토리엄

보통 지급정지, 지급유예를 뜻한다. 이 단어가 때로는 한 국가의 경제상태가 긴급한 경우 일정 기간 법령에 의거하여 모든 대외 채무 지급을 중지한다는 뜻으로 사용되기도 한다. 우리나라 말로는 채무지불정지 또는 채무지불유예를 뜻한다. 한 나라의 국제수지 적자가 엄청나게 늘면서 외채에 대한 이자지급이 불가능하면 일시적으로 모든 채무의 지급정지를 선언한다.

◆ 무어의 법칙

스마트 머신 시대가 도래하며 하드웨어는 꾸준하게 발전되고 있다. 1965년 인텔 공동 창업자인 고든 무어는 반도체 집적회로의 성능이 2년마다 두 배 증가할 것으로 예측하며 이 법칙을 발표했는데, 현재도 CPU 업계의 기술 혁신을 평가하는 지표이다.

◆ 무역확장법 232조

외국산 수입 제품이 미국의 통상 국가 안보에 문제가 될 경우 긴급하게 수입을 제한할 수 있도록 한 법. 이 법 조항은 추가 관세 부가, 수입 물량 제한뿐 아니라 세이프가드(긴급 수입제한)까지 허용하고 있어 글로벌 보호무역 전쟁의 시작을 알리고 있다.

◆ **민스키 모멘트(minsky moment)**

누적된 부채가 임계점을 지나면서 자산 가치 붕괴와 경제위기를 일으키는 순간을 뜻한다. 과도한 부채 확대에 기대 금융시장의 호황이 이어지다가 호황이 끝나면 은행에 빚을 낸 채무자들의 부채 상환 능력이 나빠지고 결국 채무자는 건전한 자산까지 팔아서 빚을 갚으면서 금융 시스템이 붕괴되고 금융위기까지 초래한다는 것이다.

◆ **바이백(buy-back)**

국채나 회사채를 발행한 국가나 기업이 만기 전에 채권시장에서 채권을 사들임으로써 미리 돈을 갚는 것을 뜻한다.

◆ **박스권**

주가가 일정 범위 안에서 등락을 반복할 때 박스권에 머무른다고 한다.

◆ **뱅크런(bank run)**

은행의 대규모 예금 인출 사태를 말한다. 은행이 부실해질 것을 두려워한 예금자들이 돈을 찾기 위해 은행으로 달려간다(run)는 데서 유래됐다.

◆ **벌처펀드**

썩은 고기를 먹는 독수리의 습성처럼 파산한 기업이나 경영난에 빠져 있는 부실기업을 저가에 인수한 뒤 되팔아 단기간에 높은 수익을 올리는 자금을 말한다.

◆ **법정관리**

부도, 파산 위기에 놓인 기업이 법원에 신청, 회생을 모색하는 제도. 법원이 회생 가능성이 있다고 판단해 법정관리를 결정하면 모든 채무는 동결되고 법원이 지정한 법정 관리인이 기업을 관리하게 된다.

◆ **베블런 효과**

가격이 오르는데도 수요가 줄어들지 않고 오히려 증가하는 현상으로 상류층 소비자의 소비 행태를 의미한다. 미국의 사회학자이자 경제학자인 소스타인 베블런이 주장했다. 예를 들어 값비싼 귀금속류나 고급 자동차 등은 경제 상황이 악화해도 수요가 줄어들지 않는 경향이 있다. 이는 남에게 과시하려는 과시욕으로 인한 수요 행태다.

◆ **베이시스(basis)**

선물가격(futures price)과 현물가격(spot price)의 차이를 말한다. 정상적인 시장에서는 현물가격이 선물가격보다 낮게 형성되므로 베이시스는 양(+)의 값을 가진다.

◆ **베이지북(beige book)**

미국 중앙은행이 연간 8차례 발표하는 미국경제동향 종합보고서. 책 표지가 베이지색이어서 이 용어가 유래됐다. 베이지북은 연방준비제도이사회(FRB) 산하 12개 지역 연방준비은행이 기업인과 경제학자, 시장 전문가 등의 견해를 담고 있다. 또 각 지역의 산업생산활동·소비동향·물가·노동시장상황 등 모든 경기지표들을 조사·분석한 자료도 들어 있다.

◆ **벤처 캐피털(venture capital)**

기술과 아이디어를 가지고 있으나 자금기반이 취약한 벤처기업에 투자하는 투자 전문회사 또는 그 기업의 자본을 말한다. 모험자본으로 불린다. 벤처기업의 연구·개발비, 신상품 또는 신기술의 사업화 자금을 지원하고 그 기업이 성공한 후에 투자원본을 회수하는 동시에 높은 수익을 획득하려고 하는 투자회사다.

◆ **변동성지수**

주가지수 옵션 가격에 내재된 주가지수의 변동성을 나타낸 지수로, 옵션시장 투자자들이 예상하는 미래 주가 변동 가능성을 나타내는 지수이다. 변동성 지수가 상승한다는 것은 향후 주식시장의 불확실성이 커진다는 의미이며, 이는 투자 손실의 위험이 높아질 수 있음을 의미한다.

◆ **병목 인플레이션**

생산요소(노동력·토지·자본)의 부족으로 공급이 주는 현상(bottleneck)으로 인해 발생하는 물가상승을 뜻한다. 생산능력이 증가하는 속도가 수요가 증가하는 속도를 따라가지 못하면서 나타난다.

◆ **보복관세**

자국 상품에 불리한 대우를 하는 국가의 상품에 부과하는 보복의 성격을 가진 관세이다. 최근 미국이 철강과 알루미늄에 높은 관세를 부과하자 중국은 미국산 농산물에 대해 고율 관세로 대응하였다. 미국이 다시 중국산 첨단 제품에 대한 관세를 부과하자 중국도 즉각적인 보복관세로 맞불을 놓으며 G2간 통상전쟁이 심화되고 있다.

◆ 볼커룰(volcker rule)

미국 대형은행이 자기자본으로 위험한 투자를 하지 못하도록 한 은행자산운용 규제책이다. 이 규제를 제안한 폴 볼커 전 미국 중앙은행(Fed) 의장의 이름을 따왔다.

◆ 부(負)의 소득세

일정 소득 수준 이하 계층에 차등적으로 보조금을 지급하는 방식이다. 미국 경제학자 밀턴 프리드먼이 1962년 처음 제안했다. 최소 생계 수준을 설정하고 소득이 이에 미달하면 차액의 일정 비율을 보조금으로 준다. 세금 면제만으로는 구제할 수 없는 저소득층에 대한 일종의 소득보장 대책이다.

◆ 분식회계

분식(粉飾)은 '실제보다 좋게 보이도록 거짓으로 꾸미는 것'을 의미한다. 즉, 분식회계는 회사의 실적을 좋게 보이게 하기 위해 회사의 회계장부를 조작하는 것이다. 예를 들면 가공의 매출을 기록한다거나 발생한 비용을 적게 계상해 누락시키는 등의 방법으로 재무제표상의 수치를 고의로 왜곡할 수 있다.

◆ 불황형 흑자

수입이 수출보다 더 줄어 무역흑자가 나는 현상이다. 경상수지는 수출이 늘어도 흑자가 나지만 국내 투자나 소비가 침체되는 경우에도 수입이 줄어 플러스를 기록할 수 있다. 보통 경기 침체기에 나타난다.

◆ 뷰카(VUCA)

변동성(Volatility)·불확실성(Uncertainty)·복잡성(Complexity)·모호성(Ambiguity)의 영문 앞 글자를 조합한 용어다. 급변하는 경제 상황과 변동적이며 불확실하고 모호한 사회 환경을 의미한다. 1990년대 초반 미국 육군대학원에서 처음 사용됐지만 2008년 금융위기 이후부터 글로벌 경제 불확실성이 커지면서 널리 쓰이고 있다.

◆ 브레튼우즈 체제(bretton woods system)

2차 세계대전 말 세계 자본주의 질서를 재편하기 위해 1944년 서방 44국 지도자들이 미국 뉴햄프셔 주의 브레튼우즈에 모여 만든 국제통화체제다. 미 달러를 금으로 바꿔주는 국제 결제 시스템인 달러화 금태환제의 도입, IMF(국제통화기금) 및 세계은행(IBRD) 창설 등이 핵심 내용이다.

◆ 브렉시트(brexit)

영국을 뜻하는 Britain과 탈퇴를 뜻하는 exit의 합성어로 영국의 유럽연합(EU) 탈퇴를 의미한다. 영국은 2016년 EU를 탈퇴할지를 두고 국민투표를 실시해 탈퇴를 결정했다. 이후 2020년 12월 24일 영국과 EU 양측은 미래관계협상을 통해 2021년 1월 1일부터 완전히 결별하기로 합의했다.

◆ 블랙 스완(Black Swan)

도저히 일어날 것 같지 않지만 만약 발생할 경우 시장에 엄청난 충격을 몰고 오는 사건을 말한다. 월가에서 투자분석가로 활동했던 나심 니콜라스 탈레브가 2007년 출간한 《검은 백조(The Black Swan)》라는 책에서 소개된 개념이다.

◆ 블록딜(block deal)

주식을 대량으로 보유한 매도자가 사전에 매도 물량을 인수할 매수자를 구해 시장에 영향을 미치지 않도록 장이 끝난 이후 지분을 넘기는 거래다. 장중 주가 급락은 피할 수 있으나 다음날 주가가 하락할 확률이 높다.

◆ 비교우위론

비교우위는 영국 경제학자 데이비드 리카도가 국제무역이 발생하는 이유로 제시한 이론이다. 비교우위는 분업은 절대적인 생산성이 아니라 상대적인 생산성 때문에 발생한다는 점을 보여준다. 기회비용이 싼 상품에 특화해 생산한 후 교역하면 두 나라가 윈-윈한다는 이론이다.

◆ 비례세

소득 수준에 관계없이 누구에게나 같은 비율로 부과해 징수하는 세금이다.

◆ 빅맥지수

각 국가의 물가 수준을 비교하는 구매력평가지수의 일종으로, 맥도날드 빅맥버거 가격을 기준으로 한다.

◆ 빅배스(big bath)

빅배스란 목욕을 해서 때를 씻어낸다는 뜻으로, 회사들이 과거의 부실요소를 한 회계년도에 모두 반영하여 손실이나 이익규모를 있는 그대로 회계장부에 드러내는 것을 말한다. 빅배스는 과오를 과거의 CEO에게 모두 돌리고 앞으로의 실적 향상이라든가 하는 긍정적인 요소는 자기의 공으로 돌릴 수 있기 때문에 회사의 CEO가 교체될 때 종종 행해진다.

◆ 사내유보

대차대조표의 이익잉여금과 자본잉여금을 합한 것이다. 이익잉여금은 기업이 벌어들인 이익에서 배당 등을 하고 남은 것이고, 자본잉여금은 액면가 초과 주식 발행 등 자본거래에서 생긴 차익이다. 즉 사내유보금은 회계상 개념일 뿐, 기업이 쌓아둔 현금은 아니다. 상당 부분은 이미 투자 등 경영 활동에 사용되고 있다.

◆ 사모펀드

소수의 투자자로부터 사모방식으로 자금을 조성하여 주식· 채권 등에 운용하는 펀드다. 투자 신탁업법상에는 100인 이하의 투자자, 증권투자회사법(뮤추얼펀드)에는 49인 이하의 투자자를 대상으로 모집하는 펀드다.

◆ 사무라이 본드

일본 채권시장에서 외국 정부나 기업이 발행하는 엔화 표시 채권을 말한다. 미국의 양키본드, 영국의 불독본드 등과 함께 국제 금융시장에서 거래되는 대표적 국제채권이다.

◆ 사이드카(sidecar)

선물가격이 전일 종가 대비 5%(코스피), 6%(코스닥) 이상 급등 혹은 급락한 상태가 1분간 지속될 경우 현물시장에 대한 영향을 최소화하기 위해 주식시장의 선물 및 현물 매매를 5분간 중단시키는 조치다.

◆ 산타랠리(santa rally)

기업들은 연말에 보너스를 집중적으로 지급한다. 이때 가족이나 친지들에게 선물을 하기 위해 소비가 늘어나면서 기업의 매출이 증대돼 크리스마스를 전후한 연말과 신년 초에 주가가 강세를 보이는 현상을 뜻한다.

◆ **상계관세**

상계관세란 수출국에서 장려금이나 보조금을 지원받은 물품이 수입돼 국내 산업이 피해를 입을 경우 이 같은 제품의 수입을 억제하기 위해 부과하는 관세를 일컫는다. 장려금이나 보조금을 받은 수출품은 그만큼 상품가격이 싸져 국제경쟁력이 강화되고 이 결과 수출을 증대시킬 수 있다. 그러나 이러한 상품을 수입하는 국가의 해당 산업은 시장을 잠식당하는 등 타격을 받게 된다. 이런 문제를 해결하기 위해 관세 및 무역에 관한 일반협정(GATT)은 수출국에서 지원한 보조금을 상쇄하도록 상계관세 부과를 인정하고 있다.

◆ **상장지수증권(exchange trade note: ETN)**

원자재나 주가지수 등 기초자산의 가격 변동에 따라 수익을 낼 수 있도록 설계한 채권 형태의 상품이다. 채권과 원자재, 통화, 주식, 선물 등에 투자해 해당 상품 가격이 상승하면 수익률도 따라 오른다. 증권사가 자기신용으로 발행하고 상장지수펀드(ETF)처럼 거래소에 상장되기 때문에 시장에서 ETN을 자유롭게 사고팔 수 있다. 미리 약정한 기초지수 수익률을 지급하겠다고 발행자가 약속한다.

◆ **상장지수펀드(ETF)**

KOSPI200이나 특정 자산을 추종하도록 설계된 펀드. 해당 주가지수에 편입된 주식의 바스켓(10개 이상의 주식 조합)과 동일하게 펀드를 구성하고, 이에 따라 발행된 주식이나 수익증권을 한국거래소에 상장해 일반 개인들도 거래할 수 있도록 한 것이다. 개별 주식처럼 매매가 편리하고 인덱스 펀드처럼 거래비용이 낮다. 펀드에 비해 투자 정보를 파악하기 쉽다.

◆ **섀도보팅(shadow voting)**

정족수 미달로 주주총회가 무산되지 않도록 하기 위해 참석하지 않은 주주들의 투표권을 행사할 수 있는 일종의 의결권 대리행사 제도다.

◆ **서브스크립션 커머스(subscription commerce)**

잡지 구독처럼 소비자가 일정한 금액을 부담하면 상품이나 서비스 등을 정기적으로 제공해 주는 유통 서비스다.

◆ **서킷브레이커**

주식시장의 일시적인 매매 거래 중단 제도를 일컫는다. 코스피나 코스닥지수가 전일 대비 10% 이상 폭락한 상태가 1분간 지속하는 경우 서킷브레이커가 발동된다.

◆ **서학개미**

국내 주식을 사 모으는 '동학개미'에 빗대어 미국 유럽 등 해외 주식에 직접 투자하는 개인투자자를 일컫는 말이다.

◆ **세이프가드(safeguards)**

특정 물품의 수입이 급증해 수입국의 국내산업이 피해를 입거나 또는 피해를 입을 우려가 있을 경우, 해당 품목의 수입을 임시적으로 제한하거나 관세 인상을 통해 수입품에 대해 긴급수입제한 조치를 할 수 있는 제도이다.

◆ **셧다운(shutdown)**

미국 연방정부 업무를 일시정지(shutdown)하는 제도. 의회에서 새해 예산안이 통과되지 않으면 업무가 중단된다. 국방, 경찰, 소방, 기상예보, 우편, 항공, 전기·수도 등 필수 업무는 유지된다. 이 기간 중 연방 공무원 210만 명 중 38만 명이 강제 무급휴가를 간다.

◆ **소득 크레바스**

직장에서 은퇴해 국민연금을 받을 때까지 소득이 없는 기간을 말한다. '은퇴 크레바스'라고도 한다.

◆ **소버린 리스크(sovereign risk)**

정부나 공공기관이 해외에서 돈을 빌릴 때 빌려준 측이 감당해야 하는 채무 상환에 관련된 위험을 뜻한다.

◆ **소비자물가지수**

일반 가계가 소비생활을 영위하기 위해 구입하는 재화·서비스의 가격변동을 측정하는 대표적인 물가지수다.

◆ 소비자잉여

소비자가 어떤 재화를 구입하기 위해 지불할 용의가 있는 최대 가격에서 실제 지불한 가격을 뺀 금액이다. 이는 소비자가 시장에서 상품을 구입함으로써 얻는 이익의 크기를 나타낸다. 소비자가 수요곡선상에 지불할 용의가 있는 최대 가격은 지불용의가격, 실제로 소비자가 시장가격에 구입한 가격을 실제 지불가격이라 한다.

◆ 손익분기점(break-even point: BEP)

일정 기간 수익과 비용이 같아서 이익도 손실도 생기지 않는 경우의 매출액을 말한다.

◆ 쇼루밍(showrooming)

소비자들이 오프라인 매장에서 제품을 자세히 살펴본 후 실제 구입은 보다 저렴한 온라인 쇼핑몰 등을 이용하는 쇼핑 행태를 말한다.

◆ 쇼트 셀링(short selling)

보유하고 있지 않은 주식을 매도하는 것을 말한다. 주가가 하락할 것으로 예상하고 주가가 하락했을 때 주식을 사들여 시세차익을 얻는 것을 주목적으로 한다.

◆ 수입할당제

특정 상품에 대해 수입할 수 있는 최대한의 양을 정해 놓고 그 이하로 수입하는 것만을 허용하는 제도다.

◆ 슈바베지수

가계의 소비지출 중에서 전월세 비용이나 주택 관련 대출 상환금 등 주거비가 차지하는 비율을 말한다.

◆ 스무딩 오퍼레이션(smoothing operation)

외환시장에서 한 방향으로 환율이 지나치게 급하게 움직일 경우 그 움직임을 둔화시키는 것을 목적으로 하는 중앙은행이 시장에 개입하는 것이다. 즉, 환율이 급상승하거나 급하락할 때 중앙은행이 외환시장에서 외화(주로 달러)를 매수하거나 매도하여 환율의 상승폭이나 하락폭을 둔화시키는 것을 말한다.

◆ 슬리포노믹스(sleeponomics)

수면(sleep)과 경제학(economics)의 합성어다. 경제협력개발기구(OECD) 조사에 따르면 한국인의 하루 평균 수면 시간은 6시간 48분으로 OECD 국가 중 최하위다. 그 사이 국내 수면용품 시장은 2조 원 규모로 훌쩍 성장했다. 글로벌 시장조사업체 BBC 리서치에 따르면 글로벌 수면 시장은 2019년 약 80조 원 규모로 성장할 전망이다.

◆ 스크루플레이션(screwflation)

물가 상승과 실질임금 감소 등으로 중산층의 가처분 소득이 줄어드는 현상을 말한다. 돌려 조인다는 뜻의 '스크루(screw)'와 '인플레이션(inflation)'을 합성한 말이다.

◆ 스톡옵션

기업이 임직원에게 일정 기간이 지난 후에도 일정 수량의 주식을 일정한 가격으로 살 수 있는 권한을 인정해 영업이익 확대나 상장 등으로 주식 값이 오르면 그 차익을 볼 수 있게 하는 보상제도다. 채용 당시 많은 임금을 보장할 수는 없지만 사업성이 높은 벤처기업의 경우 인재를 모을 때 많이 사용하는 제도다.

◆ 스튜어드십 코드(stewardship code)

연기금과 자산운용사 등 주요 기관투자가가 기업의 의사결정에 적극 참여해 주주로서의 역할을 충실히 수행하고 위탁받은 자금의 주인인 국민이나 고객에게 이를 투명하게 보고하도록 하는 행동지침이다.

◆ 스트레스 테스트(stress test)

어떤 충격이 가해졌을 때 경제 여건이 지금보다 훨씬 더 어려워질 것이라는 가정 아래 금융기관들이 충분한 자본과 유동성으로 위기를 헤쳐 나갈 수 있는지를 평가하는 것이다. 예컨대 국내총생산(GDP) 감소, 주택가격 하락 등 다양한 위험 시나리오 등을 가정해 금융회사들이 전체 대출금과 보유 유가증권에서 발생할 수 있는 추정손실을 산출하는 방식으로 이뤄진다.

◆ 승자의 저주(winner's curse)

경쟁에서는 이겼지만, 승리에 이르기까지 지나치게 많은 것을 쏟아 부음으로써 결과적으로 너무 많은 것을 잃게 되는 것을 의미한다. M&A를 할 때 너무 높은 가격에 인수함으로써 인수 주체의 발목을 잡는 현상을 이야기할 때 종종 사용된다.

◆ **시뇨리지(seigniorage)**

국가가 화폐 발행으로 얻게 되는 이득·화폐의 액면 가치와 실제로 만들어지는데 들어간 비용과의 차액을 말한다. 기축 통화 효과 또는 화폐 주조 차익이라고도 한다.

◆ **시카고학파**

시카고대를 중심으로 하는 경제학자들을 일컫는다. 정부 개입보다 민간의 자유로운 경제활동을 지지한다.

◆ **신용부도스와프(credit default swap: CDS)**

채권 인수 시 발행자의 신용위험을 제3자에게 팔아 발행자의 채무불이행으로 입게 될 손해를 방지하는 신용파생상품이다. 부도 스와프라고 부르기도 한다. CDS 호가는 가산금리에 비해 발행자의 신용상태를 보여주는 선행지표로, CDS 매수자는 발행자가 파산할 경우 가산금리 만큼을 매도자에게 지급해야 한다.

◆ **싱크탱크(think tank)**

분야 전문가를 조직적으로 결집하여 조사·분석 및 연구개발을 수행하고 그 성과를 제공하는 것을 목적으로 하는 조직이다. 싱크탱크라는 말은 2차 세계대전 때 전문가 집단들이 대거 전쟁 조직에 편입되면서 생겨났다.

◆ **싼커**

중국인 개별 관광객을 이르는 말이다. 단체 관광보다는 친구 또는 가족끼리 한국을 자유여행 형식으로 다니며, 스마트폰을 통한 검색으로 관광하며 쇼핑을 한다.

◆ **쌍둥이 적자**

경상수지와 재정수지 모두 적자를 기록하는 현상이다.

◆ **암묵적 비용**

경제활동 과정에서 자신이 선택하지 않고 포기하는 다른 기회를 뜻한다. 기업의 암묵적 비용은 다른 활동을 했을 때 거두었을 이익이 된다.

◆ **애그플레이션(agflation)**

농업(agriculture)과 인플레이션(inflation)을 합성한 신조어다. 농산물 가격 상승이 물가 상승을 야기하는 현상을 말한다. 중국과 인도 등과 같은 신흥국에서의 농산물 수요 급증, 옥수수나 사탕수수를 이용한 바이오연료 붐 등으로 수요가 증가하는 반면 도시화에 따른 경작지 축소와 가뭄, 홍수 등으로 인한 농작물 피해로 출하량이 감소해 공급이 줄어드는 경우 발생한다.

◆ 액면분할

한 장의 증권을 여러 개의 소액증권으로 분할하는 것을 의미한다. 예컨대 5천원짜리 주식 1장을 5백원짜리 10장으로 분할하거나 100원짜리 50장으로 쪼개면 주권의 액면분할로 부른다. 액면분할은 증권의 가격이 너무 비싸서 매매가 어려워질 경우 이를 잘게 쪼개 소액으로도 매매가 가능토록 하기 위해 실시한다.

◆ 앰부시 마케팅(ambush marketing)

스포츠 이벤트에서 공식 후원업체가 아니면서 광고 문구 등을 통해 매복(ambush)하듯이 후원 업체라는 인상을 주어 고객의 시선을 모으는 판촉 전략이다. 매복마케팅이라고도 한다. 니치 마케팅이란 니치(niche) 즉 틈새를 뜻하며, 소비자의 기호와 개성에 따라 시장을 세분화하여 소규모의 소비자를 대상으로 판매목표를 설정하는 것을 말한다.

◆ 앳킨슨지수

사회 구성원의 주관적인 가치판단을 반영해 소득 분배의 불평등도를 관측하는 지수를 말한다.

◆ 양도성 예금증서(certificate of deposit: CD)

은행이 발행하고 금융시장에서 자유로운 매매가 가능한 무기명의 정기예금증서. 은행의 정기예금에 양도성을 부여한 것으로, 은행이 발행하고 증권회사와 종합금융회사의 중개를 통해 매매된다. 예금통장과는 달리 통장에 이름을 쓰지 않는 무기명이며, 중도해지는 불가능하나 양도가 자유로워 현금화가 용이한 유동성이 높은 상품이다.

◆ 어닝 서프라이즈(earning surprise)

시장 예상치에서 훨씬 뛰어넘는 깜짝 실적을 말한다. 통상적으로 어닝 서프라이즈는 기업 실적이 예상치를 웃도는 경우에 쓰이고 예상치를 밑돌 때는 어닝 쇼크(earning shock)라고 한다. 주가는 기업 실적에 따라 향방이 결정되는데 예상을 훨씬 웃도는 실적을 냈을 때는 주가가 큰 폭으로 상승하는 경우가 많다.

◆ **어닝 쇼크(earning shock)**

기업이 시장에서 예상했던 것보다 저조한 실적을 발표하여 주가에 영향을 미치는 현상을 일컫는 경제용어다.

◆ **엥겔지수(engel's coefficient)**

가계의 소비지출 가운데 식료품비가 차지하는 비중을 뜻한다. 보통 가계 소득이 높아질수록 식료품비 비중이 감소하는 경향이 있다.

◆ **역내 포괄적 경제동반자 협정(Regional Comprehensive Economic Partnership: RCEP)**

동남아시아국가연합(아세안-ASEAN) 10개국과 한·중·일 3개국, 호주, 뉴질랜드, 인도 등 총 16개국의 관세 장벽 철폐를 목표로 하는 일종의 자유무역협정(FTA)

◆ **역모기지론**

주택을 담보로 맡기고 평생 혹은 일정 기간 매달 노후 생활자금을 받는 금융상품이다. 만 60세 이상의 고령자가 금융기관에 자신이 살고 있는 주택을 담보로 제공한 뒤, 매달 고정적인 생활자금을 연금식으로 받는 장기주택저당대출이다.

◆ **연말정산**

소득자별로 1년간의 총급여액에 대한 근로소득세액을 소득세법에 따라 계산한 뒤 매월 급여 등의 지급 때 간이세액표에 의해 이미 원천징수한 세액과 비교해 다음 해 1월분 급여 때 차액을 돌려주는 제도. 그동안 세금을 많이 징수했다면 차액을 되돌려주고 적게 징수한 세액은 더 걷는 절차를 말한다.

◆ **영업용순자본비율(net capital ratio: NCR)**

은행의 BIS비율처럼 증권회사의 재무건전성을 나타내는 대표적인 지표로, 부담하고 있는 위험의 규모가 증권사의 유동성에 비춰 적합한지를 판단하는 지표로 활용된다. 영업용 순 자본을 총 위험액으로 나눠 백분율로 표시한다.

◆ **예비타당성조사**

사회간접자본(SOC), R&D, 정보화 등 대규모 재정 투입이 예상되는 신규 사업에 대해 경제성, 재원조달 방법 등을 검토해 사업성을 판단하는 절차다. 선심성 사업으로 인한 세금 낭비를 막기 위해 1999년 도입했다.

◆ **오버슈팅(overshooting)**

상품 및 금융자산 등의 시장가격이 이론적으로 형성될 수 있는 가격 이상으로 급격하게 오르는 것을 말한다. 오버슈팅된 자산은 일시적으로 급등락했다가 장기균형 수준으로 수렴해 간다.

◆ **오쿤의 법칙(okun's law)**

미국의 경제학자 오쿤이 발견한 현상으로 경기회복기에 고용의 증가속도보다 국민총생산의 증가속도가 더 크고, 불황기에는 고용의 감소속도보다 국민총생산의 감소속도가 더 크다는 것을 말한다. 구체적으로 실업률이 1% 늘어날 때마다 국민총생산이 2.5%의 비율로 줄어드는 것을 발견했는데 이처럼 실업률과 국민총생산의 밀접한 관계를 오쿤의 법칙이라 부른다.

◆ **오퍼레이션 트위스트(operation twist)**

중앙은행이 단기 국채를 판 돈으로 장기 국채를 사들여 장기 금리를 낮춰 시중에 유동성을 공급하는 정책이다. 미국에서는 존 F 케네디 정부 때인 1961년대 초 처음 시행됐는데 당시 트위스트 춤이 유행해서 이런 이름이 붙여졌다고 한다. 최근 미국 중앙은행(Fed)이 국채 금리 급등락이 계속되면 시장에 개입할 수 있다는 전망도 나오는데 그 정책수단 중 하나로 오퍼레이션 트위스트가 있다.

◆ **오프쇼어링(off-shoring)**

기업들이 생산기지를 해외로 옮기는 것을 말한다.

◆ **오픈 이노베이션(open innovation)**

기업이 필요로 하는 기술과 아이디어를 외부에서 조달하는 한편 내부 자원을 외부와 공유하면서 새로운 제품 또는 서비스를 만들어내는 것을 뜻한다. 헨리 체스브로 미국 UC버클리 교수가 2003년 제시한 개념이다. 기술 및 아이디어가 기업 내외의 경계를 넘나들며 기업의 혁신으로 이어지도록 하는 것이 주된 목적이다. 지식재산권을 독점하는 게 아니라 공유하는 것이 개방형 기술 혁신의 핵심이다.

◆ **옴니채널(omni channel)**

소비자가 온라인, 오프라인, 모바일 등 다양한 경로를 넘나들며 상품을 검색하고 구매할 수 있도록 한 서비스. 각 유통 채널의 특성을 결합해 어떤 채널에서든 같은 매장을 이용하는 것처럼 느낄 수 있도록 한 쇼핑 환경을 말한다.

◆ 완전경쟁시장

모든 기업이 동질적인 재화를 생산하는 시장을 말한다. 경제주체들이 가격 등 시장에 관한 완전한 정보를 보유하고 있으며 진입과 퇴출이 자유롭다. 시장 내에 기업들은 가격수용자로 행동하여 장기적으로 이윤을 확보하지 못하는 시장을 의미한다.

◆ 왝더독(wag the dog)

'꼬리가 개의 몸통을 흔든다'는 뜻으로 주식시장에서는 선물(꼬리)이 현물(몸통) 시장을 좌지우지하는 현상을 말한다.

◆ 외부효과

한 사람의 행위가 제3자의 경제적 후생에 영향을 미치지만 그에 대한 보상은 이뤄지지 않는 현상이다. 외부효과는 부정적 외부효과, 긍정적 외부효과가 있다. 외부효과가 발생하면 사회적 최적 생산량을 벗어나게 되어 비효율이 발생한다. 외부효과로 발생한 비효율을 개선하기 위해 세금이나 보조금을 통해 외부효과를 내부화한다.

◆ 우회상장

장외기업이 상장심사나 공모주 청약 등의 절차를 밟지 않고 상장기업과의 합병, 포괄적 주식 교환, 제3자 배정 유상증자 등을 통해 상장기업의 지분을 인수한 뒤 합병을 통해 곧바로 장내로 진입하는 것을 말한다. 대체로 상장요건을 갖추지 못한 기업이 활용한다.

◆ 워라밸(work and life balance)

일(work)과 삶(life)의 균형(balance)을 뜻하는 영어 work and life balance의 발음을 우리말로 줄여 만든 신조어다.

◆ 워커밸(worker and customer balance)

'근로자와 소비자 사이의 균형'을 일컫는 신조어다. 감정 노동에 종사하는 직원들의 고충이 사회적 이슈가 되면서 고객도 예의를 지켜야 한다는 의미를 담고 있다.

◆ **웹루밍(webrooming)**

제품이나 서비스를 구매하기 전 미리 온라인을 통해 제품의 사양과 후기들을 살펴본 뒤, 이보다 더 저렴한 오프라인 매장에 방문해 직접 제품이나 서비스를 구매하는 행위다.

◆ **윈도 드레싱(window dressing)**

기관투자가가 결산기를 앞두고 보유 주식의 추가 매수 또는 매도 등을 통해 수익률을 인위적으로 끌어올리는 행위를 뜻한다.

◆ **윔블던 효과(wimbledon effect)**

영국에서 열리는 윔블던 테니스 대회에서 영국 선수보다 외국 선수가 더 많이 우승한 데서 유래됐다. 또한 1986년 영국 정부가 대폭적인 금융시장 구조조정 및 개방 이후 영국의 대형 은행들이 외국계 금융회사에 인수되었고, 동시에 외국의 대형 금융사들이 영국에 본격 진출했다. 이런 상황에서 영국은 윔블던 테니스에서처럼 다국적 금융사에 거래 장소만 제공한다는 자조 섞인 뜻으로 '윔블던 효과'란 말이 등장했다.

◆ **유니콘**

유니콘은 원래 머리에 뿔이 하나 달린 신화 속의 동물을 일컫는데 경제 분야에서는 기업가치가 10억 달러 이상인 비상장 신생기업을 말한다. 2013년 미국의 벤처캐피탈사인 카우보이 벤처스의 설립자이자 대표인 에일린 리가 2003년 이후 창업한 스타트업을 조사해 기업가치가 10억 달러를 넘는 회사 39곳을 '유니콘클럽'으로 분류하는 글을 IT전문 매체 테크크런치에 기고한 데서 비롯했다.

◆ **유커**

중국인 단체 관광객을 뜻한다. 이들은 한국을 방문하여 면세점이나 백화점 등에서 대량으로 구매하고 고가의 명품 또는 그와 관련한 제품을 많이 구매한다.

◆ **은산분리**

산업자본의 은행 지분 소유에 제한을 두는 제도이다. 은행법상 산업자본은 의결권이 있는 은행 지분을 4% 이상 가질 수 없다. 다만, 의결권 미행사를 전제로 금융위원회의 승인을 받으면 최대 10%까지 보유할 수 있다.

◆ **이자보상배율**

한 해 동안 기업이 벌어들인 돈(영업이익)이 그 해에 갚아야 할 이자(이자비용)에 비해 얼마나 많은지를 나타내는 지표로 영업이익을 이자비용으로 나눠 구한다. 따라서 이자보상배율이 1보다 작다는 건 한 해 동안 벌어들인 돈으로 이자조차 갚지 못한다는 의미다.

◆ **이지머니(easy money)**

미국·유럽 등 선진국들이 금융위기 및 경제 불황 극복을 위해 제로 금리, 양적 완화 같은 정책을 통해 막대한 유동성을 공급하면서 조달비용이 낮아진 자금을 뜻한다.

◆ **인구 데드크로스**

데드크로스(dead cross)는 주식 시장에서 주가나 거래량의 단기 이동 평균선이 장기 이동 평균선을 뚫고 내려가는 것을 이르는 현상으로 주식 시장이 약세로 진입한다는 신호로 해석된다. 인구 데드크로스는 사망자가 출생아보다 많아 인구가 자연 감소하는 현상을 말한다. 통계청에 따르면 한국은 2020년부터 인구 데드크로스가 시작될 것으로 보인다.

◆ **인덱스펀드(index fund)**

특정 지수와 비슷한 수익률을 올릴 수 있도록 운용하는 펀드. 주가지수의 흐름에 가장 가까운 대표적 종목들을 편입해 운용한다. 목표지수로는 코스피지수 같은 전체 시장을 대상으로 하는 지수를 선택한다.

◆ **자본잠식**

회사의 적자폭이 커져 잉여금이 바닥나고 납입자본금이 마이너스가 되는 상태를 말한다. 기업의 자본은 납입자본금과 내부 잉여금으로 구성된다. 만일 회사의 적자폭이 커져 잉여금이 바닥나고 납입자본금까지 까먹기 시작하면 이런 상태를 자본잠식 혹은 부분잠식이라고 한다.

◆ **자산디플레이션**

부동산과 같은 실물자산의 가치와 주식과 같은 금융자산의 가치가 동반 하락하는 현상을 말한다. 일본의 경우 1990년대 초 버블 경제 후 부동산 가격과 주가의 급격한 하락이 금융시스템의 부실로 이어져 이로 인해 실물경제의 침체가 지속되었다. 이러한 자산디플레이션 현상은 담보가치의 하락 → 금융경색 → 소비 및 투자 위축 → 경기침체 → 기업도산 증가 → 실업증대 → 자산 디플레이션 심화 → 장기적 복합불황으로 이어진다.

◆ 자연 실업률

경제의 산출량과 고용이 사실상 완전고용 수준을 유지하고 있는 중에서도 지속되는 실업률이다. 경기변동과 관계없이 정상적인 상태에서 발생하는 실업인 마찰적 실업과 구조적 실업만 존재하는 경우를 일컫는다.

◆ 잠재성장률

한나라의 경제가 보유하고 있는 자본, 노동력 자원 등 모든 생산요소를 사용해서 물가 상승을 유발하지 않으면서도 최대한 이룰 수 있는 경제성장률 전망치를 말한다.

◆ 재고자산회전율

연간 매출을 평균 재고자산으로 나눠 계산한다. 재고자산회전율이 높다는 것은 기업의 재고가 창고에 쌓이기 무섭게 판매됨을 의미하고 재고자산회전율이 낮다는 것은 기업의 매출이 부진해 창고에 오랫동안 재고자산이 쌓여 있음을 의미한다.

◆ 재무적 투자자

단순히 매각차익을 노리고 회사나 지분 일부를 인수하는 세력을 말한다.

◆ 재정 정책

정부 지출과 조세를 변화시켜 경제 성장, 완전 고용 등의 정책 목표를 달성하려는 정책을 의미한다. 정부가 확장적 재정 정책을 시행하면 이자율 상승에 따라 민간 투자가 감소하는 구축 효과가 발생한다.

◆ 전략적 투자자

실제로 해당 사업을 영위할 목적으로 자금을 들여 회사를 인수하는 세력을 말한다.

◆ 전환사채(convertible bond: CB)

만기에 주식으로 전환할 수 있는 사채를 말한다. 사채액면액, 이자율, 전환가격 등이 미리 정해진다. 만기에 주식가격이 전환가격보다 높으면 주식으로 전환해서 차익을 얻을 수 있다.

◆ 정크본드(junk bond)

리스크가 상대적으로 큰 기업들이 자금 조달을 목적으로 발행한 고수익·고위험채권을 뜻한다. 신용도가 낮은 회사가 발행한 채권이어서 원리금 상환 불이행 위험이 크기 때문에 일반 채권금리에 가산 금리를 더한 이자를 지급한다.

◆ 제로 웨이스트(zero waste)

일상생활에서 사용되는 모든 자원과 제품을 재활용 가능하도록 디자인해 궁극적으로는 그 어떤 쓰레기도 매립되거나 바다에 버려지지 않도록 하는 원칙이다.

◆ 제론 테크놀로지(gerontechnology)

노년층의 독립적인 생활과 사회적 참여를 지속할 수 있도록 건강, 주거, 이동, 노동 등의 영역에서 예방적, 보완적 공학기술 및 디자인을 개발한 테크놀로지다.

◆ 제조업가동률지수

제조업 생산설비의 가동상태 추이를 나타내는 지수. 설비가동의 절대수준을 나타내는 것이 아니라 기준년도의 가동률을 100으로 하였을 때 비교시의 가동 상태가 어느 수준인가를 나타낸다.

◆ 젠트리피케이션(gentrification)

재개발 등으로 낙후됐던 구도심이 개발돼 상권이 활성화하면서 원래 거주하던 주민이나 자영업자들이 높아진 임대료를 감당하지 못해 다른 지역으로 내몰리는 현상을 일컫는다.

◆ 조세

국가 또는 지방자치단체가 그 재력을 취득하기 위해 반대급부 없이 일반 국민으로부터 강제적으로 부과 징수하는 과징금이다.

◆ 조세부담률

국민이 소득 중에서 얼마만큼을 세금으로 부담하느냐를 나타내주는 지표다. 국민총생산(GDP) 또는 국민소득에서 국민이 낸 세금(국세+지방세)이 차지하는 비중을 말한다.

◆ **조세피난처**

세금을 부과하지 아니하거나 아주 낮게 부과하는 국가 또는 지역을 말한다. 조세피난처는 세제상의 우대뿐 아니라 규제가 적고, 금융거래의 익명성이 보장되기 때문에 탁세와 돈세탁용 자금 거래의 온상이 되기도 한다. 바하마, 버뮤다, 케이맨 제도, 라이베리아, 파나마 등을 들 수 있다. 룩셈부르크, 네덜란드, 스위스 등도 특정 기업에 세금 특전을 주고 있어 넓은 의미에서 조세피난처로 분류되기도 한다.

◆ **좀비 기업**

가능성이 크지 않은데도 정부나 채권단의 지원으로 간신히 파산을 면하고 있는 기업이다. 좀비 기업과 건전한 기업을 나누는 기준은 빚(부채)을 갚을 수 있는지가 핵심이다. 3년 연속 이자보상배율이 1 미만인 기업을 좀비 기업으로 간주한다. 3년 연속 이자조차 갚지 못할 정도라면 자체적인 생존 능력이 없다고 보는 것이다.

◆ **주가수익비율(price on earning ration: PER)**

주가를 주당순이익(순이익/총 발행주식 수)으로 나눈 값이다. 주가수익배율, 주가이익배율, 주가순익배율이라고도 한다. PER은 주가가 주당순이익의 몇 배가 되는지를 나타내주기 때문에 PER이 낮다면 수익에 비해 주가가 저평가된 것으로 볼 수 있다. PBR이 기업의 재무상태 면에서 주가를 판단하는 지표인 데 반해 PER은 기업의 수익성 면에서 주가를 평가하는 지표다.

◆ **주가순자산비율(price on book-value ration: PBR)**

주가를 주당순자산으로 나눈 값이다. PBR은 해당 종목의 단위 주가가 1주당 자산가치의 몇 배로 거래되고 있는가를 보여준다. 낮을수록 저평가된 주식이다.

◆ **주가연계증권(ELS: equity linked securities)**

주식이나 주가지수의 가격변동에 따라 수익률이 결정되는 파생상품. 통상 투자금의 대부분을 채권투자 등으로 원금보장이 가능하도록 설정한 후 나머지 소액으로 주가지수(주로 KOSPI200) 옵션에 투자한다.

◆ 주식매수선택권

기업이 임직원에게 일정 기간이 지난 후에도 일정 수량의 주식을 일정한 가격으로 살 수 있는 권한을 인정해 영업이익 확대나 상장 등으로 주식값이 오르면 그 차익을 볼 수 있게 하는 보상제도다. 스톡옵션이라고도 한다.

◆ 주택담보대출비율(loan to value: LTV)

집값 대비 대출액의 비율로 주택을 담보로 빌릴 수 있는 대출가능한도를 뜻한다. LTV가 40%라면 1억 원짜리 아파트의 경우 최대 4,000만 원까지 대출을 받을 수 있다. DTI와 LTV를 올리면 부동산 시장이 활성화되는 반면 가계부채가 늘어나게 된다.

◆ 준조세

조세는 아니지만 실질적으로 조세와 같은 성질인 공과금 또는 기부금, 성금 등을 말한다. 정부로서는 조세보다 조성 및 운영이 쉽다는 장점이 있다. 하지만 기업에는 불필요한 경제적 부담을 주고 제품 원가 상승 요인이 되는 등 부작용이 크다.

◆ 중립금리

경기를 지나치게 부양하지도, 지나치게 냉각시키지도 않고 잠재성장률 수준의 성장을 할 수 있도록 하는 금리 수준을 뜻한다.

◆ 지니계수

소득불평등을 측정하는 지표이다.

◆ 지대추구

기득권의 울타리 안에서 자기 이익을 위해 비생산적 활동을 경쟁적으로 하는 현상을 뜻한다. 이는 자원 배분의 왜곡을 가져온다.

◆ 지주회사

주식의 소유를 통하여 국내회사의 사업내용을 지배하는 것을 주된 사업으로 하는 회사를 말한다. 지주회사는 기업집단 내 구조조정, 자회사별 책임경영을 촉진하여 경영효율성을 높이는 장점이 있다.

◆ 지하경제

정부의 세금을 피해 겉으로 드러나지 않는 경제다. 이 중에는 마약매매, 도박 등 위법행위에 의해 이뤄지는 것과 정상적 경제활동이면서도 세무서 등 정부기관에서 포착하지 못하는 것 등이 포함된다. 자금출처, 사용처 등을 숨기기 위해 금융기관을 이용하더라도 가명이나 차명계좌를 사용하는 것이 보통이다. 따라서 지하경제의 규모를 정확히 추산하는 것은 불가능하다. 특히 지하경제는 세무서의 추적을 피하기 위해 현금으로 직접 거래되는 부분이 많아 더욱 그렇다. 지하경제를 캐시 이코노미(cash economy), 위법성을 들어 블랙 이코노미(black economy)라고 부르기도 한다.

◆ 직접금융

기업의 자금조달 과정에 있어서 금융기관을 개입시키지 않고 주식이나 회사채를 발행함으로써 투자자로부터 직접 자금을 조달하는 것을 말한다.

◆ 집중 투표제

주주총회에서 이사를 뽑을 때 '1주 1표'가 아니라 선임하는 이사 수만큼 의결권을 가져 지지하는 이사 후보 1인에게 집중 투표하는 제도. 예컨대 한 주를 가진 주주도 세 명의 이사를 뽑을 경우 세 표를 행사할 수 있으며, 이를 한 명에게 몰아줄 수 있다.

◆ 차등의결권제도

최대주주나 경영진이 실제 보유한 지분보다 많은 의결권을 행사할 수 있도록 하는 것을 말한다. 이 제도가 도입되면 한 주만으로도 주주총회 의결사항에 대해 절대적 거부권을 행사할 수 있는 황금주 등을 발행할 수 있다. 차등의결권을 통해 창업주는 자신의 지분율을 희석시키지 않고도 외부 자금을 끌어들일 수 있으며 기업이 외부공격을 방어하고 창업자의 장기 비전에 따라 안정적인 성장을 이룰 수 있게 한다는 장점이 있다.

◆ 청산가치

회사가 영업활동을 중단하고 보유자산을 모두 처분한다고 가정할 때, 채권자, 주주 등 이해관계자에게 나누어 줄 수 있는 돈 즉, 금액의 가치를 뜻한다.

◆ **총부채 상환비율(debt to income: DTI)**

매년 갚아야 하는 대출금 원금과 이자가 개인의 연소득에서 차지하는 비중. 예를 들어 연소득이 1,000만 원이고 금융부채 상환액이 400만 원이면 총부채상환비율은 40%가 된다. 개인의 대출상환능력을 검증하기 위해 사용된다. DTI 기준이 엄격하게 적용되면 담보가치가 높더라도 소득이 충분치 않으면 대출을 받을 수 없다.

◆ **총부채원리금 상환비율(DSR)**

차입자의 총 금융부채 원리금 상환액을 연소득으로 나눈 비율이다. 가계가 연소득 중 주택담보대출과 기타대출(신용대출 등)의 원금 및 이자를 갚는 데 얼마를 쓰는지 보여준다. 시중은행과 보험회사에서 받은 주택담보대출, 신용대출을 비롯해 마이너스통장, 자동차 할부 등 모든 금융회사 빚을 합해 이를 기준으로 소득 대비 원리금 상환 부담을 산출한다.

◆ **총요소생산성**

정해진 노동, 자본, 원자재 등 '눈에 보이는' 생산요소 외에 기술개발이나 경영혁신 같은 '눈에 보이지 않는' 부문이 얼마나 많은 상품을 생산해 내는지를 나타내는 생산 효율성 지표다. 노동생산성뿐 아니라 근로자의 업무 능력, 자본투자금액, 기술도 등을 복합적으로 반영한 수치로 생산성을 분석하는 데 널리 활용되고 있다.

◆ **최고재무관리자**

기업의 경리 회계, 자금 등의 조직을 하나로 통합하여 이를 총괄하는 재무담당 최고 책임자다. 단순히 결산과 재무제표 작성에 그치지 않고 예산작성, 사업평가 및 재무전략 수립 등을 담당한다.

◆ **최종대부자**

대규모 예금 인출 사태인 뱅크런 등으로 인한 금융 시스템 붕괴를 막기 위해 최후에는 중앙은행이 개입할 수밖에 없는데, 금융위기의 확산을 막기 위해 중앙은행이 발권력을 동원해 금융시장에 일시적으로 유동성을 공급하는 기능을 최종대부자 기능이라 한다.

◆ **추가경정예산**

매년 정기국회에서 통과되는 본예산과는 별도로 대내외 경제여건 변화 등 부득이한 이유로 인해 추가로 자금집행이 필요할 때 편성하는 예산을 말한다.

◆ 취업유발계수

10억 원의 재화를 산출할 때 직·간접적으로 창출되는 고용자 수를 뜻한다. 한국은행이 2005년부터 산업별로 작성 발표하고 있다. 2010년 전 산업평균 고용유발계수는 8.3명인데 이는 10억 원어치의 제품이 팔릴 경우 고용이 8.3명 발생함을 의미한다.

◆ 치킨게임

어느 한쪽이 무너질 때까지 치열한 경쟁을 하는 상황을 일컫는 용어다. 냉전 시절 미국과 소련의 경쟁을 비유하는 등 국제정치학에서 사용되던 용어였으나 지금은 타협 없이 극한 상황까지 대립하는 국면을 이야기할 때 등 다양한 영역에서 사용된다. 시장에서는 가격이 폭락하는 상황에서도 오히려 제품의 양산 경쟁을 벌여 상대가 무너질 때까지 출혈 경쟁을 하는 상황을 사례로 들 수 있다.

◆ 카니발리제이션(cannibalization)

새로 내놓는 제품이 기존의 자사 주력상품의 고객을 빼앗아 가는 현상을 뜻하는 용어다.

◆ 카피타이거(copytiger)

유니콘(기업가치가 10억 달러 이상인 비상장 스타트업)의 사업모델을 벤치마킹한 후 자사만의 비즈니스모델을 접목시켜 성장하는 기업이다.

◆ 캐시카우

지속적으로 수익을 창출해 주는 돈을 벌어주는 상품이나 사업을 말한다. 이런 사업은 상품의 구매를 계속해서 자극할 만큼 친밀감 있고 잘 다져진 브랜드 명성을 갖고 있다.

◆ 코넥스(korea new exchange)

코스닥시장 상장 요건을 충족시키지 못하는 벤처기업과 중소기업이 상장할 수 있는 중소기업 전용 주식시장으로 2013년 7월 1일 개장했다.

◆ 코즈의 정리

소유권이 잘 확립되고 거래비용이 없을 때 시장 참여자가 자발적인 협상을 통해 외부성의 문제가 해결될 수 있다는 이론이다.

◆ **코픽스(cost of fund index)**

은행 대출 금리의 기준이 되는 자금조달비용지수다. 국민·신한·우리·KEB하나· 농협·기업·SC제일·씨티 등 8개 은행이 시장에서 조달하는 정기 예·적금, 상호부금, 주택부금, 금융채, 양도성예금증서(CD) 등 8개 수신상품 자금의 평균 비용을 가중평균해 산출한다.

◆ **크라우드 펀딩(crowd funding)**

'군중'을 뜻하는 크라우드(crowd)와 재원 마련을 뜻하는 펀딩(funding)을 합한 단어다. 일반적으로 자금이 없는 벤처사업가나 예술가, 사회활동가 등이 자신의 아이디어 등을 인터넷에 공개하고 다수로부터 투자받을 때 활용한다.

◆ **테마주**

증권시장에서 특정 이슈에 사회적 관심이 집중될 때 관련된 주식이 등락을 함께하는 종목군을 뜻한다.

◆ **테이퍼 탠트럼(taper tantrum)**

미국의 양적 완화 정책이 긴축으로 전환될 때 금융시장이 겪는 충격을 뜻한다. '긴축 발작'이라고도 한다. 2013년 5월 벤 버냉키 당시 미국 중앙은행(Fed) 의장이 양적 완화 축소 가능성을 거론한 일을 계기로 전 세계 금융시장에서 신흥국의 통화가치와 주가가 동반 하락하는 충격이 발생한 경우가 대표적이다. 최근 금융시장 관계자들은 미국 경제가 회복되는 모습을 보이자 자산 매입을 축소하는 테이퍼링이 예상되는 시점을 분석하고 있다. 특히 Fed 의장인 제롬 파월의 발언을 예의 주시하고 있다. 테이퍼링의 시작에 따라 신흥국이 충격을 받을 수 있기 때문이다.

◆ **테이퍼링(tapering)**

미국 중앙은행(Fed)이 경제위기에 대응하기 위해 펼쳤던 유동성 확대 정책인 양적완화를 점진적으로 축소해 나가는 것을 뜻한다. 채권과 같은 자산 매입 규모를 점진적으로 줄여 나가는 등 양적 완화에 대한 출구전략의 일종이다. 최근 미국의 개인소비지출(PCE) 가격지수가 큰 폭으로 상승하는 등 물가 상승에 대한 우려가 심화되자 미 FED에서 테이퍼링을 언급하면서 출구전략을 고려하고 있다.

◆ **테크핀(techfin)**

네이버, 카카오와 같은 정보기술(IT) 사업으로 출발한 기업이 주도하는 혁신적인 금융 서비스를 일컫는 것이다. 반면, 핀테크는 금융을 뜻하는 파이낸셜(financial)과 기술을 뜻하는 테크놀로지(technology)의 합성어다. 핀테크는 금융회사가 주도하는 기술에 의한 금융 서비스다.

◆ **토머스 맬서스의 인구론**

수확체감의 법칙으로 식량은 산술급수적으로 증가하는 데 비해 인구는 기하급수적으로 증가해 인구 과잉, 식량 부족 문제가 발생한다. 맬서스는 이런 문제가 실질임금을 최저생계비 수준으로 감소시키고, 과잉 인구로 인한 식량 부족은 피할 수 없기 때문에 인류의 빈곤은 필연적으로 발생할 것이라고 주장했다.

◆ **토빈세(tobin tax)**

모든 국가 간 자본 유출입 거래에 대하여 단일세율을 적용하는 외환거래세의 일종이다. 1978년 미국 경제학자이자 노벨경제학상 수상자인 제임스 토빈(J. Tobin) 예일대 교수가 제안한 것으로 외환·채권·파생 상품·재정 거래 등으로 막대한 수익을 올리는 투기자본을 규제하기 위해 단기성 외환 거래에 부과하는 게 골자이다.

◆ **통합재정수지**

중앙정부가 집행하는 모든 수입과 지출을 합한 재정의 규모를 통합재정이라고 하며 그 수입과 지출의 차이를 통합재정수지라고 한다. 일반·특별회계뿐 아니라 공공기금 등 각종 기금의 수입과 지출이 모두 포함된다. 또 철도, 조달, 양곡, 통신 등 4개 공기업의 지출도 포함된다.

◆ **통화스와프**

통화스와프는 말 그대로 통화를 교환(swap)한다는 뜻으로, 서로 다른 통화를 미리 약정된 환율에 따라 일정한 시점에 상호 교환하는 외환거래다. 기업은 물론 국가도 환율과 금리 변동에 따른 위험(리스크)을 헤지하거나 외화 유동성 확충을 위해 사용한다. 지난 3월 한국과 미국 간 통화스와프를 체결하면서 금융시장의 불안감을 해소하기도 했다.

◆ 트리플 위칭데이(triple witching day)

선물, 주가지수 옵션, 개별주식 옵션 등 3개 파생상품 시장의 만기일이 동시에 겹치는 날을 말한다. 트리플 위칭 데이는 3, 6, 9, 12월 두 번째 목요일에 발생한다. 굳이 우리말로 해석하면 '세 마녀(witch)가 심술을 부리는 날'로 표현할 수 있다.

◆ 파운드리(foundry)

팹리스로 불리는 설계 전문업체가 상품을 주문하면서 넘겨준 설계 도면대로 웨이퍼를 가공해 반도체 칩을 전문으로 생산하는 기업이다. 설계 기술 없이 가공기술만 확보하면 제품을 생산할 수 있다. 팹리스로부터 설계도면을 받아 생산하므로 '수탁가공사업'이라고도 불린다.

◆ 파이어족(financial independence, retire early: FIRE)

파이어(FIRE)는 '재무적으로 독립해 일찍 은퇴한다.'는 의미다. 이들은 일반적인 은퇴 연령인 50~60대가 아닌 30대 말이나 늦어도 40대 초반까지는 조기 은퇴하겠다는 목표로, 회사 생활을 하는 20대부터 소비를 줄이고 수입의 70~80% 이상을 저축하는 등 극단적 절약을 선택한다. 파이어족은 2008년 글로벌 금융 위기 이후 미국 젊은 고학력·고소득 계층을 중심으로 확산됐다. 부모 세대인 베이비붐 세대가 금융 위기로 경제적 어려움을 겪는 모습을 보며 자라 온 밀레니엄 세대가 주축이다.

◆ 파킨슨 법칙(parkinson's law)

영국의 경영학자 파킨슨이 현대의 관료사회를 풍자하며 제창한 법칙이다. "공무원이 상급으로 출세하기 위해서는 부하를 늘릴 필요가 있으므로 공무원은 일의 유무나 경중에 관계없이 일정한 비율로 증가한다"며 공무원 조직을 비판했다.

◆ 판다본드

국제기관이나 외국기업이 중국에서 발행하는 위안화 표시 채권을 말한다. 중국은 2005년에 처음으로 외국 기관의 위안화 채권 발행을 허가했다.

◆ 팩맨(pac man)

어떤 기업이 적대적 매수를 시도할 때 오히려 매수 대상 기업이 매수 기업을 인수하겠다는 역 매수 계획을 공표하고 매수 기업 주식의 공개매수 등을 시도하는 것이다. 경영권 방어를 위한 반격전략 중 하나다.

◆ **팻 핑거(fat finger)**

굵은 손가락을 뜻하는 것으로 금융상품 트레이더들이 주문을 잘못 입력해 발생하는 주문 실수를 가리키는 용어다.

◆ **퍼펙트 스톰(perfect storm)**

원래 의미의 퍼펙트 스톰은 개별적으로 보면 위력이 크지 않은 태풍 등이 다른 자연현상과 동시에 발생하면서 엄청난 파괴력을 갖게 되는 현상을 말한다. 경제 분야에서는 세계 경제가 두 가지 이상의 악재가 동시에 발생해 초대형 경제위기가 발생할 수 있는 상황을 뜻한다. 누리엘 루비니 미국 뉴욕대 교수가 2011년 6월 세계 경제를 예측하면서 이 용어를 처음 사용했다.

◆ **퍼플오션(purple ocean)**

레드오션(red ocean)과 블루오션(blue ocean)의 중간 개념이다. 경쟁 없이 완전히 새로운 분야를 개척하는 블루오션 상품보다 기존의 익숙한 레드오션 상품에서 발상의 전환을 통해 조금 다른 상품을 만드는 것이다. 최근 삼성전자가 내놓은 폴더블폰도 퍼플오션 전략의 결과물이다.

◆ **페그제(peg system)**

자국 통화의 환율을 기축통화인 달러 등에 고정시키는 환율 제도다. 페그(peg)는 못이나 말뚝을 뜻한다. 페그제를 시행하면 환율 불확실성이 사라져 교역과 자본 이동이 활성화된다. 이를 유지하려면 정부가 시장에 적절히 대응해야 하며, 관리에 실패하면 외환시장이 요동칠 수 있다.

◆ **페이고(pay go) 원칙**

새로운 재정 지출 사업을 추진할 때 기존 사업 지출을 줄이거나 재원 대책을 의무적으로 마련케 한 제도이다. 나라살림의 건전성을 높이기 위한 것이다. 'pay as you go'의 줄임말이다.

◆ **포괄적 경제동반자 협정(Comprehensive Economic Partnership Agreement: CEPA)**

상품교역뿐 아니라, 서비스교역, 투자, 경제협력 등을 포괄하는 내용의 협정으로 실질적으로는 자유무역협정(FTA)이다. 일부 국가에서 자국 내 민감성을 우려, FTA라는 명칭 대신 CEPA를 사용하고 있다.

◆ 포모 증후군

포모(FOMO)는 'fear of missing out'의 약자다. 최근 주식시장 주가가 급등하면서 20~30대 젊은 층에서는 주식을 안 하면 나만 돈을 못 벌까 봐 불안해하는 포모 증후군이 퍼지고 있다. 자신만 흐름을 놓치는 것에 대한 두려움으로, 고립 공포감을 의미한다.

◆ 포이즌 필

적대적 인수합병(M&A) 공격을 받는 기업이 기존 주주들에게 시가보다 싼 값에 주식을 살 수 있는 권리(신주인수권)를 주는 경영권 방어수단이다. 경영권을 노리는 기업이 해당 기업을 쉽게 인수하지 못하도록 하는 '독약'과 같은 효과를 낸다는 의미에서 포이즌 필이란 이름이 붙었다.

◆ 포지티브 규제

법률·정책상으로 허용하는 것을 구체적으로 나열한 뒤 나머지는 모두 금지하는 방식의 규제를 말한다. 법률·정책상으로 금지한 행위가 아니면 모든 것을 허용하는 네거티브(negative) 방식보다 규제 강도가 훨씬 세다.

◆ 포치

중국 경제와 금융시장에서 사용되는 용어로, 금융시장에서는 '위안화의 가치가 달러당 7위안으로 떨어지는 것'을 뜻한다. 또 중국 경제 분야에서 포치는 '경제성장률 7% 붕괴'를 뜻하는 말로도 사용된다.

◆ 포퓰리즘

일반 대중의 인기에 영합하는 정치행태로 대중주의라고도 하며, 인기영합주의· 대중영합주의와 같은 뜻으로 쓰인다. 일반 대중을 정치의 전면에 내세우고 동원시켜 권력을 유지하는 정치체제를 말한다.

◆ 풋옵션(put option)

시장가격에 관계없이 특정 상품을 특정 시점 특정 가격에 '매도'할 수 있는 권리를 말한다. 일반적으로 풋옵션에서 정한 가격이 시장가격보다 낮을 경우에는 권리행사를 포기하고 시장가격대로 매도하는 것이 유리하지만 반대로 옵션행사 가격이 시장가격보다 높을 경우에는 풋옵션 권리를 행사, 차액만큼의 이득을 얻을 수 있다.

◆ **풍선 효과**

풍선의 한 곳을 누르면 다른 곳이 불거져 나오는 것처럼 문제 하나가 해결되면 또 다른 문제가 생겨나는 현상을 뜻한다. 특정 지역의 집값을 잡기 위해 규제를 강화하면 수요가 다른 지역으로 몰려 집값이 오르는 현상이 대표적인 사례다.

◆ **프레너미(frienemy)**

친구를 뜻하는 영어 단어 'friend'와 적(敵)을 의미하는 'enemy'를 결합해 만든 말로 한쪽에서는 서로 협력하면서 다른 쪽에서는 서로 경쟁하는 관계를 뜻한다.

◆ **프롭테크(proptech)**

부동산 자산(property)과 기술(technology)의 합성어다. 인공지능(AI), 빅데이터, 블록체인 등 첨단 정보기술(IT)을 결합한 부동산 서비스를 말한다. 2000년대 등장한 인터넷 부동산 시세조회·중개 서비스에서 기술적으로 더 나아갔다. 부동산 중개, 3차원(3D) 공간설계, 부동산 크라우드 펀딩, 사물인터넷(IoT) 기반의 건물관리 등이 프롭테크에 해당한다.

◆ **프리터(freeter)족**

영어의 '자유로움'을 뜻하는 프리(free)와 독일어의 '노동자'를 뜻하는 아르바이터(arbeiter)를 합성한 신조어다. 1987년 일본의 구인잡지 '리크루트'에서 능력이 됨에도 불구하고 직업을 갖지 않고 평생 아르바이트만으로 생계를 이어가는 '사회인 아르바이터'를 지칭하면서 처음 사용했다.

◆ **플라자합의**

1985년 미국, 프랑스, 독일, 일본, 영국 재무장관이 뉴욕 '플라자' 호텔에서 외환시장에 개입해 미 달러를 일본 엔과 독일 마르크에 대해 절하시키기로 합의한 것을 말한다.

◆ **핀셋 규제**

부동산 대책에서 일부 특정 과열 지역에서만 콕 집어 투기과열지구 등으로 지정해 수요를 정밀 타격하는 규제를 뜻한다.

◆ **필립스 곡선(phillips curve)**

영국의 경제학자 필립스가 찾아낸 실증 법칙으로 실업률이 낮으면 물가상승률이 높고 실업률이 높으면 물가상승률이 낮다는 반비례 관계를 나타낸 곡선이다. 즉 중앙은행이 돈을 풀어 물가를 올리는 정책을 취하면 단기적으로 경기를 부양해(물가를 끌어올려) 실업률을 낮출 수 있다는 의미다. 하지만 최근 양적 완화 등 통화완화정책에도 불구하고 물가가 안정적인 상태를 유지하는 국가가 많아지면서 필립스 곡선에 대한 반론도 있다.

◆ **핌피 현상**

수익성 있는 사업을 내 지방에 유치하겠다는 것으로 지역이기주의의 일종이다. 핵시설이나 쓰레기 매립장 등 혐오시설은 절대로 내 고장에 둘 수 없다는 님비 현상(not in my back yard: NIMBY)과 정반대 개념이지만 지역이기주의란 점에서는 똑같다. 우리나라에서도 지방자치시대가 열리면서 핌피 현상이 자주 발생하고 있다.

◆ **하이퍼인플레이션(hyperinflation)**

물가 상승이 통제를 벗어난 상태로 수백 퍼센트의 인플레이션율을 기록하는 상황을 말한다. 하이퍼인플레이션이 일어나는 시기는 대부분 전쟁·혁명 등 사회가 크게 혼란한 상황이나 정부가 재정을 지나치게 방만하게 운용해 통화량을 대규모로 공급할 때 등이다. 독일은 1차 세계대전 패전 직후인 1920년대 바이마르 공화국이 출범했지만 막대한 전쟁 배상금을 물어야 해서 정부가 화폐 발행을 남발했고 이에 따라 하이퍼인플레이션이 발생한 대표적인 사례다.

◆ **하인리히 법칙**

위기는 우연히 갑작스럽게 일어나는 게 아니라 그 이전에 반드시 경미한 사고들이 반복되는 과정에서 발생한다는 것을 시사한다. 따라서 사소한 변화를 미리 감지하고 잘못된 점을 고치면 이후에 닥칠 수 있는 큰 위기를 방지할 수 있지만 반대로 방치하면 훗날 돌이킬 수 없는 사고로 번질 수 있다는 것이다.

◆ **한계기업**

3년 연속 이자보상비율 100% 미만이거나 영업활동 현금 흐름이 마이너스를 기록하고 있는 기업이다. 회생 가능성이 크지 않은데도 정부나 채권단의 지원으로 간신히 파산을 면하는 상태를 지속한다. 좀비 기업이라고도 한다. 한계기업은 성장잠재력이 있는 기업에 가야 할 사회적 자원을 가로챔으로써 나라 경제의 경쟁력을 갉아먹는다.

◆ 한계효용체감의 법칙

한계효용체감의 법칙은 재화를 소비하는 소비자가 '재화 1단위당 추가로 얻는 효용(만족감)의 증가분'이 점점 줄어드는 현상을 말한다. 예를 들어 격렬한 운동을 한 뒤 스포츠 음료를 한 캔씩 마실 때 격렬한 운동을 한 뒤에는 심한 갈증을 느끼게 되므로, 맨 처음 마신 음료수가 가져다주는 효용은 상당히 클 것이다. 그러나 그 상태에서 음료수를 두 캔째 마시면, 아무리 동일한 음료수를 똑같이 1캔 더 먹었다 한들 두 번째 음료수 한 캔이 가져다주는 효용은 첫 번째 음료수 한 캔이 가져다준 효용보다 적을 것이다.

◆ 항상소득가설

항상 소득이 소비를 결정한다는 이론으로 미국 경제학자 밀턴 프리드먼이 제창한 소비함수이론이다. 소득은 정기적이고 확실하게 기대할 수 있는 항상 소득과 예측 불가능한 일시적인 소득인 임시소득으로 구분된다. 여기서 항상 소득이란 개인이 자신의 인적자산과 금융자산으로 매기마다 발생할 것이라 예상하는 수입을 의미한다. 임시소득이란 보너스 소득, 복권당첨수입 등이 있다.

◆ 행동주의 헤지펀드

특정 기업 지분을 매입한 뒤 배당 확대나 자사주 매입, 입수합병(M&A), 재무구조 개선, 지배구조 개편 등 주주가치를 높이는 방안을 적극적으로 요구해 주식 가치를 끌어올리는 헤지펀드이다. 소송이나 주주총회의 표 대결도 마다하지 않는다.

◆ 헤지펀드(hedge fund)

주식, 채권, 파생상품, 실물자산 등 다양한 상품에 투자해 목표 수익을 달성하는 것을 목적으로 하는 펀드다.

◆ 현금성 자산

큰 거래비용 없이 쉽게 현금화할 수 있는 유동성이 높은 자산이다. 대차대조표상 '현금 및 현금성자산'과 '단기금융상품'을 종합한 자산이다. 현금이나 수표, 통화대용증권, 당좌·보통예금, 만기 3개월 이내 단기금융상품 등이 이에 속한다.

◆ 화이트 스완(White Swan)

반복되는 위기라서 충분히 예측가능하고 예방할 수도 있으나 제때 적절한 대응책을 마련하지 않아 발생하는 위험을 말한다. 누리엘 루비니 뉴욕대 교수가 2011년 처음 사용한 용어다. 그는 역사적으로 되풀이되고 있는 금융위기를 화이트 스완이라 이름을 붙였다. 예측이 가능하다는 점에서 도저히 일어날 것 같지 않은 일이 발생한다는 의미의 블랙 스완과 대비된다.

◆ 환율관찰대상국

미국에 대한 자국의 교역조건을 유리하게 만들기 위해 환율에 개입하는지 여부를 판단하기 위해 면밀하게 관찰해야 하는 국가들을 말한다.

◆ 환태평양 경제동반자 협정(Trans-Pacific Partnership: TPP)

환태평양지역에서 미국이 주도하여 결성하려던 아시아·태평양 지역 12개국 간 지역 자유무역협정(FTA). 최근 미국이 부정적인 반응을 보여, 일본이 TPP를 주도하고 있다.

◆ 황금낙하산

인수 대상 기업의 경영진이 인수로 인해 임기 전에 사임하게 될 경우를 대비해 거액의 퇴직금, 저가에 의한 주식 매입권(스톡옵션), 일정 기간 동안의 보수와 보너스 등을 받을 권리를 사전에 고용계약에 기재해 안정성을 확보하고 동시에 기업의 인수비용을 높여 기업 경영권 방어를 위한 대표적인 전략 중 하나이다.

◆ 회색 코뿔소

지속적인 경고로 충분히 예상할 수 있지만 쉽게 간과하는 위험 요인을 말한다. 코뿔소는 멀리서도 눈에 잘 띄며 진동만으로도 움직임을 느낄 수 있지만 정작 두려움 때문에 아무것도 하지 못하거나 대처 방법을 알지 못해 일부러 무시하는 것을 비유한 말이다.

◆ BIS 비율

국제결제은행이 일반 은행에 권고하는 자기 자본 비율을 '이것' 비율이라고 한다. 은행 경영의 건전성을 보여주는 지표이다.

◆ COFIX 금리

은행의 자본조달 비용을 반영한 주택담보대출 기준금리다. 이 지수는 은행연합회가 매달 한 번씩 8개 시중은행으로부터 정기예금, 정기적금, CD 등 자본조달 상품 관련 비용을 취합해 산출한다. 은행들은 코픽스에 대출자의 신용도를 반영하여 일정률의 가산 금리를 더해 대출 금리로 결정한다.

◆ CRB지수

국제 원자재 및 선물 조사회사인 CRB(Commodity Research Bureau)사가 발표하는 지수로 원자재 가격의 국제기준역할을 한다. 곡물, 원유 (WTI), 천연가스, 산업용원자재, 귀금속 등 19개 주요 상품선물 가격을 2005년에 결정된 비중에 따라 산술 평균해 계산한다. 1967년을 기준인 100으로 해서 매일 발표된다. 이 지수가 상승하면 인플레이션을 예고한다.

◆ DLS(파생결합증권: derivatives-linked securities)

기초자산인 금리, 원자재, 환율 등의 가격에 연동돼 투자수익이 결정되는 유가증권. 유가증권과 파생금융상품이 결합한 형태이다. 기초자산에는 금리, 주가지수, 통화(환율)뿐 아니라 금, 원유, 구리, 철강, 곡물, 부동산 등의 실물자산들도 기초자산의 대상이 된다.

◆ D2C(direct to consumer)

제조업체가 백화점 등 유통단계 없이 자체 온라인 몰 등을 통해 소비자에게 직접 제품을 판매하는 사업모델이다. 유통 단계를 줄여 가격 경쟁력을 높이는 게 D2C의 가장 큰 특징이다. 이용자와 직접 소통함으로써 트렌드를 읽을 수 있다. 이를 마케팅과 신제품 개발에 활용할 수도 있다.

◆ ESG투자

환경(environmental)과 사회(social)에 긍정적인 영향력을 행사하고 건전한 지배구조(governance)를 갖춘 기업을 대상으로 하는 투자다.

◆ IR(investor relations)

기업이 자본시장에서 정당한 평가를 얻기 위해 주식, 채권 등 투자자를 대상으로 실시하는 일련의 정보 제공·홍보활동이다.

◆ ISM지수

미국 공급관리자협회가 미국 내 20개 업종 4백 개 이상의 회사를 대상으로 매달 설문조사를 실시해 산출하는 지수. 지수가 50 이상이면 경기 확장을, 50 이하이면 경기 위축을 예상한다.

◆ **ITC(국제무역위원회)**

주로 정부보조금을 받거나 덤핑으로 미국에 수출된 외국상품이 미 관련업계에 피해를 주었는지의 여부를 판정하는 일을 담당하는 미국 정부기구다. 미국 상무부가 먼저 외국 수입품에 대해 덤핑 및 상계관세율을 매기면 ITC는 이 수입품으로 인해 미국 업계가 피해를 입었는지 여부만을 예비 및 최종판정을 통해 두 차례에 걸쳐 판정하게 된다.

◆ **MSCI지수(morgan stanley capital international index)**

미국의 모건 스탠리캐피널인터내셔널사가 작성해 발표하는 세계주가지수다. 파이낸셜타임스스톡익스체인지(FTSE)지수와 더불어 글로벌 증시의 양대 벤치마크 지수다. 선진시장 지수, 신흥시장 지수, 프런티어시장 지수 등 세 가지로 구성돼 있다.

◆ **NCR(net capital Ratio)비율**

은행의 BIS비율처럼 증권회사의 건전성을 나타내는 대표적인 지표다. 부담하고 있는 위험의 규모가 보유 중인 증권사의 유동성에 비추어 적합한지를 판단하는 지표로 활용된다.

◆ **PB(private brand)**

대형 마트, 기업형 슈퍼마켓(SSM), 편의점 등 대형 유통업체가 제조업체와 공동 개발해 판매하는 '자체상표'를 말한다. 로열티와 중간마진, 광고비, 판촉비가 추가로 들지 않아 10~30%의 원가절감이 가능하고 판매가격도 그만큼 저렴하다.

◆ **T-커머스(T commerce)**

TV와 커머스(commerce)가 결합된 단어로로 텔레비전을 통한 상거래를 말한다. 인터넷 전자상거래를 의미하는 E-커머스와 비교되는 개념이다. 텔레비전을 시청하다가 리모컨을 조작해 상품 구매 의사를 밝히면 즉시 주문과 결제가 이뤄진다. 상품 광고방송을 일방적으로 편성하는 기존 TV홈쇼핑과 달리 소비자가 상품을 검색해 골라 살 수 있는 양방향 홈쇼핑이다.

◆ **3%룰**

상장사의 감사나 감사위원을 선임할 때 해당 회사의 지배주주가 의결권 주식의 최대 3%만 행사할 수 있도록 제한한 규정으로 대주주의 지나친 영향력 행사를 막기 위한 것이 목적이다. 최근 통과된 상법 개정안은 상장회사가 감사위원 중 최소 1명을 이사와 별도로 선출하도록 하고, 이때 최대주주의 의결권을 3%로 제한하도록 했다. 다만 사외이사인 감사를 선임할 때는 최대주주와 특수 관계인의 지분을 합산하지 않고 개별적으로 3% 의결권을 인정하도록 했다.

◆ 30-50클럽

1인당 국민소득이 3만 달러이며, 인구 5000만 명 이상인 국가를 말한다. 인구 5000만 명 이상 국가 중 1인당 국민소득 3만 달러를 넘은 나라는 미국, 일본, 독일, 영국, 프랑스, 이탈리아, 한국 7개국뿐이다.

◆ 5%룰

개인이나 기관이 상장 기업 주식을 5% 이상 보유하게 된 경우 보유상황과 변동내역, 보유목적 등을 금융감독원에 5일 이내에 보고해야 하는 제도이다.

참고문헌

김동균, 이공섭, 김태호, 라정미, 송연식. 2018. **창업과 기업가정신**. 대경출판사.

야지마 긴지(이정환 번역). 2010. **이병철의 기업가 정신**. W미디어.

오종근, 성백춘, 서태정, 주용준. 2017. **대학생과 실무자를 위한 창업과 경영**. 대경출판사.

유재욱, 안수진. 2020. **소자본 창업경영**. 도서출판 청람.

이상석, 고인곤. 2018. **기업가정신과 창업**. 학현사.

중소벤처기업부-사업계획서 작성 예시

정주영의 기업가 정신 - 메트로신문(https://www.metroseoul.co.kr/article/20240620500589)

스티븐잡스의 기업가정신 - 사이언스타임즈(https://www.sciencetimes.co.kr/nscvrg/view/menu/261?nscvrgSn=198487)

워런버핏의 기업가정신 - 한국중소기업협업진흥협회(http://kosmba.or.kr/bbs/board.php?bo_table=entrepreneurship&wr_id=4)

투자안의 수익성 분석 - 브런치스토리(https://brunch.co.kr/@d87054600be9455/166)

프랜차이즈 창업, 실제 필요한 비용은 얼마일까? - 네이버 블로그(https://blog.naver.com/dk-journal/223456524077)

국세청〉법령서식〉부가가치세법 - 국세청(https://www.nts.go.kr/nts/ad/nf/nltFormatApiList. do?mi=2542)

저자 약력 | 김 종 도

중원대학교 자율전공학부 교수

한국산업기술평가관리원 평가위원

중소기업기술개발 지원사업 평가위원

한국경제신문사 경제퀴즈 문제 출제위원

성공 창업과 경영

김 종 도

1판 1쇄 인쇄 2025년 4월 25일
1판 1쇄 발행 2025년 4월 30일

발행인 회장 박 철 용
대표 박 세 원
발행처 **학현사**
우. 10881 경기도 파주시 직지길 522 파주출판도시
전 화 031) 955-8700(대표)
팩 스 031) 955-8705
메 일 yswgroup@naver.com
hhspub@daum.net
http://www.hakhyunsa.com
출판등록 1992년 6월 20일
등록번호 제 406-2004-000033호
I S B N 978-89-5853-604-8
정 가 25,000원